ELOGIOS PARA *SIETE HOMBRES*

«Este es un libro para leerlo, leerlo en voz alta a otros y entonces volver a leerlo. En una época en la cual los niños crecen raquíticos por nuestra dieta de celebridades de cabeza hueca y despreciables villanos, el heroísmo auténtico y la masculinidad necesitan una alimentación especial. Eric Metaxas lo ha vuelto a hacer, y de nuevo se lo debemos».

— Os Guinness, autor de *A Free People's Suicide*

«Eric Metaxas es uno de mis autores favoritos. Sus biografías de William Wilberforce y Dietrich Bonhoeffer son absorbentes, y sus reflexiones semanales en «BreakPoint» resultan poderosas e intelectualmente provocativas. Su último trabajo, *Siete hombres*, está diseñado para proporcionar a los hombres, y a aquellos que están en el camino de convertirse en hombres, modelos positivos que ilustran de forma práctica de qué trata la virilidad. Lo hace centrándose en siete hombres que han vivido y servido bien. Todos necesitamos grandes ejemplos; tenemos que entender lo que significa ser un hombre y lo que Dios quiere que los hombres sean; y necesitamos ser inspirados. Eso es lo que Eric hace. Recomiendo altamente este libro de muy fácil lectura».

— Denny Rydberg, presidente de Young Life

«¿Qué es la verdadera virilidad? ¿Y qué hace viril a un hombre en nuestro siglo XXI? Estas son las preguntas vitales que mi amigo Eric Metaxas nos ayuda a enfrentar en este fantástico nuevo libro. Al mirar atrás a siete hombres destacados de la historia, *Eric nos ayuda a entender los elementos esenciales de la masculinidad a cualquier edad. Se trata de un excelente trabajo... y lo recomiendo encarecidamente*».

— El honorable Gregory W. Slayton, autor del *best seller* nacional *Be a Better Dad Today*

ELOGIOS PARA EL BEST SELLER DEL *NEW YORK TIMES, BONHOEFFER: PASTOR, MÁRTIR, PROFETA, ESPÍA*

«Este es un importante libro y espero que muchos lo lean».

— Expresidente George W. Bush

«Eric Metaxas ha creado una biografía de un poder poco común: inteligente, emocionante, bien documentada, vívidamente escrita y rica en implicación para nuestras vidas».

— Arzobispo Charles Chaput,
First Things

«[Una] biografía bellamente construida... A lo largo de este libro, pero especialmente hacia el final, Metaxas transforma su teología erudita y a ratos oscura en un viviente y trágico ser humano».

— Alan Wolfe, *New Republic*

«Eric Metaxas aclara muchos conceptos erróneos, dando prioridad a las propias palabras y acciones de Bonhoeffer, en una nueva biografía extensa y magistral: *Bonhoeffer: pastor, mártir, profeta, espía*».

— *Christianity Today*

«Eric Metaxas cuenta la historia de Bonhoeffer con pasión y sofisticación teológica, desafiando a menudo las consideraciones revisionistas que hacen de Bonhoeffer un "humanista" o moralista para quien la doctrina religiosa era fácilmente desechable...».

— *Wall Street Journal*

«Profundo y esclarecedor, este texto hace una importante contribución a la biografía, la historia y la teología».

— *Publisher's Weekly*

«Eric Metaxas está reclamando su lugar como el biógrafo por excelencia de las figuras más valientes del cristianismo».

— Martin Doblmeier, cineasta,
Bonhoeffer

«Claramente el trabajo definitivo [sobre Bonhoeffer]... una de las mejores biografías que he leído».

«Definitivo e increíblemente detallado... un libro poderoso, poderoso... ¡altamente recomendable!».

«Una de las biografías más excelentes y emotivas que jamás he leído. Eric Metaxas responde a una gran vida con un gran libro».

«Cautivador...».

«*Bonhoeffer: pastor, mártir, profeta, espía,* de Metaxas, es un clásico moderno que debería estar en la lista de "los mejores" de la década...».

«¿Quién es Dietrich Bonhoeffer? Es un tipo al que deberías conocer. Este es un libro que deberías leer».

ELOGIOS PARA EL BEST SELLER *AMAZING GRACE*

«Magnífico... el trabajo de Metaxas permanecerá como un hito viviente».

— Reverendo Floyd Flake,
del Foreword

«Una soberbia historia de la campaña británica contra la esclavitud... *Amazing Grace* te demostrará el enorme esfuerzo que exigía la abolición».

— Stanley Crouch, del *New York Daily News*

«Metaxas cuenta la historia de Wilberforce con un encanto y energía que remite a un profesor de historia favorito, pintando un cautivador cuadro de esta era de reforma social que revolucionó el mundo».

— *Bookpage*

«La poco conocida historia sobre la lucha vitalicia de un miembro del parlamento británico para abolir la esclavitud en el Imperio Británico».

— *USA Today*

«Un excelente e-importante libro».

— *Chicago Sun-Times*

«Una crepitante hoguera de verdad y claridad... Metaxas... es un autor irresistible. [Él cuenta esta historia] con tal agudeza visual, ingenio y pasión moral que quedamos atrapados y alucinados con su impulso».

— John Wilson, *Books & Culture*

«[Una] vigorosa y emotiva aproximación a la vida de Wilberforce».

— Rich Lowry, *National Review Online*

SIETE HOMBRES

SIETE HOMBRES

Y EL SECRETO DE SU GRANDEZA

ERIC METAXAS

GRUPO NELSON
Una división de Thomas Nelson Publishers
Desde 1798

NASHVILLE   DALLAS   MÉXICO DF.   RÍO DE JANEIRO

Nota de la editorial: En el capítulo 5 aparecen unos insultos raciales altamente ofensivos. Ya que este lenguaje compone una parte integral de la historia de Jackie Robinson, la editorial ha decidido dejarlo intacto, aunque va en contra de nuestras normas generales. Si tal lenguaje incomoda a algún lector, es así como debe ser.

Créditos para las fotografías que comienzan los capítulos: Wilberforce y Washington, Library of Congress; Liddell y Robinson, Alamy; Bonhoeffer, Art Resource; Colson, Colson Center; Papa Juan Pablo II, Getty Images.

Editora en Jefe: *Graciela Lelli*
Traducción y adaptación del diseño al español: *Ediciones Noufront /*
www.produccioneditorial.com

ISBN: 978-1-60255-901-1

Impreso en Estados Unidos de América
13 14 15 16 17 RRD 9 8 7 6 5 4 3 2 1

ESTE LIBRO ESTÁ DEDICADO
A MI PADRE, NICHOLAS METAXAS.

Μέ Αγάπη

Contenido

Introducción

C omo la mayoría de la gente convendría, la idea de la masculinidad ha caído en una cierta confusión en las últimas décadas. Este libro pretende ayudar a corregir algo de esto planteando y respondiendo dos preguntas de vital importancia. En primer lugar, *¿qué es un hombre?* Y en segundo lugar, *¿qué hace grande a un hombre?*

Y me perdonarán si empiezo con John Wayne. «El Duque» no es, obviamente, uno de los siete hombres de este libro, pero muchos varones de mi generación hemos pensado en él como una especie de icono de la masculinidad y la virilidad. Todavía lo hacemos. Pero ¿por qué? ¿Qué hay en él? ¿Es la firmeza y la arrogancia? ¿Es solo que viene a ser tan grande y fuerte que la mayoría de los hombres aspiran a esas cualidades? Bien, todo eso tiene algo que ver, pero en realidad creo que su estatus de icono se debe a que por lo general interpretaba papeles en los que se utilizaba su tamaño y fuerza para proteger a los débiles. Él era el chico bueno. Siempre era fuerte y duro pero nunca un matón. En cierto modo, mirarlo en la pantalla decía más a las generaciones de hombres (y mujeres) sobre lo que hacía grande a un gran hombre que interminables discusiones sobre el tema. A veces una imagen viva *vale* más que mil palabras. Y lo que pensamos sobre John Wayne es un indicio del secreto de la grandeza de los hombres en este libro.

Así que este es un libro que no habla *sobre* la masculinidad —al menos no después de esta introducción, que puedes saltarte si quieres, aunque ya que has llegado hasta aquí, ¿por qué parar?—, sino de lo que la *demuestra* en la vida real de los grandes hombres. Puedes hablar de lo correcto y de lo incorrecto, de lo bueno y de lo malo durante todo el día, pero al final la gente necesita verlo. Ver y estudiar las vidas reales de las personas es sencillamente la mejor manera de comunicar sus ideas sobre cómo comportarse y cómo *no* comportarse. Necesitamos héroes y modelos a seguir.

Ahora bien, mi *mayor* modelo personal es Jesús. Y te habrás dado cuenta de que él no solo hablaba. Por supuesto, dijo un montón de cosas extraordinarias, pero también vivió con sus discípulos durante tres años. Ellos le vieron comer y dormir y hacer milagros. Le vieron vivir la vida y sufrir y morir. Le vieron interactuar con todo tipo de personas, incluidos ellos mismos. Él vivió entre ellos. Esa es la principal forma en que se comunicó con los hombres que le presentarían al mundo. Así es como hizo discípulos, que harían discípulos que a su vez harían discípulos. Así que a partir de los relatos evangélicos de la vida de Jesús, se obtiene la idea de que ver la vida de una persona es por lo menos tan importante como redactar una lista de las lecciones de esa persona. Sí, los sermones son importantes, pero ver la vida real de la persona que da el sermón podría ser aun más poderoso. Y entiendes la idea de que el modo en que vives afecta a los demás. *Les* enseña cómo vivir.

Históricamente hablando, los ejemplos siempre han sido importantes. Hasta hace poco. Los antiguos griegos tenían las *Vidas paralelas*, de Plutarco, y en el siglo XVI teníamos el *Libro de los mártires*, de Foxe. El mensaje en estos y otros libros similares era que estas vidas fueron grandes y dignas de imitación. Tener modelos y héroes era históricamente una manera vital de ayudar a una nueva generación a saber a qué debía aspirar. Esta es una de las razones principales por las que escribí las biografías de William Wilberforce (*Amazing Grace: William Wilberforce and the Heroic Campaign to End Slavery* [Sublime gracia: William Wilberforce y la heroica campaña para la abolición de la esclavitud]) y de Dietrich Bonhoeffer (*Bonhoeffer: pastor, mártir, profeta, espía*). Por cierto, uno de los últimos libros que el propio Bonhoeffer se encontraba leyendo poco antes de morir era las *Vidas paralelas*, de Plutarco.

De modo que la idea de tener héroes y modelos a seguir ha sido históricamente importante; pero como ya he dicho, de algún modo esto ha cambiado en los últimos años. *¿Qué ocurrió?*

CUESTIONA LA AUTORIDAD

Parte de lo que sucedió fue que, desde finales de los años 1960, aproximadamente, adoptamos la idea de que nadie está verdaderamente en condiciones de decir lo que está bien o mal. Así que somos reacios a señalar a alguien como un buen modelo a seguir. «¿Quién soy yo para juzgar a alguien?» casi se ha convertido en el mantra de nuestra época.

Pero, ¿cómo sucedió? Bueno, es complicado. Probablemente tiene algo que ver con la guerra de Vietnam y con el Watergate. Sin duda estos acontecimientos ayudaron a acelerar la tendencia a sospechar de la versión «oficial» de las cosas y de nuestros líderes. Hasta Vietnam, todas las guerras anteriores fueron vistas generalmente como dignas de lucha, y el abrumador mensaje cultural era que los americanos patrióticos debían cumplir con su deber, echar una mano y ayudar a defender su país y sus libertades. En Vietnam, todo eso cambió. Lo mismo pasó con el Watergate: por primera vez en la historia, gracias sobre todo a las conversaciones grabadas en la Casa Blanca, vimos y escuchamos a un presidente de Estados Unidos que no se comportó «presidencialmente» en absoluto, sino que actuó como un mercenario, innoble y vergonzosamente. Le oímos usar palabras que no querríamos que nuestros niños utilizaran.

La autoridad del presidente Richard Nixon fue, con razón, objeto de un intenso escrutinio. Pero desde entonces, *todos* nuestros líderes han sido puestos bajo una profunda sospecha. Y hemos tendido a centrarnos en las cosas negativas acerca de los famosos. Cada corte de audio negativo sobre un telepredicador que pueda ser emitido será escuchado una y mil veces más que las cosas buenas que haya dicho. Es difícil tener héroes en semejante clima.

Hemos extendido esta idea hacia el pasado, por lo que gran parte de lo que escuchamos sobre nuestros héroes presidenciales anteriores es negativo. George Washington ya no es concebido principalmente como el heroico «Padre de la Patria», sino como un rico terrateniente que poseía esclavos hipócritamente. Muchos de nosotros hemos olvidado los sacrificios exorbitantes y espectaculares que hizo y por los que cada estadounidense debería estar eternamente agradecido. Esto no solo es vergonzoso; es profundamente perjudicial para nosotros como nación. Colón no es presentado como un valiente e intrépido visionario que lo arriesgó todo para descubrir el Nuevo Mundo. Se le considera un asesino de los pueblos indígenas. Es cierto que la adoración irreflexiva de los ídolos nunca es una cosa buena, pero ser demasiado crítico con los hombres que sin embargo son buenos también puede ser tremendamente perjudicial. Y así ha sido.

Por lo tanto, la idea de autoridad *legítima* ha sido dañada. Desde mi infancia en los años setenta, hemos tenido pegatinas que decían: «Cuestiona la autoridad». Pero esto no solamente significa que debamos preguntarnos si la autoridad es legítima, lo que sería una buena idea. No, me parece que va más allá de eso. Estas pegatinas parecían decir que debemos cuestionar la idea misma de autoridad. Así que podríamos decir que hemos recorrido completo el camino desde aceptar estúpidamente cualquier autoridad hasta rechazarla torpemente. Hemos pasado del extremo de ser ingenuos al otro extremo de ser cínicos. El punto medio, donde cuestionaríamos la autoridad *con el fin de determinar si era legítima*, fue totalmente obviado. Hemos huido de un polo gélido al otro esquivando por completo el ecuador. Somos como la persona que ha quedado tan herida por una traición de un miembro del sexo opuesto que ya no confía en nadie que pertenezca a ese sexo. En lugar de buscar a alguien digno de confianza, nos hemos deshecho completamente de la idea de fiabilidad. Nadie es digno de confianza.

Esta es una pésima conclusión, y nuestra cultura está pagando un alto precio por ello. Como he dicho, la gente necesita héroes y modelos a seguir. Aquellos de nosotros que nos tomamos la Biblia en serio creemos que la humanidad ha caído y que nadie es perfecto, excepto Jesús. Pero también creemos que hay algunas vidas que constituyen buenos ejemplos y algunas que son malos ejemplos. ¿En serio creemos que ciertas vidas no son dignas de imitación? ¿Y que otras son cuentos con moraleja? ¿Estamos realmente dispuestos a decir que no hay que tratar de conseguir que nuestros hijos (y nosotros mismos) vean que Abraham Lincoln es digno de nuestra imitación y que Adolf Hitler y Joseph Stalin no lo son?

Hace poco vi una vieja reposición de «El hombre del rifle», protagonizada por Chuck Connors. La serie duró de 1958 a 1963, y su público eran, en gran parte, niños varones. Yo estaba totalmente sorprendido de cómo la historia trataba de comunicar con claridad lo que significa ser un verdadero hombre, un buen hombre, un hombre heroico y valiente. Y mostraba la diferencia entre ello y ser un cobarde o un matón. Esto es fundamental para que surjan hombres jóvenes que aspiren a hacer lo correcto. Pero un vistazo a la televisión de hoy te dirá que eso ya no existe. Este libro es para todos, pero al escribir un libro acerca de estos siete hombres, pensé en que los jóvenes en particular necesitan modelos a seguir. Si no podemos señalar a nadie en la historia o en nuestra cultura a quien deban imitar, entonces imitarán a *cualquiera*.

Los jóvenes que pasan el tiempo viendo películas violentas y con los videojuegos no se convertirán fácilmente en los hombres que estaban destinados a ser. Se dejarán llevar. Se acabarán perdiendo por la misma razón por la que fueron traídos a este mundo: para ser grandes, para que ellos mismos sean héroes. ¿Qué puede haber más trágico que eso? No entenderán lo que son, y no tendrán ni idea de cómo relacionarse con las mujeres, lo que les hará daño a sí mismos, y probablemente a algunas mujeres, a lo largo del camino. Por lo tanto, es importante que les enseñemos quiénes son a la vista de Dios, y vital que adquiramos de nuevo un sentido de lo heroico. Los hombres de este libro son algunos de mis héroes, y estoy emocionado de poder compartirlos con otras personas. Espero que inspiren a los jóvenes a imitarles.

¿QUÉ ES LA VERDADERA HOMBRÍA?

Al inicio de esta introducción dije que había una confusión generalizada acerca de la virilidad. Esta confusión se relaciona con la idea más amplia de la propia autoridad como objeto de ataque, como acabamos de mencionar. Puesto que el padre ha sido considerado tradicionalmente el líder de la familia, solo se puede deducir que, si hemos derribado la idea de la autoridad, hemos derribado con ella la paternidad.

¿Alguien puede dudar de que la idea de la paternidad se ha deteriorado drásticamente en los últimos cuarenta años más o menos? Uno de los programas de televisión más populares de la década de 1950 se llamaba «Father Knows Best» [Papá tiene razón]. Era un retrato amable de una maravillosa y hasta cierto punto típica familia americana. El padre, interpretado por Robert Young, era la autoridad incuestionable, pero su autoridad no era severa o dominante. Su fuerza era una fuerza tranquila. De hecho, era gentil y sabio, amable y generoso... ¡tanto que casi todo el que seguía el programa deseaba que su padre pudiera ser más así! Pero, por supuesto, hoy se tiende a ver a los padres que aparecen en los medios de comunicación bien como necios o como tontos arrogantes.

Hay algo esencial en la idea de la paternidad y nos da una pista sobre el secreto de un gran hombre. Pero hay que señalar que un hombre no tiene que ser padre para ostentar las características de todo buen padre. Dos de los hombres de este libro, Dietrich Bonhoeffer y Juan Pablo II, nunca se casaron ni tuvieron hijos. Incluso George Washington, que sí se casó, nunca tuvo hijos propios. Y aun así, los estadounidenses le llamamos el padre de nuestra patria. Y en el caso del Papa Juan Pablo II, la palabra raíz de la cual obtenemos «papa» es *papá*: padre. Ser padre no es algo biológico. Si pensamos en la paternidad de Dios, tenemos una imagen de alguien que es fuerte y amoroso y que se sacrifica por los que ama. Esa es una imagen de la paternidad real y de la verdadera hombría.

ENTONCES, ¿CUÁL ES LA IDEA DE DIOS SOBRE LA HOMBRÍA?

En un mundo en el que toda autoridad es cuestionada y donde nuestra apreciación del verdadero liderazgo, y especialmente de la paternidad, ha sido gravemente dañada, generalmente terminamos con una idea muy pobre del sentido de lo heroico. Como hemos dicho, la idea misma de la masculinidad se ha vuelto profundamente confusa. Y como resultado de esto, en lugar de la idea de Dios sobre la auténtica hombría, hemos acabado con dos ideas muy distorsionadas acerca de la masculinidad.

La primera idea falsa acerca de la masculinidad es la de ser un macho alfa: ser un pez gordo y emplear la fuerza para dominar e intimidar a los más débiles. Obviamente, esta no es la verdadera idea de Dios sobre lo que es un hombre. Es alguien que no ha crecido emocionalmente, que puede ser un hombre por fuera, pero que interiormente no es más que un niño inseguro y egoísta.

La segunda idea falsa es la de ser emasculado: esencialmente volverle la espalda a tu masculinidad y pretender que no existe una diferencia real entre hombres y mujeres. Tu fortaleza como hombre no tiene propósito, por lo que ser fuerte no es una buena cualidad.

La idea de Dios de la masculinidad es completamente distinta. No tiene nada que ver con las dos ideas falsas sobre ser macho o estar castrado. La Biblia dice que Dios nos hizo a su imagen, varón y hembra, y celebra la masculinidad y la feminidad. Y celebra las diferencias entre ellos. Estas diferencias fueron idea de Dios. Por un lado, la Biblia dice que los hombres son generalmente más fuertes que las mujeres, y por supuesto, San Pedro, afortunada o desafortunadamente, describe a las mujeres como «el sexo débil». Pero la idea de Dios al hacer a los hombres fuertes fue que pudieran utilizar esa fuerza para proteger a las mujeres, a los niños y a cualquier otra persona. Hay algo heroico en eso. La fuerza masculina es un don de Dios, y como todos los dones de Dios, ha sido siempre y en todas partes destinado a ser utilizado para bendecir a otros. En Génesis 12.1–3, Dios le dice a Abraham que le bendecirá *para que Abraham pueda bendecir a otros.* Todas las bendiciones y todos los dones —y la fuerza es un don— son de Dios, para ser empleados en sus propósitos, lo que significa bendecir a otros. Así que se supone que los hombres tienen que usar su fuerza para proteger y bendecir a aquellos que son más débiles. Esto puede incluir a otros hombres que necesitan ayuda o a las mujeres y los niños. La verdadera fuerza es siempre dedicada para los propósitos de Dios.

Pero puesto que a veces los hombres han utilizado su fuerza de una manera egoísta, se ha producido una reacción en contra de la idea de la fuerza masculina. Ha sido vista, y retratada, como algo negativo. Si te crees esa idea, entonces te darás cuenta de que la única manera de tratar con ella es actuar en su contra, tratar de debilitar a los hombres, porque la fuerza que tienen será utilizada para dañar a los demás. Esto conduce a la idea de castración de los hombres. La fuerza se ha denigrado debido a que puede ser utilizada para el mal. Así que vivimos en una cultura donde se teme a la fuerza y donde hay una sensación de que, para proteger al débil, la fuerza debe debilitarse. Cuando esto sucede, la heroicidad y la verdadera naturaleza de la fuerza se olvidan en gran parte. Esto lleva a un mundo de hombres que no son realmente hombres. Al contrario, son solo dos clases de hombres: presumidos matones que gritan, o delicados y emasculados pseudohombres. Las mujeres sienten que deben ser «fortalecidas» y que no deben depender nunca de la fuerza de los hombres. Es muy parecido a una idea socialista, donde «poder» y «fuerza» se redistribuyen: se extrae de los hombres y se les da a las mujeres para igualarse. Por supuesto, así no funciona. Todo el mundo pierde.

El caballero de la armadura reluciente que hace todo lo posible para proteger a los demás, el caballero que presta su capa o abre una puerta para que pase una dama... estos son los ideales cristianos de hombría. Jesús dijo que el que liderase debía ser el servidor de todos. Es la idea bíblica del liderazgo de servicio. El verdadero líder se entrega a la gente a la que dirige. El buen pastor da su vida por sus ovejas. Jesús lavó los pies de los discípulos. Jesús murió por los que amaba. Esta es la idea de Dios sobre la fortaleza, el liderazgo y la bendición. Es algo que debe ser puesto al servicio de los demás. De manera que la idea de Dios de la fuerza masculina nos trae la idea de un caballero abnegado para con las mujeres, no la de un matón o la de alguien que no ve ninguna diferencia entre él y ellas.

LA CABALLEROSIDAD Y EL HEROÍSMO NO ESTÁN MUERTOS

El verano pasado hubo un terrible tiroteo en un cine. Doce personas que habían ido a la sesión de medianoche de la última película de Batman fueron asesinadas sin motivo por alguien que solo puede ser descrito como un loco. Pero de todas las cosas que se dijeron sobre este trágico caso, lo que más me impresionó fue que tres hombres jóvenes murieron protegiendo a sus novias de las balas del loco. Algo hizo que se arriesgaran a perder su vida por una mujer joven. ¿Por qué lo hicieron? ¿Qué dice eso acerca de la hombría?

En el asesino tienes una imagen perfecta del mal, que es lo opuesto al amor. Se trata de la imagen de alguien que usa un poder (en este caso, su arma de fuego) para destruir y dañar. Pero en los tres jóvenes tienes la imagen de la fuerza expresada en el amor, que es lo contrario al mal. Ves a hombres que usan su poder y su fuerza para proteger.

En el caso del primero, ves a alguien haciendo algo que es incomprensiblemente egoísta, alguien que parece no ver ningún valor en los demás, y cuyas acciones reflejan dicha sentencia. En el segundo, ves a tres hombres haciendo algo que es insondablemente desinteresado. ¿Por qué usan su fuerza y poder para ayudar a alguien? ¿Cuál era ese instinto, y por qué lo siguieron?

Las historias de este libro son las historias de hombres que siguieron este último camino, que parecían saber que en el corazón de lo que significa ser un hombre está la idea de ser desinteresados, de poner su mayor poder a disposición de Dios y de renunciar a veces a algo que es tuyo por un propósito mayor: poner lo que es tuyo al servicio de los demás.

TENER VALOR SIGNIFICA TENER CORAZÓN

Fui alumno de inglés en la universidad y ahora soy escritor, así que espero que no te importe una breve digresión etimológica. No importa si no sabes exactamente lo que es, pero lo que quiero decir es muy importante.

Decimos que los actos desinteresados de aquellos hombres en la sala de cine, y los actos desinteresados de la mayoría de la gente en todas partes, son valientes. La fuerza al servicio de los demás es coraje. Pero ¿sabías que la palabra *coraje* viene del latín *cor*, que significa «corazón»? Así que tener valor simplemente significa tener «corazón». Por supuesto, la Biblia suele exhortar a la gente a «tener corazón» o «ser de buen ánimo». El significado es efectivamente el mismo. Así que tener corazón *significa* tener coraje. Esta es la idea de Dios sobre la fuerza, tener un corazón como un león. Un hombre que tiene corazón puede ser descrito como *corazón de león*.

Puedes darte cuenta de que la falsa idea de la masculinidad machista contempla el tener «corazón» como una cosa débil y delicada. Pierde el verdadero sentido de lo que es tener corazón. En cambio, el falso concepto machista de la virilidad lo sustituye por tener otra cosa.

Primera pista: empieza por «coj****». Segunda pista: su sinónimo lo ponen las gallinas. Pero date cuenta de que este concepto de la hombría reduce la idea de Dios de un hombre noble y heroico a un nivel sexual. Nos sitúa en la mentalidad de los monos y las cabras, pero no de los leones. ¿Has leído el ensayo de C. S. Lewis titulado «Hombres sin pecho»? Lewis entendió que los hombres de gran corazón, los hombres «de pelo en pecho», eran hombres de verdad. Se trata de tener un pecho y un corazón. Hasta que no nos demos cuenta de que a Dios le interesa el tamaño de nuestro corazón y no el de nuestros aparatos genitales, nunca podremos entender la idea de Dios acerca de la verdadera masculinidad.

Así pues, ¿qué es «corazón»? Es coraje, ¿pero coraje para hacer qué? El valor de hacer lo correcto cuando todo lo demás te dice que no lo hagas. El valor de elevarte por encima de tu entorno y de tus circunstancias. El valor de ser la idea de Dios de un verdadero hombre y darte a los demás cuando cuesta hacerlo y cuando todo te indica que te cuides tú en primer lugar.

¿POR QUÉ ELEGÍ A ESTOS SIETE HOMBRES?

Cualquiera que lea este libro se preguntará por qué he elegido a estos siete hombres. Por supuesto, no es una lista definitiva. Existe una gran subjetividad tras estas elecciones. Hay muchos, muchos más que me hubiera gustado incluir y que espero incluir en futuros volúmenes. Pero para este primer volumen buscaba a siete hombres que hubiesen evidenciado una cualidad particular: rendirse a un propósito más elevado, dar algo que pudieron haber mantenido. Todos ellos hicieron esto de una manera u otra. Hacerlo es noble y admirable, se necesita valor y, por lo general, requiere fe. Cada uno de los siete hombres de este libro poseen esa cualidad.

Voy a explicar brevemente lo que quiero decir de cada uno de ellos.

Como pronto verás cuando leas sobre él, *George Washington* (1732–1799) una vez renunció voluntariamente a un poder extraordinario. En realidad podría haberse convertido en rey, cuando ser rey realmente significaba algo; pero desinteresadamente rehusó tal honor. Tal sacrificio es casi incomprensible para nosotros hoy. Pero Washington sabía que había algo aun más grande que el poder. Para él, hacer lo noble, lo heroico, lo correcto... era más grande que convertirse en poderoso. Entregó todo el poder en aras de algo más noble: lo hizo por el bien de su nuevo país y para los millones de personas que estaban por nacer. Si no lo hubiera hecho, ese país no podría haber durado demasiado tiempo. Así que cualquier estadounidense es un beneficiario directo de lo que hizo este gran hombre. Esto no es una hipérbole. Lo que hizo te afecta, personalmente. Abandonó lo seguro para hacer lo correcto, y hoy en día se le considera con razón uno de los héroes más grandes de la historia mundial.

Del mismo modo, *William Wilberforce* (1759–1833) renunció a la posibilidad de ser primer ministro de Inglaterra. Muchos han dicho que «puso los principios antes que el partido» y renunció a convertirse en primer ministro. ¿Pero por qué rindió el premio de ese cargo? Lo entregó por una causa que para él era mucho mayor que convertirse en el líder del mayor imperio del mundo en ese momento. Él dio su vida por el bien de los esclavos africanos, personas que no podían darle nada a cambio. Pero Wilberforce sabía que lo que Dios había entregado por él era mucho mayor, así que hizo lo que hizo por los africanos que nunca conocería y por Dios.

Su conversión a la fe cristiana lo cambió todo para él. De pronto lo vio todo de manera diferente. De repente se dio cuenta de que todo lo que había obtenido, la riqueza, el poder, la influencia, los contactos, la inteligencia y el don de la oratoria, era un don de Dios. Y se dio cuenta de que era un don para ser usado en los demás. La elección era suya, por supuesto, pero cuando realmente descubres que Dios te ha dado algo para los demás, es difícil no utilizarlo así. Wilberforce sabía que tomar todo lo que le había sido dado y usarlo para mejorar las vidas de los demás era la razón misma por la que había nacido. Y al dedicarse a esto durante cinco décadas de su vida, se convirtió en uno de los seres humanos más importantes de todos los tiempos.

Transformó el mundo de una manera que habría sido impensable en su época.

La película *Carros de fuego* (de 1982) cuenta la historia de *Eric Liddell* (1902–1945), quien renunció a la aclamación de millones de personas para honrar a Dios. Es uno de los relatos más extraordinarios en la historia del deporte. Pero no implica ninguna acción atlética. De hecho, se trata de una deliberada *no acción* atlética. Fue la decisión histórica de un joven cristiano devoto a renunciar a la única cosa que todo el mundo decía que debería querer, y merecía, a saber, la posibilidad de ganar una medalla de oro olímpica en la única prueba en la que tenía más probabilidades de ganar. Pero Dios llegó primero, y Liddell entregó su mejor oportunidad para obtener el oro olímpico. Y, como descubrirás, esta es solo la mitad de su historia.

Luego está el brillante y heroico pastor y teólogo alemán *Dietrich Bonhoeffer* (1906–1945), que desafió valientemente a los nazis y entregó su libertad y su tiempo una y otra vez. Lo hizo sobre todo en 1939, cuando tomó la fatídica decisión de dejar la seguridad de Estados Unidos para regresar a Alemania, simplemente porque sentía que era lo que Dios quería que hiciera. En última instancia, dio su vida. Su disposición a tal sacrificio ha inspirado a incontables personas a hacer lo correcto en miles de situaciones, y la historia de Bonhoeffer les inspira todavía.

A *Jackie Robinson* (1919–1972) se le dio la oportunidad de hacer algo histórico cuando fue elegido para ser el hombre que rompiese la llamada frontera del color en el béisbol profesional. Pero para hacer esto, tuvo que renunciar a algo que muy pocos hombres tienen la fuerza para renunciar: tendría que renunciar al derecho de luchar contra algunos de los insultos más crueles en contra de su raza que nadie jamás ha oído pronunciar. Debió de haber realizado un esfuerzo sobrehumano, pero con la fe en Dios y con el deseo de bendecir a millones de desconocidos que tendrían la oportunidad de seguir sus pasos, hizo precisamente eso. Hizo un gran sacrificio por personas a las que nunca conocería. Pensó en su esposa y en sus hijos, a los que sí conocía, pero también pensó en todas las personas que se beneficiarían de su correcto proceder, y sufrió mucho para hacer lo que hizo. Debido a su valentía y heroísmo, está en este libro sobre grandes hombres.

Karol Wojtyla, a quien conocemos como el *Papa Juan Pablo II* (1920–2005), entregó toda su vida a Dios en lo que muchos podrían pensar que es la forma más típica: se convirtió en sacerdote y decidió servir a Dios. Se convirtió en obispo, arzobispo, cardenal, y finalmente, en 1978, en papa. Pero no era un hombre ambicioso. No estaba en esto por el poder. Renunció a su derecho a él mismo. Incluso renunció a su derecho a la dignidad. Cuando envejeció, fue ante todo el mundo la imagen de un hombre debilitado por la enfermedad de Parkinson; sin embargo, continuó apareciendo con valentía ante el mundo incluso en ese estado de debilidad. Como resultado, mostró en su propia vida lo que profesaba con sus palabras, que un ser humano es sagrado a los ojos de Dios. Incluso en nuestro estado de debilidad, y *sobre todo* en nuestro estado de debilidad, somos hijos de Dios. Fue una imagen de coraje y de coherencia heroica, un hombre que practicaba lo que predicaba.

El único hombre de este libro al que tuve el privilegio de conocer personalmente fue *Chuck Colson* (1931–2012). Al comienzo de su vida, Chuck era un hombre que no iba precisamente encaminado a su inclusión en un libro como este. Era tremendamente ambicioso, pero parecía buscar el poder por sí mismo, o por *su* propio beneficio. Con el tiempo amasó una enorme cantidad de este, como asesor especial del presidente de Estados Unidos, Richard Nixon. Era una cosa seductora para un hombre que aún no contaba los cuarenta, y lo que hizo con el poder fue su gran perdición. Pero cuando, en medio del escándalo de Watergate, el poder le fue finalmente arrebatado, Chuck Colson encontró la verdadera razón de su vida y de la vida en general. Y cuando su papel en el Watergate amenazó con enviarlo a prisión, él no se inmutó. Su fe era tan fuerte que sabía que lo único que podía hacer era confiar en Dios tan completamente que fuera una locura para el resto del mundo. Y parecía una locura. Pero no le importaba lo que los demás pensaran... excepto Dios. Actuaba frente a la proverbial audiencia del Único y rechazó el acuerdo anticipado que habría hecho su vida mucho más fácil durante aquel tiempo. Entonces se declaró culpable voluntariamente aunque no tenía por qué... y fue a la cárcel por ello. Pero sabía que cuando le das todo a Dios, solo entonces eres verdaderamente libre. La suya es la verdadera imagen de la grandeza para todos nosotros.

EL MÁS GRANDE

En mi humilde opinión, los hombres de este libro son algunos de los más grandes hombres que jamás han existido. Así que si te familiarizas con sus historias, tu vida va a ser infinitamente más rica. Es mi mayor esperanza que estas breves biografías te lleven a leer biografías más extensas de estos grandes hombres. Espero que quieras estudiar sus vidas, y no solo estudiarlas, sino imitarlas. Es mi oración que los que lean este libro sean inspirados para convertirse en verdaderos héroes, que sean grandes hombres en su propia generación.

Puedes leer las siete historias de estos hombres en el orden cronológico en que aparecen aquí, o puedes ir saltando. No importa. Estos capítulos se sostienen tanto individualmente como en conjunto.

— Eric Metaxas
Nueva York
Octubre de 2012

George Washington

1732–1799

P ermíteme comenzar la primera biografía de este libro diciendo
que aunque los siete grandes hombres tratados en sus páginas no estuvieran en orden cronológico, aun así empezaría
probablemente con George Washington. Cuando se trata de la verdadera grandeza, Washington es difícil de superar. Pero la grandeza
de alguien a veces le puede dar un aura de fama tan descomunal que
comenzamos a pensar en él no como una persona real, sino como un
superhéroe de dibujos animados o una leyenda. Este es a menudo el
caso de Washington.

Como sabes, hay un estado que lleva su nombre (¿necesito decir
cuál?). Y la capital de nuestra nación lleva su nombre; tiene un obelisco
que se eleva en esa ciudad; el día de su cumpleaños es una fiesta nacional; y tiene un enorme puente con su nombre en mi ciudad natal, Nueva
York. Y por si todas estas cosas no son lo suficientemente impresionantes, ¡su cara está en el billete de un dólar! (Tal vez eso ya lo sabías.)
Así que, ¿quién piensa realmente en él como un ser humano de carne y
hueso que luchó como todos luchamos y que era como cualquier otra

persona? Ese es el problema de ser *tan* famoso. A menudo la gente no piensa en ti como persona para nada.

Si piensas en él, probablemente piensas en George Washington como ese viejo con la expresión un tanto amarga del billete de un dólar antes mencionado. En esa imagen de sobras conocida, luciendo un pelo excesivamente empolvado y con una camisa de encaje, se parece tanto a una mujer vieja como a un anciano.

Pero lo que he descubierto es que este famoso retrato nos ha dado a muchos de nosotros una imagen escandalosamente falsa de lo que Washington realmente era. Se le presenta como un anciano con dolor dental crónico, que no parece muy feliz por ello. Pero la realidad es completamente diferente.

¿Y si te dijera que, en su día, George Washington fue considerado el hombre más viril que la mayoría de la gente hubiera visto nunca? No es broma. Prácticamente todos los que le conocieron o le vieron parecían afirmarlo. Era alto y poderoso. También era a la vez audaz y elegante. En el campo de batalla, tenía varios caballos de tiro debajo de él; en la pista de baile, fue un compañero muy codiciado.

Hay tanto que decir acerca de Washington que es difícil saber por dónde empezar. Por un lado, era un hombre de enormes contradicciones. Por ejemplo, el hombre que llegó a ser conocido como el padre de nuestro país nunca tuvo hijos. Y perdió a su propio padre cuando era un niño. El que fuera considerado un hombre profundamente honorable, en realidad contó algunas mentiras tremendas cuando era joven, a pesar del episodio ficticio de Parson Weems sobre el cerezo: «No puedo mentir». Más que nadie, él fue el responsable de la liberación de los colonos americanos de la mayor potencia militar en la tierra, el Imperio Británico, y sin embargo mantuvo a unos trescientos hombres negros, mujeres y niños como esclavos en Mount Vernon.[1]

Pero aquí viene la mayor contradicción: Washington era un joven muy ambicioso que trabajó duro para alcanzar la fama, la gloria, la tierra y las riquezas; sin embargo, en un momento crucial de la historia de Estados Unidos, hizo algo tan desinteresado que es difícil de comprender plenamente. Es principalmente por esto que está incluido en este libro.

Entonces, ¿qué hizo? En pocas palabras, renunció de forma voluntaria a un poder increíble. Cuando conoces los detalles de su sacrificio, es difícil creer que lo hizo por su propia voluntad. Y sin embargo, así fue. La tentación de *no* entregar todo ese poder debió haber sido extraordinaria. Había muchas buenas razones para no renunciar a él, pero la historia registra que de alguna manera lo hizo. De algún modo llevó a cabo un gran sacrificio imposible y, al hacerlo, cambió radicalmente la historia del mundo. Si Washington no hubiera estado dispuesto a hacerlo, seguramente Estados Unidos no existiría tal como lo conocemos. Esto no es ninguna exageración.

Esta es la razón por la que los monumentos contemporáneos a Washington lo describen como un Moisés estadounidense, como alguien prestado a los estadounidenses por Dios. Él fue el hombre adecuado para su tiempo... podría decirse que fue el único hombre que podría haber dado a luz con éxito el experimento americano. Si te preguntas si las acciones y el carácter de una persona importan, no necesitas mirar más allá de la historia de George Washington. Así que aquí está.

◆ ◆ ◆

George Washington nació el 22 de febrero de 1732, en lo que hoy es el condado de Westmoreland, Virginia. Fue el primer hijo de Mary Ball Washington y del productor de tabaco Augustine Washington. George tenía dos hermanastros mayores, Augustine y Lawrence, y una hermanastra, Jane, que eran hijos del primer matrimonio de su padre. George también tuvo cinco hermanos menores: Samuel, Elizabeth, John, Charles y Mildred.

Augustine y Lawrence fueron enviados a Inglaterra para su educación, pero el padre de George murió cuando él solo contaba once años, lo que implicaba que la educación inglesa para él fuera financieramente imposible. Él lamentaría este déficit en su educación durante toda su larga vida. El hermano de George, Lawrence, que era catorce años mayor, se convirtió en una figura paterna para él, alguien cuyo consejo el joven George quería escuchar. En 1751 Lawrence llevó a un George de diecinueve años a Barbados, donde Lawrence esperaba curarse de la tuberculosis. Desgraciadamente, George contrajo la viruela en aquel viaje. Aunque la enfermedad era peligrosa, en realidad resultó un acontecimiento tremendamente afortunado; George quedó inmunizado de la enfermedad a una edad temprana, lo que impidió así futuros brotes cuando fue general. Durante la Guerra de la Independencia, un gran número de soldados murieron por enfermedad más que por ataques enemigos.

De joven, George visitaba con frecuencia la casa de Lawrence en el río Potomac, que fue nombrado Mount Vernon. También visitaba con asiduidad Belvoir, propiedad de la familia política de Lawrence. Como un biógrafo dijo, en Mount Vernon y Belvoir «George descubrió un mundo que nunca había conocido».[2] En particular, Belvoir «era una gran estructura, un escaparate de arquitectura elegantemente adornado con exquisitas piezas de fundición y ricos paneles y decorado con gusto, con muebles y accesorios traídos de Inglaterra».[3] George «se mezcló con el pueblo» en estos hogares, con «gente de influencia», adultos «instruidos y reflexivos, hombres que estaban acostumbrados a ejercer el poder».[4]

El joven George estaba decidido a convertirse en uno de ellos, sobre todo en alguien como Lawrence, que no solo era un héroe de guerra, sino también un distinguido ayudante general de Virginia, miembro de la legislatura de Virginia, de la Casa de los Ciudadanos y, por matrimonio, miembro de la socialmente prominente familia Fairfax. George se lanzó a aprender buenos modales, leer libros serios, vestirse adecuadamente y mejorar su carácter. Con el tiempo también llegó a medir casi dos metros, lo que le hacía mucho más alto que la mayoría de sus contemporáneos y le daba la apariencia heroica e imponente de un comandante nato.

Teniendo en cuenta su futura carrera, es ciertamente irónico que la madre de George se enfrentara a sus esfuerzos, con catorce años, por convertirse en oficial de la Marina Real. Pensó que semejante vida sería demasiado dura para su hijo, por lo que George decidió prepararse para convertirse en agrimensor. Estaba ferozmente decidido a adquirir propiedades y riquezas, y una carrera en topografía podría llevarle a una rápida fortuna en tierra y dinero. En el momento en que cumplió veinte años, George poseía unas mil hectáreas de tierra en la frontera de Virginia.[5]

Pero ese mismo año, 1752, ocurrió una tragedia. El querido hermano de George, Lawrence, perdió su batalla contra la tuberculosis. La esposa y la hija de Lawrence también murieron a los pocos años. Esto significa que, en última instancia, George heredaría Mount Vernon, una finca que tuvo la ambición de ampliar y mejorar durante las siguientes cuatro décadas.

Cuando tenía veintiún años, George centró una vez más su atención en la posibilidad de una carrera militar. Mediante la intervención de amigos influyentes, y a pesar del hecho de que George no tenía experiencia militar, el gobernador de Virginia lo nombró comandante de la región militar sur de Virginia, un puesto que le dio el rango de mayor. Este fue un acontecimiento inesperado, y no pasaría mucho tiempo antes de que George tuviera la oportunidad de probar su valía de manera dramática... y, en última instancia, histórica.

En el horizonte se alzaba la Guerra Francesa e India, en la que los franceses y algunas de las tribus de nativos americanos se unieron contra Gran Bretaña (incluyendo a los angloamericanos) por lo que entonces se llamaba el territorio de Ohio: un área extensa, mucho más grande que el actual estado de Ohio. Tanto Francia como Gran Bretaña reclamaban este territorio, y en 1750 Francia envió un ejército allí y construyeron Fort Le Boeuf, a unos veinticuatro kilómetros del lago Erie, en lo que hoy es la esquina noroeste de Pensilvania. Aquel movimiento agresivo de los franceses enfureció a muchos virginianos, en particular a los que poseían tierras en la región. ¿Qué hacer? El gobernador de Virginia, Robert Dinwiddie, consultó a funcionarios de la Corona en Londres, quienes le aconsejaron enviar un emisario a los franceses, haciéndoles saber de manera inequívoca que el territorio pertenecía a los ingleses y que habrían de retirar sus tropas de inmediato.

Cuando el joven George Washington se enteró de la necesidad de un mensajero que viajara a través de las montañas y del desierto durante el inminente invierno, de inmediato se ofreció como el hombre indicado para el trabajo. El gobernador Dinwiddie aceptó la oferta de Washington y le dio también otras responsabilidades. Fue a espiar la tierra y el tamaño de las fuerzas francesas. También se le encargó que consultara con el llamado «medio-rey», el jefe de la tribu Seneca, la posibilidad de una unión con los británicos contra los franceses en el caso de que la guerra estallase. Y tratar de encontrar un buen lugar para la construcción de una fortaleza inglesa en la zona, algo que era una necesidad absoluta si la Compañía de Ohio, una empresa de especulación de la tierra de Virginia, lograba «ganar el título legal de los cientos de miles de hectáreas que se codiciaban en el país de Ohio».[6]

Así que George, con veintiún años, partió con la carta del gobernador y seis compañeros. Pasaron semanas recorriendo los muchos kilómetros entre Virginia y Ohio, a través de un terreno interminable de nieve invernal, dirigiéndose a Fort Le Boeuf.

Cuando llegaron cerca de su destino, una patrulla francesa les encontró y acompañaron a Washington y a sus hombres a la fortaleza. Los franceses les trataron cortésmente, como era la costumbre. Les dieron la bienvenida, les dieron de comer, recibieron y leyeron la carta que George les entregó y entonces le dieron su respuesta para llevarla de vuelta a Virginia. Pero como George sospechaba por las conversaciones que oyó, la respuesta no era la que esperaban los ingleses. Los franceses declararon resueltamente que la tierra era suya. Si eso era cierto, las dos potencias mundiales pronto estarían en guerra.

George y sus hombres regresaron a casa con la carta en la que los franceses reclamaban la tierra como suya, y él preparó un relato de su aventura, que se publicó en los periódicos coloniales. Su fama se extendió también a través de Londres, cuando sus memorias se publicaron en forma de folletín con el título *The Journal of Major George Washington* [El diario del mayor George Washington]. Era la primera vez que los británicos oirían hablar de este joven valiente y, obviamente, no sería la última.

Ante el desafío francés, la Casa de los Ciudadanos se vio obligada a tomar medidas. Los miembros votaron financiar lo que llamaron el Regimiento de Virginia, un ejército de voluntarios de trescientos hombres. Este regimiento viajaría al Valle de Ohio para ayudar en la construcción de una fortaleza que Dinwiddie consideraba esencial para proteger los intereses británicos. El Regimiento de Virginia sería conducido por un soldado británico con experiencia llamado coronel Joshua Fry. El ambicioso Washington presionó con éxito a amigos políticos para que lo elevaran al rango de teniente coronel, y se unió al regimiento con este rango.

Pero Fry no podía dejar Virginia de inmediato, por lo que fue el joven Washington quien se encargó de dirigir a 186 hombres al oeste de Pensilvania. Al enterarse de que los franceses habían enviado un millar de soldados para construir lo que iban a nombrar Fort Duquesne, Washington se encontró con un dilema. Tenía muchos menos hombres a su disposición que los franceses. Había estado instando a los indios para que se unieran a los británicos, pero no tenía forma de saber si realmente lo harían.

También temía repercusiones negativas si, en efecto, se rendía antes de reunirse con las tropas francesas. ¿Debía esperar al coronel Fry y los refuerzos? Se añadieron a la inquietud de Washington los cercanos y furtivos sonidos nocturnos de hombres. ¿Eran desertores o soldados franceses?

Los exploradores indios le dieron a Washington un mensaje aun más confuso. Dijeron que una fuerza de soldados franceses se dirigía en dirección a Washington con la esperanza de encontrarle y atacar a los ingleses. Washington decidió quedarse donde estaba y dos días más tarde recibió más noticias de Christopher Gist, que había viajado con él en su anterior periplo por el desierto de Ohio: un destacamento francés, de unos cincuenta hombres, se acercaba. Estos soldados «habían invadido las inmediaciones del refugio del desierto [de Gist], jurando matar a sus vacas y aplastar "todo lo que hubiera en la casa"».[7]

Como señala un historiador, el inexperto Washington tomó «una decisión crucial y violó las instrucciones de Dinwiddie para mantener al ejército dentro de sus fortificaciones».[8] Washington envió a la mitad de sus hombres por delante y supo por un indio aliado que los franceses habían sido vistos no muy lejos. Washington se llevó a cuarenta de sus hombres en una marcha nocturna lluviosa, decidido a emprender un ataque sorpresa. Lo que sucedió a la mañana siguiente de ese mayo de 1754 simplemente supera la imaginación.

A su llegada, Washington descubrió a treinta y dos soldados franceses preparando con calma su desayuno. Por alguna razón desconocida, Washington ordenó a sus hombres que abrieran fuego, y una docena de los franceses fueron masacrados inmediatamente. Una vez que el humo se disipó, el alférez francés Joseph Coulon de Villiers, Sieur de Jumonville, intentó explicar a Washington que sus tropas estaban en una misión diplomática. Pero en el momento en que «Jumonville leyó este ultimátum, las cosas fueron infinitamente a peor: el medio-rey dio un paso adelante, le abrió la cabeza [a Jumonville] con un hacha, introdujo sus manos en el cráneo, se las embadurnó con cerebro de la víctima y le arrancó el cuero cabelludo».[9]

Washington nunca olvidaría esta indescriptiblemente grotesca escena o los horrores demoníacos del caos que sobrevino. Los Seneca que viajaban con él ahora atacaban brutalmente y arrancaban el cuero cabelludo a los heridos franceses, empalando la cabeza de un hombre en una estaca. «Inmovilizado por la sed de sangre o por las horribles visiones que estaba contemplando por primera vez, Washington no hizo ningún intento por detener la matanza», escribe el biógrafo John Ferling.[10] Es posible que Washington no quisiera enemistarse con los indios al tratar de detener sus atrocidades.

Después de que todo hubiese terminado, Washington le escribió a Dinwiddie afirmando que los soldados franceses eran en realidad «espías de la peor clase»,[11] que pretendían preparar el terreno para un ataque de los franceses. Esto podía haber sido cierto, el mensaje diplomático de hecho podía haber sido un pretexto, pero a sabiendas de que sus prisioneros franceses tendrían su propia historia que contar sobre lo que pasó, Washington advirtió a Dinwiddie que no les creyera.

Sin duda, Washington tenía más cosas de qué preocuparse que de una posible condena de Dinwiddie. Cuando los líderes franceses de Fort Duquesne se enterasen de la matanza que había tenido lugar en contra de sus hombres, sin duda buscarían venganza. Washington ordenó de inmediato a sus hombres que comenzaran la construcción de lo que él llamaría Fort Necessity [Fuerte de la Necesidad]. Pero la ubicación de la fortaleza estuvo bastante mal escogida: bosques y colinas rodeaban de cerca la fortaleza, lo que significaba que los franceses podrían acercarse a ellos y disparar a los ingleses como peces en una charca.

Esto fue precisamente lo que ocurrió. Unos novecientos combatientes franceses e indios llegaron bajo las órdenes de Louis Coulon de Villiers, hermano de Jumonville, y enseguida abrieron fuego. Después de haber matado o herido a una cuarta parte de los hombres de Washington, Villiers le preguntó a este si quería rendirse. Washington accedió a hacerlo y, lo peor desde el punto de vista de sus antecedentes, firmó un documento en el que confesaba que Jumonville había sido asesinado.

Washington volvió a enviar informes engañosos de la batalla, afirmando falsamente que más de trescientos franceses habían causado baja (en realidad, cayeron solo diecinueve) y que la derrota inglesa se debió a hombres sin experiencia y escasez de vituallas. Washington «nunca, ni entonces ni después, admitió los errores que le correspondían», escribe Ferling.[12] Washington también dijo que el hombre que actuó como traductor entre franceses e ingleses era incompetente y posiblemente corrupto, de lo contrario nunca habría «confesado» el asesinato de Jumonville. De nuevo, es difícil saber lo que pasó realmente.

La Guerra Francesa e India, como en adelante sería conocida, y la cual fue iniciada por estas batallas, duraría cinco años. A pesar de la toma de decisiones manifiestamente pésimas, «las virtudes del joven Washington destacaron entre los escombros temporales de su reputación. Con una resolución inquebrantable, había mantenido la compostura en la batalla, aun cuando estuvo rodeado de montones de cadáveres... Totalmente intrépido, se enfrentó a los peligros y no pareció inmutarse por los obstáculos».[13] En las semanas posteriores a la debacle, «la condena de Washington dio paso gradualmente al reconocimiento generalizado de que se había enfrentado a terribles designios en Fort Necessity».[14]

◆ ◆ ◆

Un Washington de veintidós años, con seguridad lamiéndose sus heridas, se retiró a Mount Vernon. Pero no pasaría mucho tiempo antes de que tuviera la oportunidad de redimirse.

En 1755 los británicos enviaron al general Edward Braddock, dos regimientos de infantería y setecientos soldados provinciales a tomar Fort Duquesne a los franceses. Washington, experimentado en viajes por el desierto y en la comunicación con los indios, fue invitado a unirse a la expedición y a formar parte del personal del general Braddock.

El 9 de julio, después de vadear el río Monongahela, Braddock y una fuerza de avance de mil cuatrocientos hombres se encontraron con un enorme destacamento de franceses e indios. Los soldados franceses, que habían aprendido a luchar al estilo indio, corrieron hacia el bosque, rodearon a los británicos e hicieron llover fuego mortal sobre ellos, matando o hiriendo a 976 hombres, incluyendo a Braddock. Fue una tremenda masacre, «la peor derrota sufrida por los británicos en América antes de la Guerra de la Independencia».[15] Pero fue en aquella lluvia infernal de balas y muerte cuando Washington se mostró por primera vez como un hombre de legendario coraje y pasión en el campo de batalla. La historia registra que «de los ayudantes de Braddock solo Washington salió ileso, aunque su sombrero y su abrigo estaban llenos de agujeros de bala y dos caballos fueron fusilados debajo de él. Washington nunca huyó. Se puso de pie y luchó con gran valor».[16]

Parece realmente milagroso que Washington sobreviviera ese día, y el valor que empeñó en permanecer en medio de tantos disparos que abrieron agujeros en su sombrero y en su abrigo, y no en uno, sino en dos caballos, es poco menos que superlativamente heroico. Como resultado de la gallardía espectacular de Washington durante aquella batalla, el gobernador Dinwiddie le pidió que comandara el ejército ahora más grande de Virginia. Tendría el rango de coronel. Washington y sus hombres del ejército de Virginia pasaron los siguientes años luchando contra los indios, que continuaban atacando los asentamientos y asesinando a las familias que vivían allí. Washington solía quejarse de la falta de hombres cualificados, de equipos y de aliados indios, junto con el hecho de que estaban luchando a la defensiva en lugar de llevar a cabo una guerra ofensiva. Y como los líderes militares hacen a menudo hoy en día, se quejaba de que los líderes civiles, que sabían bien poco acerca de tácticas de batalla, estaban tomando decisiones equivocadas.

En 1757, el gobierno británico decidió que, para echar finalmente a los franceses de Fort Duquesne, enviaría tres ejércitos a América, uno de ellos bajo el mando del general de brigada John Forbes. Washington dirigía dos regimientos de Virginia de unos dos mil hombres, y Forbes le asignó para dirigir una de estas tres brigadas. Sabiendo por los soldados enemigos capturados que en Fort Duquesne había muy pocas guarniciones, Forbes, en un intento de capturar el fuerte, envió a dos mil quinientos hombres a las órdenes de Washington para hacerlo. Pero cuando por fin llegaron, a finales de 1758, descubrieron que los franceses habían huido de la fortaleza después de quemarla. Más tarde los americanos se enteraron de que los franceses se habían preocupado después de que los aliados indios les abandonasen, y decidieron que su mejor opción era destruir la fortaleza e irse. Obviamente hubo poca gloria en la victoria de Washington, pero aun así fue una victoria. Y de este modo terminaría la carrera militar del joven de veintiséis años, George Washington, o al menos eso pensaba entonces.

Poco después, Washington renunció a su cargo, con la tristeza de sus oficiales, que se habían encariñado mucho con él. Muchos de ellos participaron en un emotivo homenaje de despedida del joven, destacando su compromiso con la justicia, así como la lealtad, la ecuanimidad, la sinceridad y otras cualidades positivas. Pocos podrían cuestionar que el liderazgo disciplinado y valiente de Washington les había inspirado a ofrecer su mejor esfuerzo.

Washington estaba profundamente conmovido por esta despedida. Dio las gracias a los hombres diciendo que lo hacía con «verdadero afecto por el honor que me han otorgado, porque si he adquirido alguna reputación, es de ustedes de quien la he obtenido».[17] Esto era típico de la gracia que lo marcaría en los próximos años.

Pero ahora que abandonaba el ejército, ¿qué sería de este joven prometedor?

◆ ◆ ◆

Para empezar, George Washington se casaría. Poco después de regresar a casa se casó con Martha Dandridge Custis, la rica viuda de Virginia a la que había estado cortejando durante algún tiempo. La llevó a Mount Vernon, decidido a ganarse la vida allí como plantador de tabaco. Washington también se postuló para un escaño en la Casa de los Ciudadanos y ganó. Serviría allí durante dieciséis años, pero rara vez dio un discurso o participó en un debate. En los siguientes años continuaría mejorando y ampliando Mount Vernon, encargando todo, hasta la porcelana china y un carro desde Inglaterra. También ayudó a educar a Patsy y a Jacky, los dos hijos pequeños de Martha de su matrimonio anterior.

Pero estaban sucediendo cosas en el mundo más allá de Mount Vernon que no dejarían que George Washington se quedara como estaba durante mucho tiempo. En 1764, el texto de la Ley de Ingresos de Gran Bretaña, que gravaba el ron, el vino, el café, el té, la miel, el azúcar y el tabaco, enfureció a la mayoría de los norteamericanos, a pesar de que los impuestos iban destinados a pagar la defensa del país por parte de Gran Bretaña de futuros ataques de franceses o indios. Después de todo, ningún norteamericano tenía un asiento en el parlamento, y los impuestos sin representación no era algo que estuvieran dispuestos a aceptar.

Cuando, en 1765, el parlamento aprobó la Ley del Timbre (un impuesto sobre documentos oficiales y folletos, entre otras cosas), la indignación contra Gran Bretaña aumentó. Por un lado, hubo disturbios. El parlamento derogó la Ley del Timbre en 1766, pero rápidamente volvió a enfurecer a los americanos con las Leyes de Townshend en 1767, que tributaban el papel, el té, el vidrio, el plomo y la pintura. Se produjo el boicot americano de muchas importaciones británicas, que les costó a los británicos una gran pérdida de ingresos.

En 1770 tuvo lugar la Masacre de Boston, en la que soldados británicos mataron a cinco colonos, inflamando aun más la indignación de América contra la presencia de las tropas británicas en su territorio. Y en 1773 los británicos impusieron la Ley del Té, que llevó al Motín del té: un acto de protesta que divierte a la mayoría de los estadounidenses de hoy, pero que en algunos de sus detalles menos conocidos y cruentos horrorizó a muchos, incluyendo a George Washington. Sin embargo, Washington sabía que las cosas habían llegado a un punto en que algo había que hacer. Hasta ahora mayormente había escuchado en silencio mientras que otros miembros de la Casa de Ciudadanos de Virginia expresaban su enojo por los crecientes abusos británicos. Incluso él «estaba preparado para una respuesta estridente contra las políticas imperiales de Gran Bretaña, si la mayoría de los colonos eran del mismo pensar».[18]

Y en efecto, lo eran. Los colonos americanos creían apasionadamente que el parlamento no tenía absolutamente ninguna autoridad legal para imponerles impuestos. Así que, en agosto de 1774, Washington fue uno de los siete hombres escogidos para representar a Virginia en Filadelfia, en el Congreso Continental de reciente formación. El Congreso decidió un boicot de todos los bienes de fabricación británica, con el apoyo de las trece colonias. Y los congresistas hicieron planes para la activación de la milicia en cada colonia, por si surgiera la necesidad, cosa que, desde luego, pronto sucedió.

Fue en esa famosa fecha, «el dieciocho de abril del 75», que un platero de Boston llamado Paul Revere cabalgó toda la noche para advertir a sus compañeros colonos de la inminente llegada de las tropas británicas. Los británicos habían enviado un millar de soldados para confiscar las armas y arrestar a los líderes revolucionarios. A la mañana siguiente, se levantó el telón de la gran Guerra de la Independencia que ahora llamamos Revolución Americana. La mayoría de nosotros conocemos la historia de cómo los padres y esposos norteamericanos dejaron el calor de sus camas para resistir ferozmente las tropas británicas en Lexington y Concord. Las víctimas de estos enfrentamientos históricos fueron impactantes en su momento, especialmente si tenemos en cuenta el hecho de que la guerra aún no había sido declarada. Casi trescientos soldados británicos y un centenar de milicianos de Massachusetts murieron o quedaron heridos.[19]

Aprendiendo del conflicto, Washington reflexionó memorablemente en una carta a su amigo George Fairfax:

> Es triste, aunque da que pensar, que la espada de un hermano se ha envainado en el pecho de un hermano, y que las llanuras una vez felices y pacíficas de América están empapadas de sangre u ocupadas por los esclavos. ¡Triste alternativa! Pero, ¿puede un hombre virtuoso dudar de su elección?[20]

Las noticias de las batallas enardecieron a las trece colonias; miles de milicianos de Nueva Inglaterra se arrojaron sobre Boston, sitiando a los británicos en un esfuerzo no solo de atraparlos dentro de la ciudad, sino también para forzarles, a través de la escasez de alimentos y otros suministros, a tomar sus barcos e irse, preferiblemente para siempre.

En lo que se conoció como la Batalla de Bunker Hill (que técnicamente ganaron los ingleses), los norteamericanos enfadados, que resultaron ser muy buenos tiradores y que rompieron las reglas de la etiqueta militar disparando a los oficiales, obligaron a los británicos a pagar un precio muy alto: cerca de mil soldados británicos murieron o resultaron heridos, mientras que los norteamericanos sufrieron alrededor de quinientas bajas.[21]

Ese mayo, se reunió el Segundo Congreso Continental. Sus miembros se dieron cuenta de que las colonias no podían luchar de forma independiente la una de la otra; las trece milicias necesitaban transformarse en un único ejército nacional. Pero, ¿quién lo lideraría? El 19 de junio de 1775, George Washington respondió a la llamada. Tenía cuarenta y tres años.

Pero debemos preguntarnos: ¿qué es lo que había en Washington que lo presentara como la primera opción del Congreso Continental? John Adams dijo en broma que cumplía con todas las calificaciones: era alto y guapo y se movía con gracia, cualidades evidentemente carentes en los otros candidatos. Pero también había razones serias. Por un lado, Washington era rico, por lo que se le consideraba inmune a los sobornos enemigos. Esa fue una consideración importante entonces. Y tenía una reputación brillante: parecía causar una gran impresión dondequiera que iba. Como señaló un observador de Connecticut, «parece discreto y virtuoso, no atolondrado ni blasfemo ni compañero de juramentos, sino sobrio, firme y tranquilo».[22]

Al dirigirse al Congreso en la Sede del Estado de Filadelfia, Washington (que sabía que necesitaría un milagro para vencer a los británicos) dijo con su humildad típica: «No me considero a la altura de la orden con la que [soy] honrado, [pero] como el Congreso así lo desea, tomaré este deber crucial y dispondré todo el poder que poseo a su servicio y al apoyo de esta gloriosa causa».[23]

Washington reveló sus temores por la falta de experiencia de los milicianos, que no eran soldados entrenados, sino agricultores y comerciantes. Escribiendo a su cuñado poco después de obtener el mando, Washington dijo: «Puedo responder, pero por tres cosas: una firme creencia en la justicia de nuestra causa; una atención cercana en el procedimiento de la misma; y la integridad más estricta. Si estas no pueden suplir los lugares de la capacidad y la experiencia, la causa se verá afectada».[24]

Después de los preparativos finales para sus nuevas funciones y ofrecer a Martha su adiós, Washington montó fatídicamente sobre su caballo y cabalgó desde Filadelfia a Cambridge, Massachusetts.

◆ ◆ ◆

Siguieron, desde el verano de 1775 hasta 1781, seis largos años de luchas esporádicas de Saratoga a Boston, de Trenton a Long Island; desde el puente de la cala de Moore, Carolina del Norte, a Bennington, Vermont; Savannah, Chesapeake Bay y, finalmente, Yorktown.

Los detalles de la Guerra de la Independencia se han convertido en un icono; el crudo invierno de 1777–1778 en Valley Forge, donde muchas de las tropas de Washington murieron por enfermedad. El cruce del río Delaware, que fue parte del audaz ataque la noche de Navidad, en el que sorprendieron a los resacosos mercenarios de Hesse y obtuvieron una victoria cuando Norteamérica la necesitaba desesperadamente.

Washington abordó estoicamente un sinfín de dificultades: la constante escasez de tropas; la traición inquietante de un colega de confianza, el general Benedict Arnold; los intentos de asesinato; y los esfuerzos por capturarlo. Pero de algún modo (muchos dirían casi milagroso) Washington moldeó a una colección de gentuza con hombres mal alimentados, mal pagados y desarmados, y los convirtió en una fuerza de combate envidiable que, con un poco de ayuda de los franceses, vencieron a la fuerza militar más poderosa que jamás hubiera existido.

Un biógrafo contó que, en la gran batalla final de la guerra en Yorktown, Virginia, «Washington desmontó, se puso en primera línea de fuego y miró».[25] Nadie pone en duda que era tremendamente valiente. Muchas veces a lo largo de su carrera militar, sin temor se puso en peligro, a pesar del hecho de que cuando montaba su caballo la altura del general proporcionaba a los soldados enemigos un objetivo especialmente visible y tentador.

◆ ◆ ◆

Muchos de nosotros hemos visto el famoso cuadro del general Washington rezando piadosamente de rodillas al lado de su caballo. Los biógrafos nos dicen que no hay constancia de que Washington hubiese hecho jamás algo parecido. Pero no hay duda de que Washington era un hombre profundamente religioso y que confiaba en su fe para tomar decisiones sobre la guerra. Así que lo representado en la pintura sin duda podría haber tenido lugar.

El sobrino de Washington, George Lewis, fue testigo involuntario de la fe de su tío. Relató lo que vio al biógrafo de Washington, Jared Sparks, que escribió:

> El señor Lewis dijo que había sido testigo accidental de las devociones privadas [del general] en la biblioteca por la mañana y por la noche; que en estas ocasiones le había visto arrodillado con una Biblia abierta delante de él y que creía que esa podía ser su práctica diaria.[26]

Como Ron Chernow relata en *Washington: A Life* [Washington: una vida], durante la Guerra de la Independencia el general Robert Porterfield «llevó un mensaje urgente a Washington» y «lo encontró de rodillas, concentrado en su devocional de la mañana».[27]

Feligrés de toda la vida, Washington sirvió durante veintidós años como miembro de la junta parroquial de Truro Parish y también sirvió como capillero, cuyas funciones incluían ayudar a los pobres. Amigos, como John Marshall, consideraban a Washington «un creyente sincero en la fe cristiana y un hombre verdaderamente piadoso».[28] Washington también creía que Dios tenía un propósito especial para su vida, y habló de su creencia de que la Providencia lo había salvado de morir en varias batallas anteriores precisamente porque Dios tenía un propósito para él.

La caridad de Washington hacia los demás también se halla bien documentada. Antes de salir para liderar las fuerzas norteamericanas en la Guerra de la Independencia, se cercioró de decirle al administrador de su finca que continuara cuidando a los mendigos que se presentaban en Mount Vernon: «Mantengamos la hospitalidad de la casa con respecto a los pobres. Que no se mantenga a los hambrientos a distancia... a condición de que no les anime a la ociosidad».[29]

Chernow señala:

> Sabemos que los Washington trataron de practicar la caridad anónima aun cuando hubiera sido políticamente conveniente anunciarla en voz alta. El secretario de Washington, Tobias Lear, registró a cientos de individuos, iglesias y otras organizaciones de caridad que, a espaldas de la opinión pública, se beneficiaron de la generosidad presidencial. Incluso los restos de la mansión ejecutiva fueron trasladados a una prisión para los reclusos necesitados.[30]

Muchos de nosotros estamos familiarizados con las líneas frecuentemente citadas del Discurso de Despedida de Washington en 1796: «De todas las disposiciones y hábitos que conducen a la prosperidad política, la religión y la moralidad son los soportes indispensables». Pero probablemente estamos menos familiarizados con el resto del pasaje, en el que Washington advierte que «la razón y la experiencia nos impiden esperar que la moralidad nacional pueda prevalecer sobre la exclusión del principio religioso».[31] Ya que la «moral nacional» ocupa el centro de la autonomía, esta es una declaración muy importante.

Dice mucho sobre el carácter de Washington que, tras la rendición del general Cornwallis, Washington dijera a sus hombres que trataran a sus enemigos derrotados con respeto y se abstuviesen de gritar mofas e insultos contra ellos. «Ya es bastante para nosotros ser testigos de su humillación», dijo. «La posteridad nos aclamará a nosotros».[32]

Había algo heroico, humilde, valiente y justo en el ejemplo de Washington que inspiró la extrema devoción de los hombres bajo su mando. De hecho, el respeto, la admiración y el amor que sus hombres tenían por él aumentó durante los años de la guerra. El biógrafo David Adler escribe: «Sus hombres lo siguieron descalzos por la nieve en Trenton. Pasaron el invierno con él en Valley Forge sin ropa adecuada, comida o leña. Seguramente lucharon no solo por la independencia, sino también por Washington».[33]

◆ ◆ ◆

Pero fue lo que George Washington hizo después de la guerra lo que le marcó para siempre como principal sujeto entre los grandes hombres de la historia.

Uno podría preguntarse: cuando la heroica lucha por la independencia fue finalmente ganada, ¿qué siguió a continuación? ¿Con qué debería ser recompensado el gran hombre que llevó a esta nueva nación emergente a la victoria? ¿Cómo debería ser coronado su trascendental triunfo? Algunos hablaron de hacerlo literalmente, de coronar a Washington como el rey George I de América... o por lo menos, de hacer de él una figura real. Incluso aquellos a los que no les gustaba la idea temían que con todo lo que Washington había hecho, de algún modo fuera inevitable: simplemente se lo había ganado. Y aquellos que amargamente se oponían a la idea esperaban que Washington tomase lo que él pensaba que le pertenecía. Señalaron el deseo de Washington de mantener un ejército permanente como prueba de que planeaba un golpe militar después de la guerra. Tal como lo veían, la América recién independizada terminaría con una dictadura militar con Washington como dictador jefe.

Sin embargo, Washington fue el más raro de los hombres en la etapa expansiva de la historia, puesto que no quiso saber nada de aquello. Su actitud hacia la idea de que debía tomar las riendas del poder civil se ilustra dramáticamente en un incidente que revela, como pocos, la grandeza singular de George Washington.

Ocurrió en marzo de 1783. La guerra había concluido y se había ganado, pero el estado de ánimo entre los oficiales del Ejército Continental en Newburgh, Nueva York (sede de Washington en aquel momento), se había complicado perentoriamente. Esto se debía principalmente a que el Congreso estaba en bancarrota y tal vez no sería capaz de cumplir con su promesa de compensar a los soldados por los años de duro servicio a su país. Parecía que el Congreso ni siquiera era capaz de proporcionar las pensiones. Esto supuso un tremendo golpe para aquellos hombres que habían dado tanto por su país, y ahora se quejaban amargamente.

Un oficial llamado Lewis Nicola hizo más que quejarse. Tomó medidas, haciendo circular una carta anónima entre los hombres, poniendo «por escrito lo que muchos oficiales susurraban detrás de las cortinas: que la conducta errática del Congreso Continental de la guerra había dejado al descubierto la debilidad de todas las repúblicas y el desastre seguro que sucedería en la América de la posguerra a no ser que Washington se declarase rey».[34] Era una amenaza: si no recibían sus salarios y pensiones prometidos, los funcionarios estaban decididos a tomar el control del gobierno en ciernes. Por supuesto, proponía que Washington debía ser su líder.

En respuesta, un Washington horrorizado le dijo a Nicola que «desterrara estos pensamientos de su mente» y «condenó esta estrategia como "grande entre los grandes males que pueden sobrevenir a mi país"».

El marzo siguiente vio la llegada de lo que se conoce como la Conspiración de Newburgh. Como Joseph Ellis escribe en *His Excellency: George Washington* [Su excelencia: George Washington]: «Los eruditos que han estudiado la Conspiración de Newburgh coinciden en que probablemente se originó en Filadelfia dentro de un grupo de congresistas, encabezados por Robert Morris, quien se decantó por la amenaza de un golpe de Estado militar como herramienta política para obtener la aprobación de un proyecto de ley de ingresos... y tal vez ampliar los poderes del Congreso Federal sobre los estados».[35]

Una carta anónima, que más tarde fue conocida como el Discurso de Newburgh, causó conmoción en este lugar. Escrita por el mayor John Armstrong Jr., contenía no una sino dos amenazas: si el Congreso no garantizaba la recuperación de la inversión y la conmutación, «el ejército se disolvería», incluso si la guerra continuaba (el tratado de paz no se firmó hasta el 3 de septiembre de 1783). Y si se firmaba un tratado de paz, pues bien, el ejército simple y llanamente se negaría a disolverse. En efecto, Armstrong propuso tanto la tiranía como la traición.[36]

Cuando Washington se dio cuenta de lo que estaba sucediendo, el gran hombre se horrorizó. Y al descubrir que los líderes de la conspiración planeaban reunirse el 11 de marzo para planificar la estrategia, Washington intervino. «Derogó la resolución de la reunión [y]... convocó una reunión para todos los oficiales el 16 de marzo».[37]

Washington se dedicó a escribir el discurso de su vida. Todo lo que él creía estaba en juego. Por un lado, su reputación tan duramente ganada estaba en peligro, pero mucho más importante, la existencia y el futuro de América estaban amenazados. Si no fuera por lo que entonces dijo e hizo, todo lo que había dicho y hecho hasta ese momento podría haber sido en vano: la nación recién nacida podría haber sido estrangulada en su cuna.

El 16 de marzo, poco antes del mediodía, los funcionarios se reunieron en un salón de nueva construcción en Newburgh llamado el Templo, a la espera del inicio de la sesión de estrategia, presidida por el general Horatio Gates. A las doce en punto, el general Washington entró en la habitación y se dirigió a la tribuna. El silencio cayó sobre la sala mientras Washington sacaba su discurso del bolsillo y comenzaba a leer con su estilo tranquilo y lento.

En primer lugar, les reprendería. «Señores —comenzó—, de una convocatoria anónima, se ha intentado convocarles aquí; qué incompatible con las normas de la decencia, qué poco militar y qué subversión de todo orden y disciplina».[38]

Muchos de los presentes se enfadaron con Washington por no hacer lo suficiente, a su juicio, para asegurar sus salarios y pensiones.

Washington recordó a estos hombres que él era uno de ellos:

Si mi conducta hasta ahora no les ha demostrado a ustedes que he sido un fiel amigo del ejército, mi declaración en este momento sería igualmente inútil e impropia. Pero fui de los primeros que se embarcaron en la causa de nuestro país común. Nunca les he dejado ni un momento de lado, salvo cuando he sido llamado al servicio público. He sido un compañero constante y testimonio de sus aflicciones, y no de los últimos en sentir y reconocer sus méritos. Siempre he considerado mi propia reputación militar como inseparablemente vinculada a la del ejército. Mientras mi corazón siempre ha crecido con alegría cuando he oído sus alabanzas, mi indignación ha surgido cuando la boca de la detracción se ha abierto en contra; difícilmente puede suponerse, en esta última fase de la guerra, que soy indiferente a sus intereses.[39]

Washington llegó así al punto principal, en referencia a la carta (escandalosa para él) que había sido distribuida:

Pero, ¿cómo deben ser promovidos [los intereses]? El camino es claro, dice el emisor anónimo. Si la guerra continúa, que se retire adentro del páis sin colonizar... y dejar que un país desagradecido se defienda a sí mismo. Pero ¿quiénes son los que defienden? Nuestras esposas, nuestros hijos, nuestras granjas y otros bienes que dejamos detrás. O, en este estado de separación hostil, ¿debemos tomarlas [a nuestras familias] para perecer en el desierto, con hambre, frío y desnudez?

Si la paz se lleva a cabo, no envainen sus espadas, dice el emisor, hasta que tengan plena y amplia justicia; esta espantosa alternativa, ya sea abandonar a nuestro país en la hora extrema de su angustia o poner nuestras armas contra él (que es el objeto aparente a menos que el Congreso sea obligado al cumplimiento inmediato), contiene algo tan impactante que la humanidad se rebela ante tal idea. ¡Dios mío! ¿Qué puede tener este escritor a la vista, al recomendar tales medidas? ¿Puede ser un amigo del ejército? ¿Puede ser un amigo de este país? Antes bien, ¿no es un enemigo insidioso?[40]

Washington repitió entonces lo que los soldados se habían cansado de oír: que debían ser pacientes mientras el Congreso resolvía lentamente cómo, cuándo y cuánto debía pagarles. También señaló cuán lejos llegaría su rebelión:

> ¿Por qué, entonces, deberíamos desconfiar [del Congreso]? Y, como consecuencia de la desconfianza, ¿adoptar medidas que puedan proyectar una sombra sobre la gloria que se ha adquirido con tanta justicia, y empañar la reputación de un ejército que es celebrado por toda Europa por su entereza y patriotismo? ¿Y por qué hacer esto? ¿Para acercar el objetivo que perseguimos? ¡No! Sin duda alguna, en mi opinión, se le arrojará a mayor distancia.[41]

El viejo general les recordó a sus oficiales lo que habían venido a significar el uno para el otro:

> En cuanto a mí... un sentido agradecimiento a la confianza que han depositado en mí, el recuerdo de la ayuda alegre y pronta obediencia que he experimentado desde que, en virtud de todas las vicisitudes de la fortuna y el sincero afecto que siento por un ejército al que siempre he tenido el honor de dirigir, me obligarán a declarar... que, en el logro de la justicia completa por todas sus fatigas y peligros, y en la satisfacción de todos sus deseos, por lo que pueda ser compatible con el gran deber que le debo a mi país y a los poderes que estamos obligados a respetar, pueden demandar mis servicios hasta el límite de mi habilidades.[42]

Washington pronunció entonces la que para muchos es la parte más conmovedora de su discurso:

Dejen que les ruegue, señores, por su parte, que no tomen medidas que, consideradas a la luz tranquila de la razón, disminuyan la dignidad y mancillen la gloria que hasta ahora han mantenido... dejen que les implore, en nombre de nuestra patria común, que si valoran su honor sagrado, si respetan los derechos de la humanidad y si consideran el carácter militar y nacional de América, expresen su máximo horror y aborrecimiento al hombre que desea, con pretextos falaces cualquieras, derrocar las libertades de nuestro país, y maliciosamente intenta abrir las compuertas de la discordia civil e inundar nuestro imperio creciente de sangre.[43]

Animó a sus hombres a mirar hacia el futuro, a imaginar lo que las generaciones venideras pensarían de ellos y de lo que habían logrado:

Con esta determinación y actuación... darán una distinguida prueba más de patriotismo sin igual y de paciente virtud, elevándose sobre la presión de los padecimientos más complicados. Y ustedes, por la dignidad de su conducta, darán ocasión para que la posteridad diga, cuando se hable del glorioso ejemplo que han exhibido a la humanidad, «Hasta entonces el mundo jamás había visto la última etapa de la perfección a que la naturaleza humana es capaz de llegar».[44]

Irónicamente, con lo magnífico y elocuente que es este mensaje, no fueron las palabras del discurso de Washington las que cambiaron el rumbo y salvaron el experimento americano. Los historiadores nos cuentan que cuando Washington terminó su discurso, la habitación estaba en perfecto silencio.

Pero difieren precisamente acerca de lo que sucedió después. ¿Planeó y ensayó Washington su próximo movimiento? ¿O fue un acto espontáneo?

Anunciando que tenía algo más que leer a los hombres, Washington introdujo la mano en el bolsillo de su uniforme y sacó lentamente una carta escrita por un congresista de Virginia. Washington la desplegó y empezó a leer en voz alta, tropezando al parecer con las palabras. Metiendo la mano en el bolsillo del chaleco, el general extrajo un par de gafas de montura metálica. Sus hombres nunca las habían visto antes, aunque el general de cincuenta y un años las había estado utilizando como gafas de lectura desde hacía algún tiempo.

Washington se disculpó por el retraso, diciendo mientras abría las gafas y se las ponía: «Señores, deben perdonarme. No solo he envejecido sirviendo a este país, sino que además me estoy quedando ciego».[45]

De alguna manera, estas palabras cautivadoras, humildes y espontáneas, pronunciadas por aquel hombre excepcional de pie ante ellos, tomó a todos por sorpresa, y en un instante, el estado de ánimo de los aguerridos hombres enojados cambió por completo. De hecho, muchos de ellos lloraron abiertamente mientras Washington leía la carta y luego salieron de la habitación. La poderosa tentación de coronar a Washington rey o dictador, y de arrancar al Congreso el control de la nación naciente recibió un golpe de muerte... y las cartas de Nicola y Armstrong fueron lanzadas al basurero de la historia.

¿Quién podía imaginar que la libertad de millones de personas dependería del carácter de un hombre? ¿Qué fue lo que le dio las fuerzas para hacer lo correcto cuando la tentación de hacer algo menos noble había sido abrumadora?

Al actuar como lo hizo aquel día (y en otras ocasiones, cuando el canto de sirena del poder podría haber abrumado a un hombre empequeñecido), Washington «demostró que era tan inmune a la seducción del poder dictatorial como lo era a la viruela».[46]

La mayoría de nosotros prácticamente no comprendemos lo inusual de la decisión de Washington. Al rechazar el poder, el general Washington se convirtió en el primer líder militar famoso de la historia mundial en ganar una guerra y luego dimitir voluntariamente en lugar de tomar y consolidar su poder. De hecho, el enemigo jurado de Washington, George III de Inglaterra, apenas pudo dar crédito a sus oídos cuando escuchó lo que Washington había decidido hacer. Si el líder del ejército que había derrotado a la fuerza militar más poderosa de la tierra había renunciado al cargo, como le estaban informado, George III declaró que este hombre sería «el hombre más grande en el mundo».[47]

Sea lo que sea lo que los historiadores digan de Washington, todos celebran su voluntad de dejar de lado la posibilidad de ser coronado rey George I de América en favor de volver a ser un granjero en Virginia. Tampoco fue esta una decisión que tomase a toda prisa. Washington había dejado claro, durante el primer año del conflicto, que estaba decidido a no ganar la guerra contra el rey George III únicamente para erigirse en el tirano rival norteamericano una vez que hubiera ganado. En un discurso ante los líderes de Nueva York, Washington anunció que, al convertirse en un soldado, «no dejaba a un lado al ciudadano», es decir, reconocía la autoridad civil sobre la militar.[48]

Y sin embargo, la decisión de Washington aún asombra.

Como el historiador Joseph Ellis lo describe,

> su decisión, marca de la casa, de entregar el poder como comandante en jefe y presidente no era... una señal de que había conquistado sus ambiciones, sino que se dio cuenta plenamente de que todas las ambiciones eran intrínsecamente insaciables e invencibles. Se conocía lo suficientemente bien como para resistir la ilusión de trascender su naturaleza humana. A diferencia de Julio César y Oliver Cromwell antes que él, y Napoleón, Lenin y Mao después de él, entendió que la mayor gloria residía en el juicio de la posteridad. Si aspiras a vivir para siempre en la memoria de las generaciones futuras, tienes que demostrar la máxima confianza en ti mismo para dejar el juicio final para ellos. Y él lo hizo.[49]

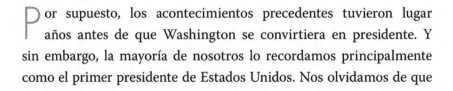

Por supuesto, los acontecimientos precedentes tuvieron lugar años antes de que Washington se convirtiera en presidente. Y sin embargo, la mayoría de nosotros lo recordamos principalmente como el primer presidente de Estados Unidos. Nos olvidamos de que

Washington no fue simplemente el primer presidente, sino que básicamente inventó la presidencia de Estados Unidos.

Antes de él, no existía tal cosa. Sentó el precedente para la presidencia, por así decirlo. Específicamente, Washington no tenía un modelo sobre el cual basar las decisiones principales, como la forma en que el presidente debía vestir, con quién debía reunirse, cómo concertar citas federales, si las personas debían hacer una reverencia o inclinarse ante él, o incluso cómo habría de ser llamado (John Adams provocó mucha risa sugiriendo en serio dirigirse a Washington como «Su Electa Majestad» o «Su Poderosísimo».) Pero que quede claro que aquello que George Washington eligió hacer se convirtió en el ejemplo de todos los que siguieron. Mucho de lo que él determinó fue adoptado por casi todos los demás presidentes estadounidenses. Tal vez la más importante de estas decisiones fue cuando se negó a servir más de dos legislaturas de cuatro años, otra decisión humilde y desinteresada de consecuencias incalculables para el futuro de la nación. Washington también decidió dónde viviría cada futuro presidente cuando resolvió dónde debía construirse el capitolio de la nación.

En su primera administración, Washington se ocupó de la enorme deuda que el país había contraído en la guerra, incluyendo el dinero prestado por Francia, España y Holanda, que de alguna manera tenía que devolverse. Hubo numerosos conflictos con los indios que, armados por los británicos, siguieron atacando los asentamientos blancos; los británicos, desafiando el tratado de paz, siguieron manteniendo tropas en suelo americano. Las diez primeras enmiendas a la Constitución se acordaron y se aprobaron como ley. Otros tres estados (Vermont, Kentucky y Tennessee) se añadieron a la Unión.

En realidad, Washington quería retirarse al final de su primer mandato; anhelaba vivir en Mount Vernon con su esposa y nietos políticos. Tenía buenas razones para pensar que sería capaz de hacer esto. Tal como había esperado y trabajado, «existía un gobierno nacional y estaba funcionando», y había «transformado la presidencia en una administración potente y magistral. Ciertamente, muchas de las tribulaciones económicas aparentemente insolubles de los años de la guerra y del período inmediato de la posguerra habían sido rectificadas, y se intuía un futuro brillante».[50]

Pero el presidente fue presionado por otros, incluido Thomas Jefferson, para que permaneciera en el cargo un nuevo mandato. Jefferson sostuvo: «Tu permanencia al frente de los asuntos [es] de [mayor] importancia», porque «la confianza de toda la Unión se centra en ti». Además, un segundo mandato de Washington alejaría a «los federalistas monárquicos», dirigidos por Alexander Hamilton, de «todos los argumentos que puedan utilizarse para alarmar y conducir al pueblo... a la violencia o la secesión. Norte y Sur irán juntos, si te tienen a ti para aguantar».[51]

Al darse cuenta de que su país aún lo necesitaba, sobre todo con la Revolución Francesa avecinándose en Europa, Washington accedió a regañadientes a un segundo mandato.

En los siguientes cuatro años, Washington, pese a las objeciones de muchos que recordaban cómo los franceses habían ayudado a Estados Unidos durante la guerra, se mantuvo al margen de la Revolución Francesa, creyendo que participar no estaba entre los mejores intereses para Estados Unidos. Su presciencia en esta decisión es especialmente impresionante. Washington también negoció el fin de la práctica británica de atacar y asaltar barcos norteamericanos y tomar como prisioneros a los marineros. El propietario de Mount Vernon, que fue hogar de trescientos esclavos, también supervisó la aprobación de la Ley de Esclavos Fugitivos, que requería que todos los estados, incluso aquellos que habían prohibido la esclavitud, devolvieran los esclavos fugitivos a sus amos. Para su pesar, Washington vio los inicios de la guerra entre los partidos políticos y sus seguidores.[52]

Washington, ahora con sesenta y cuatro años y agotado por «los cuidados [de] que la responsabilidad pública nunca está exenta»[53] y por los crecientes ataques personales, se negó rotundamente a considerar un tercer mandato. Después de ver a John Adams instaurado,

Washington comenzó a cabalgar de nuevo alegremente por los muchos kilómetros de sus granjas. Recibía el interminable desfile de invitados que venían a visitarle y pasaba tiempo con su familia. Sin embargo, una cosa aún le atormentaba: ¿qué debía hacer con sus esclavos?

Washington había luchado con el problema de la esclavitud durante gran parte de su vida adulta y, en julio de 1799, finalmente tomó una importante decisión. Volvió a escribir su testamento, no solo liberando a sus esclavos, sino también asegurándose de que a los jóvenes se les enseñaría a leer, escribir y aprender un oficio, y que los viejos y los enfermos serían atendidos por el resto de sus vidas.

Cinco meses después, el 12 de diciembre de 1799, el general de sesenta y siete años salió a caballo, como era su costumbre, para inspeccionar sus granjas. El hecho de que estuviera tronando significaba poco para él, y cuando llegó, cinco horas más tarde, se fue a cenar con la ropa mojada. Esto se debió a que no quería tener a sus invitados esperando. Al día siguiente tenía los síntomas de un resfriado, pero no obstante insistió en salir. Esa noche cayó gravemente enfermo, y a la mañana siguiente se llamó a los médicos.

La atención médica que recibió Washington todavía nos horroriza hoy. Le hicieron cuatro sangrías... casi dos litros y medio en total. Para poner esto en perspectiva, era más de un 40 por ciento de la cantidad total de sangre de su cuerpo. Los médicos también le «ampollaron» el cuello con cataplasmas calientes y le dieron laxantes. Todos estos tratamientos sin duda le debilitaron. Los historiadores creen que sufría «una infección bacteriana virulenta de la epiglotis»,[54] pero los antibióticos que fácilmente podrían haberle tratado no serían descubiertos hasta dentro de un siglo.

Washington murió el 14 de diciembre de 1799, con su amada Martha a su lado. Cuando los ciudadanos de Alexandria se enteraron de su muerte, las campanas repicaron sin cesar durante cuatro días con sus noches. En Francia, las banderas ondearon a media asta. Como muestra de respeto, más de sesenta barcos británicos bajaron sus banderas también a media asta, en honor al hombre que les había «des-generalizado», como apuntó un soldado británico durante la guerra.[55]

◆ ◆ ◆

Más de doscientos años después de la muerte de Washington, su deseo de abandonar el poder (dos veces) es lo más notable que recordamos de él. Estas denegaciones de adquirir el poder para sí mismo fueron los mayores actos de uno de los grandes hombres de la historia.

A pesar de sus defectos humanos, Washington fue ineludiblemente grande. Fue sin duda el único hombre que podría haber supervisado tanto el hundimiento de los británicos como el surgimiento de la república americana.

El historiador John Ferling concluye que «simplemente con estar allí... Washington permitió a la nueva nación sostenerse y sobrevivir a su terriblemente difícil infancia». Él «marcó el comienzo de América hacia la modernidad, configurando el sistema económico que sostenía el crecimiento y que poco a poco convirtió a Estados Unidos en una nación verdaderamente independiente y eficaz, capaz de mantener su seguridad».[56]

El historiador Joseph Ellis escribió que Washington llevó «al Ejército Continental a una victoria contra todo pronóstico... obteniendo con ello la independencia de América». Aseguró «la Revolución mediante la supervisión de la creación de un nuevo estado-nación en su fase más frágil y formativa de desarrollo» y encarnó «esa cosa difícil de alcanzar y aún latente llamada "el pueblo americano", proporcionando de esta manera una ilusión de coherencia a lo que en realidad era un collage desordenado de lealtades regionales y estatales».[57]

Ellis añade: «Hubo un consenso en el tiempo, ya confirmado para siempre, de que nadie más habría podido realizar estas tareas elementales, y también de que tal vez nadie podría haberlas realizado en absoluto».[58]

El sucesor de Washington, John Adams, habría estado de acuerdo. Días después de la muerte del general, Adams dijo: «Su ejemplo está ahora completo, y enseñará sabiduría y virtud a los magistrados, los ciudadanos y los hombres, no solo en este siglo, sino en las generaciones futuras, siempre y cuando se lea nuestra historia».[59]

Es una lástima que la mayoría de los escolares de hoy piensen en Washington de la forma en que está representado en el billete de dólar: como un hombre un poco gruñón de aspecto antiguo. Si por mí fuera, reemplazaríamos esas imágenes falsas por retratos del joven y vibrante Washington, que puede ser más fácilmente imaginado teniendo grandes sueños, luchando batallas importantes y diseñando el futuro de Estados Unidos, y luego cabalgando al hogar de Mount Vernon, feliz de haber ganado sus batallas contra el poder en sí mismo: la gran tentación que puede tentar a un hombre mortal. Cuán agradecidos y poderosamente bendecidos somos por lo que hizo.

DOS
William Wilberforce

1759–1833

Aunque el primer hombre de este libro vivió toda su vida en Estados Unidos y el segundo vivió en Inglaterra, tanto George Washington como William Wilberforce fueron más o menos contemporáneos y ciertamente supieron el uno del otro, pues ambos fueron tremendamente famosos en vida. Incluso podría argumentarse que Wilberforce fue más famoso aun. Después de su éxito con la abolición de la trata de esclavos y de llevar la «libertad a los cautivos»,[1] un estadista italiano describió a Wilberforce como «el Washington de la humanidad».[2]

Hace ciento cincuenta años, hombres como Abraham Lincoln y Frederick Douglass hablaron con reverencia de él como el gran pionero y padre del movimiento abolicionista. Pero durante el último siglo, el nombre de Wilberforce se ha desvanecido considerablemente. Solo en los últimos años esto ha comenzado a cambiar debido, principalmente, a la película de 2007, *Amazing Grace*. Probablemente esa película hizo más por popularizar su historia que cualquier otra cosa.

Muchos de los que vieron la película y tal vez leyeron mi biografía, también titulada *Amazing Grace* [Gracia increíble], no podían creer que nunca hubieran oído hablar del gran Wilberforce. Uno de los comentarios que he oído decenas de veces, literalmente, es: «Después de leer tu libro sobre este hombre increíble, ¡me daba vergüenza no haber oído hablar de él antes!».

Pero ¿cómo supe *yo* de Wilberforce?

Como tantos otros, me enteré por mi amigo Os Guinness. Cualquier persona que no conociera a Wilberforce por la película probablemente ha oído hablar de él por Os, quien ha hecho más que nadie para mantener viva la memoria de Wilberforce en los años previos a la película. Es probable que la película nunca se hubiera hecho de no haber defendido Os la historia de Wilberforce tan ampliamente y por tantos años. Pero una gran historia es una gran historia, y cuando se trata de una gran historia verdadera, es difícil guardar el secreto. ¡Estoy tremendamente agradecido de que Os no lo hiciera!

Yo también había oído hablar de Wilberforce a través de mi héroe, Chuck Colson, el fundador de Prison Fellowship y el séptimo hombre de este libro. Trabajé para Chuck a finales de los años noventa y me enteré de que Prison Fellowship entregaba anualmente un premio Wilberforce a alguien por

> tener un impacto significativo sobre los males sociales de la época a través del esfuerzo personal, la habilidad y la influencia; por mostrar perseverancia y abnegación en la lucha contra la injusticia, incluso hasta el punto de estar dispuesto a sacrificar la comodidad personal, la carrera y la reputación; por marcar un cambio positivo en los valores y en el carácter de la sociedad, «la reforma de las costumbres», a través del testimonio personal, el ejemplo y la educación; y por servir como testigo ejemplar de Cristo.[3]

¡Solo con esta brillante descripción, no podrías evitar preguntarte quién fue Wilberforce! Pero hasta que escribí mi libro sobre él, sabía muy poco. Sabía que Wilberforce fue el miembro del parlamento que dirigió la lucha por la abolición de la trata de esclavos. Sabía que su fe le llevó a asumir esta lucha, y sabía que, en 1807, después de casi dos décadas de brutal campaña, finalmente tuvo éxito, ganándose el merecido elogio del mundo occidental. Pero eso era todo. En realidad, cómo se me ocurrió escribir sobre él y aprender mucho más acerca de él, es una divertida historia.

Sucedió en 2005, cuando escribí un libro sobre apologética titulado *Todo lo que siempre quisiste saber acerca de Dios pero temías preguntarlo*. Al comienzo de uno de los capítulos (era un capítulo sobre la Biblia) decía brevemente que William Wilberforce fue alguien que se tomaba la Biblia en serio, y como resultado de esta creencia, literalmente cambió el mundo. Lo cual es cierto.

Un día de diciembre de aquel mismo año, me encontraba en la CNN promocionando mi libro. Yo esperaba las típicas preguntas agresivas del estilo de: «¿Cómo puede ser Dios todopoderoso y bueno y sin embargo permitir males tan horribles y el sufrimiento en el mundo?», y «¿Cómo puede una persona inteligente creer en la ciencia y al mismo tiempo tragarse todas las tonterías medievales que hay en la Biblia?». Pero no recibí ninguna pulla. En cambio, me hicieron una sencilla pregunta sobre William Wilberforce. Casi se me olvidó que lo había nombrado en el libro, pero lo siguiente fue que estaba hablando de él a una audiencia televisiva nacional.

Como resultado de aquella entrevista, un editor contactó conmigo y me preguntó si me gustaría escribir una biografía completa sobre Wilberforce. Había una película en producción (la ya mencionada *Amazing Grace*), y sería lógico que alguien escribiera una biografía que apareciera simultáneamente al lanzamiento de la película en febrero de 2007. La película y el libro conmemorarían el bicentenario de la abolición del comercio de esclavos en 1807. Como nunca había escrito una biografía antes y no tenía ambición de escribir una, tuve que pensármelo. Pero como se vio después, me interesó y me pasé el año siguiente escribiéndola.

En el curso de mi investigación para el libro, descubrí que el liderazgo de Wilberforce en el movimiento abolicionista fue solo una parte de todo lo que hizo. Sus logros fueron asombrosos, casi demasiados para creerlos. Pero emprendí la investigación y los hechos estaban allí. Acabé descubriendo lo que había mantenido Os Guinness durante tanto tiempo: que Wilberforce fue el reformador social más exitoso en la historia del mundo.

La historia de Wilberforce es tan fascinante e inspiradora que pensé que era importante contar una versión breve en este volumen. Su vida se erige como un ejemplo brillante de lo que un ser humano, sometido al propósito de Dios para su vida, es capaz de hacer.

◆ ◆ ◆

William Wilberforce nació en 1759 y fue el único hijo de una familia acomodada de comerciantes en Hull, una gran ciudad portuaria en la costa noreste de Gran Bretaña. Billy, como le llamaban de joven, solo tenía nueve años cuando su padre murió. Su madre también enfermó gravemente en aquel tiempo, y la mayoría pensó que no sobreviviría. Así que ella y el abuelo de Wilberforce decidieron enviar al niño a vivir con sus tíos ricos en Wimbledon. Que creciera en el entorno de su círculo social de élite era de gran importancia para ellos.

Hay que decir que el ambiente cultural en Inglaterra en aquel momento no era para nada cristiano, salvo en el sentido más superficial. La grave apostasía general del cristianismo en la Inglaterra del siglo XVIII se debía en parte a las guerras de religión del siglo anterior, que habían dado lugar a tanto derramamiento de sangre y miseria. La mayoría de las personas socialmente respetables se habían alejado de cualquier expresión sólida de la fe cristiana y acercado hacia lo que hoy llamaríamos racionalismo de la Ilustración o deísmo. El «Dios» que se predicaba desde muchos púlpitos en la Inglaterra de aquellos días no era tanto Jehová y Jesús, el Dios personal de la Biblia, como una fuerza energética vaga e impersonal.

La madre y el abuelo de Wilberforce siguieron esta moda, sin llevar su expresión religiosa más allá de asistir a la iglesia y mirando con arrogancia a todo aquel que hiciera lo contrario. A las reuniones de avivamiento metodista dirigidas por John y Charles Wesley y a los encuentros evangelísticos de George Whitefield asistían mayoritariamente personas comunes de la clase trabajadora. Así que ser «serio» con la fe de uno era considerado algo aceptable para las clases bajas, pero para los Wilberforce y la mayoría de las élites, alguien que se tomara en serio a Dios era tachado de *metodista* o de *entusiasta*. Estos eran los términos de burla de aquella época, al igual que *fanático religioso, golpeador de Biblias* y *fundamentalista* se han utilizado más recientemente.

Así que lo que sucedió durante los años que el pequeño William pasó con su tía y su tío ricos no habría estado en absoluto aprobado por su madre y su abuelo. Esto es porque, sin ellos saberlo, la pareja tan próspera a la que habían enviado al pequeño Billy era metodista devota. De hecho, ellas eran tan fieles a su fe cristiana evangélica que utilizaban su enorme riqueza para apoyar los muchos esfuerzos del movimiento metodista. El propio George Whitefield iba a menudo a su gran casa durante semanas para hacer lo que se conocía como predicaciones de salón para sus ricos amigos y vecinos. Aunque el joven William nunca conoció a Whitefield, que murió en aquella época, muchos otros predicadores metodistas notables les visitaron, y el chico parece haber prosperado en su compañía.

Uno de los más famosos y frecuentes predicadores de salón que visitó su casa fue el extravagante John Newton, ex tratante de esclavos que se había convertido a la fe cristiana y que finalmente renunció al comercio con esclavos por completo. Se convirtió en un conocido predicador evangélico y, con su amigo, el poeta inglés William Cowper, escribió muchos himnos, entre ellos «Amazing Grace». El joven Wilberforce llegó a conocer a Newton muy bien, casi pensando en él como un padre, mientras que Newton, por su parte, pensaba en Wilberforce como un hijo.

Pero esos tiempos felices no estaban destinados a durar. Cuando Wilberforce tenía unos doce años, su abuelo y su madre se horrorizaron al descubrir el metodismo de la tía y el tío. Para ellos fue toda una pesadilla, casi peor que si el niño hubiese sido capturado por caníbales maoríes. Después de todo, en sus círculos sociales el metodismo era mucho más vergonzoso. «Si el pequeño Billy se vuelve metodista —amenazó su abuelo—, ¡no verá ni un centavo mío!».[4] Todo era muy delicado, por lo que la madre de Wilberforce recorrió los muchos kilómetros entre Hull y Londres para rescatar a su hijo de las garras de aquellos fanáticos devotos.

Durante los dos años y medio que vivió con ellos, Wilberforce se había encariñado muchísimo con su tía y su tío, y ellos con él. Había llegado a abrazar su fe. Su repentina partida sería dolorosa para ambas partes. Cuando la tía Hannah expresó sus temores de que Wilberforce pudiese perder su fe si le apartaban de ellos, la madre de Wilberforce respondió: «Si es obra de la gracia [es decir, si es la voluntad de Dios] no puede fallar».[5] La falta de seriedad de su propia fe hace su declaración interesante, cuando menos, si no francamente profética.

Así que en contra de sus deseos y de los de sus desconsolados tíos, Wilberforce fue devuelto a su vida en Hull. Su madre y su abuelo se comprometieron a hacer todo lo posible para apagar cualquier chispa de metodismo que hubiese en él, incluso se negaron a permitirle asistir a los cultos de la Iglesia de Inglaterra, no fuera que la mera lectura litúrgica de las Escrituras tuviese algún efecto dañino.

La fe de ese niño de doce años era muy sincera, y se aferró a ella con valentía, con todo lo que tenía, incluso enviando cartas secretas a sus tíos por medio de un amable sirviente de la casa. Pero tras varios años en un entorno decididamente mundano, el ardor de su metodismo se enfrió. Las fiestas sin fin y las adulaciones ofrecidas a él como el próximo y extremadamente rico heredero de su abuelo lograron el efecto deseado; cuando fue enviado a Cambridge, a los dieciséis años, William había retrocedido a un cuadro perfecto de mundanidad sofisticada. Se había convertido totalmente en el joven despreocupado del mundo que su madre y su abuelo siempre habían esperado.

Cuando entró en Cambridge, Wilberforce continuó con el estilo de vida de fiestas y entretenimiento del que había disfrutado en Hull. Aunque nunca fue tan terriblemente audaz y pecador como fueron algunos otros estudiantes, no cabe duda de que se había alejado de la fe de sus primeros años. También había bebido las aguas culturalmente aceptables de indiferencia y escepticismo hacia todo aquel que se tomase la fe cristiana en serio.

Fue durante sus años en Cambridge que conoció a William Pitt el Joven, que jugaría un papel importante en su vida futura. El padre de Pitt, Pitt el Viejo, era uno de los políticos y hombres de estado más famosos de aquella época, y estaba formando a su brillante hijo para que siguiera sus pasos. Así que Pitt el Joven solía viajar de Cambridge a Londres para sentarse en la tribuna de la Cámara de los Lores, donde observaba los debates parlamentarios de la época, y su nuevo amigo William Wilberforce a menudo le acompañaba.

Aunque su madre y su abuelo esperaban que Wilberforce se hiciera cargo del negocio familiar, su creatividad, su mente hiperactiva y su temperamento alegre eran inadecuados para la vida de un comerciante. Cuando se sentaba con Pitt observando la espectacular y atractiva oratoria en el estrado de la Cámara de los Lores, parecía que tal vez debiera probar suerte en la política en su lugar. Después de todo, Wilberforce tenía un renombrado ingenio y era experto en la batalla verbal y la oratoria, talentos que eran cruciales para alguien con la esperanza de entrar en las listas como candidato político.

Durante sus años universitarios, Wilberforce y Pitt vieron al parlamento debatir muchos temas, especialmente el destino de las colonias americanas. Después de todo, eran los últimos años de la década de 1770, y la revolución estaba en marcha. Por supuesto, el gobierno del rey George III era del parecer de aplastar la rebelión colonial, cuyo ejército estaba dirigido por un tal general Washington, pero también había muchas voces disidentes en el parlamento, entre ellas la de

William Pitt el Viejo. Aquellos debates históricos debieron de haber sido embriagantes para el joven Wilberforce, y no es de extrañar que en el momento en que se graduó en Cambridge ya hubiera decidido intentar obtener un escaño en el parlamento.

Una vez que hubo tomado esa decisión, Wilberforce no perdió el tiempo; fue elegido para el parlamento a la edad más temprana permitida, solo dos semanas después de su vigésimo cumpleaños. William Pitt el Joven siguió con rapidez los pasos de su amigo, ganando un escaño tan solo unos meses después. Los dos jóvenes graduados de Cambridge pronto destacaron de entre las filas políticas para convertirse en unos de los miembros más poderosos del parlamento de aquellos días.

Con su personalidad ganadora y su buena voz, Wilberforce también se convirtió rápidamente en una figura muy popular y bien conocida en los círculos sociales de Londres. Se convirtió en miembro de cinco clubes de caballeros exclusivos, donde él y sus amigos se mezclaban con las celebridades actuales y estaban constantemente comiendo y bebiendo, cantando y jugando hasta altas horas de la madrugada.

La estrecha amistad de Wilberforce con Pitt continuó, y en el año que ambos cumplieron veinticuatro años, ellos dos y un tercer amigo viajaron a Francia para unas largas vacaciones. Debido a que Wilberforce y Pitt ya eran famosos, se les abrieron todas las puertas. Durante aquel viaje visitaron a la malograda pareja, el rey Luis XVI y su esposa, la joven María Antonieta, quien encontró a Wilberforce especialmente encantador. Wilberforce también conoció al marqués de Lafayette, que recientemente había sido de gran ayuda para Washington y la causa de la libertad americana.

Mientras estaba con Lafayette, Wilberforce se reunió también con Benjamin Franklin, entonces ministro de Estados Unidos en Francia. Es interesante pensar que Franklin, de setenta y siete años de edad, una voz solitaria contra la esclavitud en Estados Unidos, debió de estrechar la mano de Wilberforce, que entonces contaba veinticuatro años, y todavía tenía que iniciar la batalla en Gran Bretaña. Pero la vida de Wilberforce fue un catálogo de reuniones con ricos y famosos. Muchos años más tarde, en 1820, cuando Wilberforce tenía sesenta y un años y ella solo era un bebé de dieciocho meses, Wilberforce tuvo el honor de conocer a la futura reina Victoria. Parece que durante su vida conoció a todos y cada uno que tuvieron importancia o fueron célebres.

A la edad de veinticuatro años, Wilberforce fue casi milagrosamente elegido para un puesto muy importante en el parlamento. Le proporcionó un espectacular aumento de visibilidad y poder político. Aproximadamente al mismo tiempo, y también a la tierna edad de veinticuatro años, su amigo Pitt fue elegido primer ministro de la nación. Incluso en aquellos días, la extrema juventud de un primer ministro estaba lejos de ser lo típico. Un periódico publicó un verso burlón:

> *A la vista para que los vecinos miren,*
> *un reino que las manos de un niño cuiden.*[6]

Pitt y Wilberforce estuvieron a la altura, y Pitt sabía que nunca podría haberlo logrado sin su aliado y amigo Wilberforce a su lado. Los dos amigos se encontraron de repente en la más vertiginosa cima de poder y prestigio. Pero lo que sucedió después convirtió a Wilberforce en uno de los hombres más grandes en este libro sobre grandes hombres.

◆ ◆ ◆

Todo empezó en 1784, cuando Wilberforce decidió tomarse unas largas vacaciones viajando a las costas francesas e italianas. Su madre estaba enferma de nuevo, y se pensó que el viaje a un clima más cálido podría ayudarla. Ella y un primo joven viajaban en una carruaje, mientras que Wilberforce y un compañero que nombraremos más tarde viajarían en el coche personal de Wilberforce.

Llegar hasta allí (1900 kilómetros en línea recta) por las sinuosas carreteras de los Alpes tomaría varias semanas, ya que el único medio de transporte era el carruaje de caballos. Wilberforce tuvo que elegir a su compañero con cuidado. Primero invitó a un tal Dr. Burgh para que lo acompañara. Burgh era un médico irlandés a quien conocía de York, pero resultó que no pudo aceptar la invitación. Wilberforce seguramente no quería viajar a solas en su coche. Las muchas horas podían ser mucho más provechosas con un compañero de viaje adecuado. ¿Pero a quién elegir? Pasar cientos de horas en tan estrecho espacio con el compañero equivocado podría resultar difícil.

Fue por aquel entonces que Wilberforce estaba en Scarborough, donde se encontró con un viejo amigo de la infancia, Isaac Milner, diez años mayor que Wilberforce. Milner era el hermano del director en la escuela primaria de Wilberforce y había trabajado en la escuela cuando este era un estudiante. Pero durante los años transcurridos desde entonces se había convertido en una de las figuras más fascinantes de esta o de cualquier otra época. Milner era ahora profesor Lucasiano en Cambridge, cargo que ejerció Isaac Newton y más recientemente Stephen Hawking. No es ninguna exageración decir que todo el que ostenta esa cátedra académica es uno de los hombres más inteligentes del planeta. Pero Milner no era una simple lumbrera; era famosamente jocoso y conocido como narrador de cuentos cómicos, a menudo con el acento cerrado de Yorkshire de su juventud. Incluso se decía que era heredero de conversación del eminente Dr. Johnson. A su inteligencia incomparable y poderes de animación se añadía su tamaño casi increíble: Milner era un gigante. Cuánto de grande es difícil decirlo, pero la amiga de Wilberforce, Marianne Thornton, dijo una vez que Milner «era el hombre más enorme que tuve la suerte de ver en una sala de estar».[7]

Así que Milner aceptó la invitación de Wilberforce para un viaje con todos los gastos pagados al sur de Francia, y los dos partieron. Debieron de formar una extraña pareja. Wilberforce no creció por encima del metro sesenta, y su pecho medía unos juveniles ochenta y tres centímetros. Una vez, durante un período de enfermedad, su peso se redujo hasta los treinta y cuatro kilos. Su chaleco de terciopelo verde (exhibido hoy en el museo de Hull, la casa de su infancia) muestra que este extraordinario gran hombre portaba una figura excepcionalmente diminuta. Sin embargo, él y Milner, a pesar de su disparidad física, estaban igualados en intelecto e ingenio, y sus conversaciones en el viaje de ida y vuelta a través de Europa debieron de brillar sobremanera.

Pero algo sucedió durante aquel largo viaje en coche cruzando Europa que cambiaría el curso de la vida de Wilberforce para siempre. En algún momento salió el tema de cierto pastor evangélico, y Wilberforce comentó a la ligera que el hombre en cuestión «llevaba las cosas un poco lejos».[8] Al igual que los restantes miembros de sus círculos, Wilberforce pensaba que cualquier persona que se tomase a Dios muy en serio iba demasiado lejos. Pero Milner no estaba de acuerdo, y contestó firmemente: «Para nada».[9] ¿Era Milner más serio con la fe de lo que Wilberforce había creído? Evidentemente lo era, y la conversación continuó.

A medida que dejaban millas atrás, se hizo evidente para Wilberforce que el genio efervescente con el que viajaba era una especie de metodista clandestino. En lo que se refiere a Wilberforce, esto supuso una noticia dolorosa. Milner no era de ninguna manera agresivo u ofensivamente religioso en sus puntos de vista, pero tampoco se los tomaba a la ligera. Años más tarde, Wilberforce admitió que, dada la antipatía en boga hacia ese pensamiento, de haberlo sabido de antemano es casi seguro que habría elegido a otro compañero de viaje. Pero puesto que la suerte estaba echada y estaban lejos de casa, Wilberforce se vio evidentemente obligado a dirigir al gigante erudito Milner hacia la discusión teológica seria.

En su favor, Wilberforce era intelectualmente honesto, y no retrocedía ante un robusto debate. El tira y afloja entre ellos continuó a través de los Alpes. El intelecto de Milner y su vasto conocimiento sobre el tema eran fácilmente capaces de contrarrestar la mayor parte de las objeciones a la fe que Wilberforce presentó, y para cuando el viaje juntos llegó a su fin, Wilberforce se encontró en la desagradable y difícil coyuntura de creer que había estado bastante equivocado con sus posturas previas y que Milner tenía razón.

Wilberforce descubrió, muy a su pesar, que había llegado a creer con toda su mente que aquello que había estado seguro de que era falso, en realidad era cierto: el Dios de la Biblia existía, Jesús existió en la historia y era el Mesías prometido, y las Escrituras no eran viejos mitos tontos, sino la verdad misma. Para alguien de su posición social y prestigio, estaba en una situación curiosa e incómoda. ¿Qué hacer al respecto?

En el momento que regresó a Londres, Wilberforce estaba en un callejón sin salida. Sabía que no podía volver a su vida anterior manifestando las cosas que él había llegado a creer. Sería el hazmerreír. Pronto sus amigos se dieron cuenta de que no se dejaba ver en las fiestas o en cualquiera de los cinco clubes sociales de caballeros a los que una vez había anhelado unirse. Durante semanas, permaneció en un aislamiento autoimpuesto en su gran casa, en Lauriston House. Qué estaba haciendo allí no lo sabían sus amigos, pero pronto se desataron rumores acerca de que el señor Wilberforce estaba «tristemente loco»,[10] es decir, en estado de depresión.

Esta observación no estaba lejos de la realidad. Wilberforce simplemente no tenía ni idea de cómo conciliar lo que había llegado a creer sobre Dios con su vida anterior. Y su nueva y creciente fe se había vuelto tan importante para él que pensó que tal vez tendría que retirarse de todo lo que conocía y encerrarse en un monasterio o acudir al sacerdocio. Todo era tremendamente inconveniente.

Años más tarde, Wilberforce se refirió a este período de su conversión como «el Gran Cambio», y lo caracterizó como un proceso gradual que duró entre uno y dos años. De hecho, hubo muchos cambios en su vida durante este período. Algunos fueron superficiales, como la osada decisión ejecutada en el espacio de un solo día de renunciar a su membresía en todos los exclusivos clubes de caballeros.

Abandonar las actividades de estos clubes: el juego y la bebida y otras cosas inapropiadas para un cristiano serio, supuso una decisión relativamente fácil para Wilberforce. Pero la pregunta más allá de esta drástica decisión era mucho más complicada y difícil: ¿dónde exactamente debe trazarse la línea? Tomarse en serio a Dios y dejar el llamado «mundo» significaba renunciar a estos clubes, pero ¿qué más quería decir? ¿Tendría que dejar el sucio mundo de la política también? Aquel punto no estaba claro, y durante semanas y meses la decisión dio vueltas en su mente.

Fue mientras trataba de responder a esta pregunta que Wilberforce tomó la crucial decisión de visitar a su viejo amigo John Newton.

Newton tenía entonces sesenta años y era el famoso rector de una iglesia en la Plaza de Carlos, en Hoxton, un área del este de Londres. Es poco probable que Newton y Wilberforce hubiesen tenido algún contacto desde que Wilberforce fuese apartado de sus tíos a los doce años. Newton habría seguido sin duda la espectacular carrera de su brillante joven amigo y habría estado orando por él, pero puesto que Wilberforce había abandonado la fe de su infancia y había adoptado la actitud más secular de sus contemporáneos, William podría haber sido avergonzado por el evangelicalismo sin complejos de su viejo amigo el capitán de barco. Ahora que había regresado de nuevo a la fe, a Wilberforce no se le ocurría nadie mejor con quien hablar que este viejo amigo.

Pero debido a que Wilberforce era tan famoso, temía ser visto visitando a Newton en su rectoría, lo que podría poner sobre aviso a la gente de lo que estaba sucediendo. Y así Wilberforce prefirió visitar a Newton en secreto, como Nicodemo había visitado a Jesús. Finalmente, un día de principios de diciembre de 1785, con gran inquietud, lo hizo.

Newton estaba sin duda rebosante de alegría por darle la bienvenida a su viejo amigo y saber que había regresado a su fe cristiana. Pero Wilberforce estuvo menos alegre en la reunión. De hecho, estaba dolorosamente preocupado sobre qué curso debía tomar para su vida. Si debía dejar la política era el problema particular. A menudo hablamos hoy sobre cómo de sucia es la política, pero sin duda era mucho peor en los días de Wilberforce.

Pero Newton, hablando quizá proféticamente, animó a su joven amigo a no dejar la política en absoluto. ¿Quién sabía (siguió su razonamiento) si Wilberforce había sido acaso preparado «para un momento como este»? ¿Quién sabía si Dios acaso lo usaría poderosamente en el mundo de la política, en la que se le necesitaba más que nunca? Es difícil saber qué fue más sorprendente: que Newton dijera estas cosas o que Wilberforce las aceptara; permanecer como un cristiano serio en aquel clima hostil secular era una cosa muy valiente. Pero lo aceptó.

Y por ello Wilberforce prometió que llevaría su fe al mundo de la política y serviría allí a Dios con sus dones.

◆ ◆ ◆

Pero, ¿cómo, exactamente, debería hacerlo? ¿Cómo podría funcionar? ¿A qué grandes elementos políticos debía Wilberforce dirigir su atención? Eso quedaba por ver. Pero Wilberforce oró sobre ello y supo que Dios le guiaría.

Menos de dos años después de esta decisión históricamente importante, Wilberforce escribió veinte palabras en su diario que dirigirían el curso del resto de su vida. Esas palabras, experimentadas durante su vida, tendrían consecuencias de tan largo alcance que terminarían realmente por alterar el curso de la civilización occidental. «Mi Dios Todopoderoso —escribió— ha puesto delante de mí dos grandes objetivos: suprimir la trata de esclavos y reformar las costumbres».[11]

Hay que explicar el significado de estas palabras. El primer «gran objetivo» al que Wilberforce se dedicaría se explica principalmente por sí solo, y es este primer objetivo por el que generalmente se le conoce. Wilberforce había sido consciente del horror abominable llamado comercio de esclavos durante muchos años. Pero iba a calcular el coste antes de lanzarse con entusiasmo a algo, especialmente de forma pública. Él no se tomaba a la ligera su reputación como político, y tenía que estar seguro de que sabía en lo que se estaba metiendo. Consideró una serie de cuestiones que podrían reclamar su atención, y quería estar seguro de que Dios le mostraba cuál elegir.

Durante esta época, un número de abolicionistas (con los famosos Thomas Clarkson y Hannah More entre ellos) se dieron cuenta de que necesitaban un defensor en el parlamento. Necesitaban un legislador tan entregado como ellos. Así que se decidieron por Wilberforce y se le acercaron con cuidado. Wilberforce fue evasivo al principio, pero con el tiempo llegó a creer que Dios mismo le había llamado a esta noble tarea. En la brutal batalla por la abolición que tenía por delante, tenía que saber que era Dios quien lo había llamado.

Pero ¿qué ocurre con el segundo «gran objetivo», la llamada «Reforma de las Costumbres»? Con este término Wilberforce no quería referirse a lo que pensamos cuando escuchamos el término *costumbres* hoy. Se refería a la reforma de la moralidad o de la cultura. En otras palabras, se dio cuenta de que toda la sociedad se había roto y tenía una necesidad de una reforma. La cultura británica no tenía un punto de vista bíblico y no consideraba que los seres humanos estuviesen hechos a imagen de Dios y que, por lo tanto, fuesen merecedores de dignidad y respeto. Este punto de vista antibíblico conducía a toda clase de maldad. El terrible mal de la trata de esclavos era solo uno, aunque el peor, de los males sociales que proliferaban en aquel tiempo.

Así que si el primer gran objetivo era la abolición de la trata de esclavos, podríamos decir que el segundo gran objetivo se refería a abordar cualquier otro tipo de abuso de los seres humanos más allá de la trata de esclavos. De hecho, en los días de Wilberforce, dondequiera que uno mirara veía abusos, decadencia y miseria. Así que lo que Wilberforce llamaba «Reforma de las Costumbres» era su mayor intento de atacar ese huésped de otros problemas sociales.

Merece la pena enumerar estos males sociales, aunque es difícil saber por dónde empezar. El trabajo infantil era un ejemplo especialmente inquietante. Niños pobres de cinco y seis años de edad eran empleados a menudo para trabajar jornadas de diez o doce horas en condiciones terribles y a menudo peligrosas. Luego estaba el problema más amplio del alcoholismo, que contribuía a casi todos los demás problemas. Era una epidemia de proporciones que difícilmente podemos imaginar hoy. Todo el mundo parecía ser adicto al alcohol, y no parecía haber nada para remediarlo. Los miembros de las clases altas estaban perpetuamente emborrachándose con vino de Burdeos (de hecho, los miembros del parlamento estaban a menudo borrachos durante las sesiones legislativas), y los de las clases bajas se emborrachaban con ginebra. El tráfico sexual de mujeres era otro problema impactante, y su alcance es casi inconcebible: al menos el veinticinco por ciento de las mujeres solteras en Londres eran prostitutas. Y la edad media era de dieciséis años.[12]

Para el entretenimiento de las masas perpetuamente ebrias, las muestras públicas de extrema crueldad hacia los animales, como los toros y las peleas de osos, eran muy populares. Cuando estos desagradables espectáculos no estaban disponibles, había ahorcamientos públicos, a veces seguidos de terribles disecciones, adecuadas al gusto. Las personas eran condenadas a muerte por los delitos más insignificantes, y las condiciones en las prisiones eran atroces. Dondequiera que Wilberforce mirara, veía un mundo al margen de las buenas nuevas de Jesucristo. La gente usaba a los demás y abusaba de ellos en una espiral perpetua de miseria y decadencia.

Pero Wilberforce sabía que Dios le había llamado a hacer algo al respecto. Y puesto que Dios lo había llamado, él sabía que no podía hacerlo con sus propias fuerzas. Necesitaría la ayuda de Dios, y también la ayuda de otros.

Quizás el signo más evidente de la conversión de Wilberforce a la fe cristiana fue que cambió la forma en la que lo contemplaba todo. De pronto vio lo que antes no veía: que Dios era un Dios de justicia y rectitud que nos juzgaría por la forma en que tratamos a los otros; que cada ser humano fue hecho a imagen de Dios y, por lo tanto, digno de profundo respeto y amabilidad; que Dios «no hacía acepción de personas» y veía a los ricos y los pobres como iguales.

Una vez que Wilberforce alcanzó a ver que Dios era real y que Dios amaba a todos, todo fue diferente. De repente, la idea de la trata de esclavos y de la esclavitud misma parecía menos una necesidad económica y se volvía simplemente monstruosa y malvada. De repente, la idea de que los niños pequeños pobres fuesen forzados a trabajar en condiciones terribles durante largas horas era alarmante e inaceptable. De repente, la idea de que aquellos que habían cometido delitos menores debían ser arrojados a cárceles inmundas, en las que podían morir por un número ingente de enfermedades y por la falta de tratamiento, era algo que debía ser remediado. De repente, la idea de que las mujeres tuviesen que vender sus cuerpos para poder alimentarse o saciar sus hábitos alcohólicos (o el hábito alcohólico de sus proxenetas), ya no podía soportarla.

Por primera vez en su vida, Wilberforce vio el mundo a través de los ojos de Dios. Pero él estaba viviendo en una cultura en la que casi nadie veía las cosas de esta manera. Así que la tarea que tenía por delante era imposible.

¿Cómo lo haría?

◆ ◆ ◆

Lo primero que hay que decir para responder a esta pregunta es que él mismo no lo haría. O lo hacía Dios, o no se hacía. Dios podía usar a Wilberforce como su instrumento, pero fuera de Dios, Wilberforce sabía que realmente podía hacer muy poco. En su famoso diario, Wilberforce escribió que era «Dios Todopoderoso» quien había establecido los «dos grandes objetivos» ante él.

Así que Wilberforce no saltó a la palestra con sus propias fuerzas. Primero requería de una profunda sensación de que Dios lo había llamado a estas cosas... de otro modo se habría visto abrumado, y los muchos contratiempos habrían supuesto un gran desaliento. Pero debido a que él sabía que Dios había puesto estos objetivos ante él, sabía que la batalla era de Dios, no suya. Todo lo que tenía que hacer era ser obediente a lo que Dios le estaba pidiendo y saber que Dios trae la victoria.

Para enfatizar este punto había una carta que Wilberforce recibió en 1791 del gran evangelista John Wesley, que, con ochenta y siete años de edad, estaba literalmente en su lecho de muerte. La carta fue escrita pocos días antes de la muerte de Wesley, y parece que fue la última carta que escribió. Wesley conocía los esfuerzos heroicos de Wilberforce en contra de la trata de esclavos, y le escribió sobre ese mismo tema:

Muy señor mío:

A menos que el poder divino le haya levantado para ser como Atanasio contra mundum [contra el mundo], no veo cómo puede completar su gloriosa empresa como oposición a la execrable maldad, que es el escándalo de la religión, de Inglaterra y de la naturaleza humana. A menos que Dios le haya levantado para esto mismo, será desgastado por la oposición de los hombres y de los demonios.

Pero si Dios está con usted, ¿quién puede estar en contra de usted? ¿Son todos ellos juntos más fuertes que Dios? Oh, no se canse de hacer el bien. Siga adelante, en el nombre de Dios y con el poder de su fuerza, incluso hasta que la esclavitud americana (lo más vil que nunca vio el sol) se desvanezca ante ella.

Leyendo esta mañana un tratado escrito por un africano pobre, quedé particularmente impresionado por esa circunstancia, que un hombre de piel negra, siendo ofendido o ultrajado por un hombre blanco, no puede tener una compensación; sino que es una ley en todas nuestras colonias que el juramento de un negro contra un blanco no vale para nada. ¿Qué maldad es esta?

Es mi oración que, quien le ha guiado desde la juventud siga fortaleciéndole en esta y todas las cosas, querido señor,

Su afectuoso siervo,

John Wesley[13]

Es importante tener en cuenta que los abominables puntos de vista raciales sostenidos por mucha gente en aquel tiempo no eran apoyados por Wesley, Wilberforce o por metodistas más contemporáneos. Los cristianos evangélicos de la época por lo general mantenían la perspectiva de Dios sobre este tema, y se levantaron en marcado contraste con las opiniones de personas que no eran cristianas o frente a los que eran cristianos culturales y tal vez iban a la iglesia por razones sociales, pero que pensaban que los metodistas como Wilberforce y Wesley «llevaban las cosas demasiado lejos».

La razón principal para citar la carta de Wesley aquí es mostrar que este hombre, que había luchado contra una serie de males sociales durante décadas, sabía mejor que nadie que sin una confianza plena en Dios la batalla podía ser brutal y no serviría para nada. Él se sintió obligado a advertir al joven Wilberforce que combatir con sus propias fuerzas, especialmente en una noble y santa causa, era una locura; pero que confiar en Dios era tener la seguridad de la victoria, incluso si no llegaba a verla con sus propios ojos.

En la lucha contra la trata de esclavos que tenía por delante, Wilberforce experimentaría una serie de aplastantes derrotas. Y a menos que supiese realmente que Dios le había llamado a hacer lo que estaba haciendo, sería demasiado difícil de soportar.

El segundo punto que Wesley señalaba era que no constituía simplemente una batalla política o cultural. Era una batalla espiritual. Cuando Wesley escribió: «Será desgastado por la oposición de los hombres y de los demonios», no estaba empleando una colorida metáfora. Lo decía literalmente.

Luchar contra algo tan malvado como el tráfico de esclavos era ir en contra de un ejército demoníaco invisible. Dios tiene el poder para luchar contra ellos, pero nosotros no. Esa realidad espiritual estaba detrás de la realidad política, y Wesley quería asegurarse de que Wilberforce entendiera aquello si iba a tener éxito en lo que se avecinaba. Los grandes hombres como Wilberforce y Wesley tuvieron la humildad y la sabiduría para saber que siendo todo lo fuertes que eran, y en realidad lo eran, no podrían ganar sin una dependencia total de Dios. En el fondo, todas las batallas que valen la pena luchar son una batalla espiritual. Estos hombres fueron capaces de tener éxito solo porque se humillaron y confiaron la batalla a Dios.

Pero ¿cómo se hace eso?

Esto nos lleva a la segunda manera en que Wilberforce hizo lo que hizo. La respuesta, en una palabra, es la *oración*. Wilberforce oraba y leía las Escrituras todos los días, y oraba con muchos otros sobre estos temas y preocupaciones. También memorizó gran parte de las Escrituras. En mi libro *Amazing Grace* cuento que aprendió de memoria la totalidad del salmo 119. Es difícil de creer cuando ves la extensión que tiene, pero es verdad. A veces Wilberforce caminaba los cuatro kilómetros que mediaban del parlamento a su casa, y en la segunda mitad de la caminata pasaba a través de una parte de Hyde Park. Wilberforce tenía programado que si comenzaba a recitar el salmo 119 cuando entraba en el parque, estaría terminado para cuando llegara a su casa. Le llevaba unos veinte minutos recitarlo todo.

En tercer lugar, Wilberforce fue capaz de hacer todo lo que hizo por su dependencia en una sólida comunidad de fieles hermanos y hermanas cristianos. Wilberforce no era lo que hoy podríamos llamar un «llanero solitario» cristiano, que reservaba sus creencias y oraciones para sí. Por el contrario, él prosperó en la comunidad de sus hermanos cristianos y los buscó para obtener fuerza, apoyo y asesoramiento. La comunidad cristiana particular en la que Wilberforce pasó la mayor parte de su tiempo es conocida como el Círculo de Clapham, porque la mayoría de ellos vivían en el barrio londinense de Clapham. Hoy Clapham es una zona bulliciosa de la ciudad de Londres, a solo seis kilómetros de la Abadía de Westminster, pero hace más de doscientos años era un idílico pueblo glorioso, lejos del mundo del parlamento.

Los que no congeniaban y se sentían amenazados por sus creencias religiosas a menudo se burlaban de los miembros del círculo apodándoles los «Santos de Clapham» o la «Secta de Clapham». Incluso después de que se hiciera muy famoso, la mayoría de la sociedad elitista todavía sentía que las ideas religiosas de Wilberforce y sus colegas sobre aspectos como ayudar a los pobres y abolir la esclavitud resultaban embarazosas. Estos detractores terminaron en el lado equivocado de la historia, pero en aquel momento sus nociones seculares eran la norma.

Hay que decir que esta comunidad cristiana conocida como el Círculo Clapham no brotó por accidente. Por el contrario, fue una invención deliberada del querido amigo y pariente de Wilberforce, John Thornton, que era muy rico y decidió comprar una gran casa en Clapham con doce habitaciones con el expreso propósito de atraer a sus amigos para que vivieran allí y participasen de la comunidad. Thornton amplió la casa y compró las de al lado, con la esperanza de conseguir que sus hermanos y hermanas en Cristo estuviesen físicamente cerca unos de otros para que se beneficiaran de ello y fueran capaces de ayudar a los demás en sus diversas causas.

Los que no vivían en Clapham siempre eran bienvenidos para ir y quedarse durante semanas o incluso meses enteros. Por las mañanas se reunían para el desayuno y la oración, y cada vez que se trabajaba en un proyecto de ley o en un tema importante, oraban juntos para obtener fuerzas y sabiduría. Wilberforce sería el primero en reconocer que nada de lo que hizo lo hizo solo. En primer lugar, Dios era quien estaba detrás de cada batalla y de cada victoria; y en segundo lugar, la comunidad viva de los creyentes de Clapham había participado a todos los niveles.

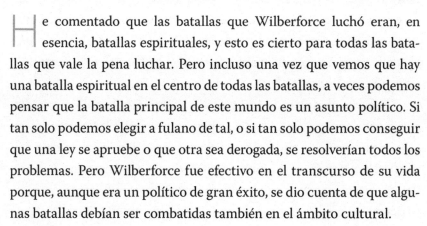

He comentado que las batallas que Wilberforce luchó eran, en esencia, batallas espirituales, y esto es cierto para todas las batallas que vale la pena luchar. Pero incluso una vez que vemos que hay una batalla espiritual en el centro de todas las batallas, a veces podemos pensar que la batalla principal de este mundo es un asunto político. Si tan solo podemos elegir a fulano de tal, o si tan solo podemos conseguir que una ley se apruebe o que otra sea derogada, se resolverían todos los problemas. Pero Wilberforce fue efectivo en el transcurso de su vida porque, aunque era un político de gran éxito, se dio cuenta de que algunas batallas debían ser combatidas también en el ámbito cultural.

La lucha contra la trata de esclavos se ganó en gran parte cuando un proyecto de ley fue aprobado por ambas cámaras del parlamento en

1807, pero Wilberforce sabía que a fin de obtener los votos que necesitaba para ganar aquella batalla política en particular, antes tendría que cambiar los corazones y las mentes de las personas... lo que en gran medida era una batalla cultural. Esta toma de conciencia llevó a Wilberforce a decir que parte de su estrategia en la lucha contra muchos de estos males sociales era «poner de moda la bondad».[14]

Él era un legislador y un político, pero también una figura cultural importante con muchos amigos influyentes; tenía la capacidad de influir en cómo la gente pensaba acerca de las cosas, y sabía que esto tendría un efecto de gran alcance. En aquel tiempo, la bondad no estaba de moda en absoluto. Para cambiar realmente las cosas, Wilberforce tendría que cambiar las modas culturales, especialmente entre las élites.

Para ver un ejemplo vívido de cuán profundamente estaba de moda el mal comportamiento, solo hay que mirar al Príncipe de Gales, un notorio libertino que finalmente se convertiría en el rey George IV. Su padre, George III, puede haber estado terriblemente equivocado en sus relaciones con las colonias americanas, pero era un hombre esencialmente bueno que amaba a su esposa y a sus muchos hijos, y a menudo leía la Biblia a sus hijas por las noches. Sin embargo, su hijo mayor era todo lo contrario. De hecho, el Príncipe de Gales fue ampliamente notorio por haber tenido siete mil conquistas sexuales. Esta y el resto de sus innumerables indiscreciones eran bien conocidas. Si una figura destacada en la tierra se comporta de esta manera, se establece un precedente y un ejemplo fuertemente contraproducente con respecto a una cultura saludable.

Wilberforce utilizó la influencia y posición cultural de que disponía para apuntar en otra dirección. Por ejemplo, Wilberforce y su esposa tuvieron seis hijos, y él pasaba todos los domingos en casa con su familia, jugando con los niños dentro y fuera de su casa en Clapham. Para nosotros, este comportamiento parece bastante normal, pero en su día no era costumbre que los padres pasasen mucho tiempo con sus hijos u observaran el día del Señor como lo hizo Wilberforce. Él envió el poderoso mensaje cultural de que la familia era importante, y que ser un buen padre y hombre de familia significaba pasar tiempo de calidad con los seres queridos.

Poner de moda la bondad no era solo dar un ejemplo contra la maldad. Lo que Wilberforce quería hacer, y en gran medida logró, era poner el «hacer el bien» de moda. Cuesta creer que antes de Wilberforce la idea de ayudar a los menos afortunados fuese prácticamente inexistente. Si alguien estaba sufriendo, el consenso general era que había atraído las dificultades hacia sí mismo y tenía que lidiar con las consecuencias de su comportamiento.

Pero Wilberforce se atrevió a soñar con cambiar esta mentalidad. ¿Qué pasaría si la gente que tenía dinero, poder e influencia estuviera dispuesta a usar estas cosas para hacer el bien a sus semejantes? ¿Qué pasaría si pudiera trasladar una cosmovisión bíblica a la cultura?

La idea bíblica mencionada por primera vez en Génesis 12, según la cual somos «bendecidos para ser de bendición» no se tomaba para nada en cuenta, y mucho menos era practicada en aquel tiempo. Gracias en gran parte a Wilberforce, la mayoría del mundo occidental de hoy cree que aquellos que son afortunados tienen alguna obligación de ayudar a los menos afortunados. Sin embargo, para los contemporáneos de Wilberforce esta idea era bastante extraña. Las personas adineradas creían que tenían riquezas porque Dios estaba de su lado y, en consecuencia, eran «bendecidas». Por el contrario, creían que los que no tenían riquezas se merecían sus dificultades y estaban siendo juzgados por Dios. Así que ayudarles sería ir en contra de los propósitos de Dios. Por supuesto que este punto de vista es la antítesis del punto de vista de Dios, pero se encontraba enormemente extendido. Se parece más a una idea kármica sobre por qué la gente sufre y lucha. En la India, un brahmán nunca soñaría con ayudar a un intocable, porque se cree que su miseria es debida a su mal karma, y merece su desgracia. Se cree que la riqueza se debe al buen karma y, por lo tanto, es merecida. De manera que ayudar a los pobres sería frustrar el plan «divino».

Tan dramático como suena, los enormes esfuerzos de Wilberforce para cambiar esta forma de pensar a lo largo de muchas décadas pueden ser vistos con razón como uno de los logros más significativos de la historia. Era una idea radical, tomada de los Evangelios por un hombre que la llevó a la cultura británica de masas en una época en la cual el Imperio Británico era enorme y tremendamente influyente. En consecuencia, estas ideas bíblicas se extendieron por todo el mundo, especialmente por Europa Occidental y los nuevos Estados Unidos de América.

En Occidente hemos estado viviendo con ellas desde entonces, y estamos tan acostumbrados a pensar de esta manera que difícilmente podríamos imaginar un mundo sin ellas. Suponemos que esas ideas fueron siempre la norma, pero la realidad es todo lo contrario. Hasta que Wilberforce y sus amigos fueron capaces de cambiar la cultura de la élite de Londres y de toda Inglaterra, estas ideas acerca de ayudar a los pobres y a los menos afortunados eran esencialmente desconocidas.

◆ ◆ ◆

En mis viajes y charlas acerca de Wilberforce estos últimos años, la gente me ha preguntado a menudo cómo Wilberforce hizo lo que hizo. Aunque ya he mencionado algo al respecto, es importante decir que Wilberforce no era solo «religioso», sino que en realidad tenía una relación personal con Dios. Parece haber sido motivado por el amor: amor a Dios y amor al prójimo, más que por el simple sentido del bien y del mal o de la justicia y la injusticia. Este es probablemente el factor más importante en lo que él fue capaz de hacer.

Wilberforce conocía al Dios del universo como una persona cariñosa que había intervenido en su vida, así que estaba lleno de gratitud a Dios por ser capaz de ver lo que él veía y tardó en condenar a aquellos que todavía no veían las cosas como él. La mayoría de la gente, por lo tanto, consideraba su humildad auténtica.

En primer lugar, Wilberforce estaba dispuesto a compartir el crédito por todo lo que hizo con los demás, y sabía que no era más que una de las muchas personas que trabajaban para la reforma en todas estas áreas. Trabajó con muchos amigos que estaban teológica y políticamente en el mismo lado que él, la mayoría de ellos en el Círculo Clapham.

Pero en segundo lugar, y aun más impresionante, fue la capacidad de Wilberforce para trabajar con personas con las que no estaba de acuerdo. Por ejemplo, trabajó con Charles James Fox en el tema de la abolición, a pesar de que Fox fue su oponente en muchas batallas políticas. Fox también era un conocido libertino y amigo íntimo del Príncipe de Gales, pero Wilberforce entendió que él mismo había sido salvado por la gracia, y no iba a pretender tener superioridad moral porque desaprobaba otros puntos de vista morales o políticos. Mostraría a los demás la gracia que le había sido mostrada, y trabajaría con ellos, si era posible, para un propósito común y noble, como la abolición de la trata de esclavos. Wilberforce era claro acerca de lo que creía, pero nunca hizo que estar de acuerdo con él en todo fuese una condición para trabajar juntos. Sencillamente, se preocupaba demasiado por los esclavos y por los pobres para eso.

Llevando un paso más allá esta idea, Wilberforce amó a sus enemigos. No juzgó y fulminó a los que estaban equivocados, aunque el tema fuese el horror de la trata de esclavos. Se incluyó a sí mismo en el grupo de los que eran culpables. Cuando dio su primer discurso sobre la abolición en el pleno del parlamento, dijo: «Todos hemos sido culpables».[15] Y, por supuesto, era verdad. Wilberforce entendió el concepto profundamente importante de que todos somos pecadores y todos estamos privados de la gloria de Dios. Él odiaba el pecado pero amaba al pecador, y nunca demonizó a sus oponentes. Luchó valientemente contra ellos, pero siempre con gracia, sabiendo que él había sido una vez parte del problema también, y sabiendo que si no fuera por la gracia de Dios, todavía sería una parte del problema.

La gentileza de Wilberforce en medio de la batalla contra la trata de esclavos hizo mucho para persuadir a los que estaban en la valla en lugar de ponerlos fuera y alejarles. Sabía que Dios le había mandado amar a sus enemigos. No era una opción. Así que él lucharía con sus oponentes y trataría de ganar, pero lo haría a la manera de Dios, mostrando amor y gracia, incluso mientras luchaba con gran pasión.

Su actitud profundamente cristiana incluso ayudó a Inglaterra más allá de la causa de la abolición. Inglaterra se dirigía hacia el mismo tipo de revolución que se estaba produciendo en Francia. Pero las habilidades políticas de Wilberforce y la medida de la gracia establecieron un entorno de civismo con el que Inglaterra fue de algún modo capaz de evitar el baño de sangre y la miseria que tuvo lugar al otro lado del Canal en Francia.

◆ ◆ ◆

En 1807, después de dieciocho años de desgarrador esfuerzo y muchos conatos de fracaso, el sueño de Wilberforce se hizo realidad. El sueño dorado de la abolición del comercio de esclavos por el que tanto había trabajo y orado, se convirtió en una realidad. Él tenía entonces cuarenta y ocho años. Había contendido con enfermedades potencialmente mortales en los últimos años, y continuó luchando con ellas hasta el final de su vida. Además, los opositores de la abolición le amenazaron de muerte varias veces. Sin embargo, el comercio con esclavos fue finalmente prohibido.

La batalla no había terminado. Wilberforce pasó el resto de su vida trabajando para asegurar que se cumpliera la promesa de la abolición. La aplicación en Inglaterra y su imperio fue difícil, ya que lo que era ilegal permanecía posible, y muy rentable, para aquellos dispuestos a quebrantar las leyes. Durante generaciones, la Marina Real Británica recorrió los océanos buscando e interceptando buques que llevasen su carga humana ilegal.

Además, Wilberforce se propuso convencer a las demás grandes potencias del mundo (especialmente Francia, España y Rusia) para que adoptaran la abolición. Él sabía que a menos que estas naciones y Estados Unidos también estuvieran decididos a acabar con este mal, sus esfuerzos habrían sido en su mayoría vanos. Así que, después de la gloriosa victoria de 1807, la batalla abolicionista continuó en muchos frentes.

Solo después de 1808, cuando se puso fin oficialmente a la trata de esclavos, Wilberforce vio que la abolición de la trata de esclavos por sí sola no era suficiente. Él y otros habían esperado, quizá ingenuamente, que con la abolición del comercio la esclavitud finalmente se extinguiría. Pero pronto se dieron cuenta de que no era el caso, y se centraron seriamente en la abolición de la esclavitud por completo. Esto solo fue una batalla que duró décadas. Por fin, en 1833, solo tres días antes de la muerte de Wilberforce, recibió a un visitante que traía una noticia extraordinaria. Un joven miembro de la Cámara de los Comunes le dijo que ese mismo día el parlamento había votado a favor de prohibir la esclavitud. Oír esta magnífica noticia en el que resultó ser su último día consciente fue el colofón apropiado para una vida espectacular, una vida vivida en obediencia al Dios que lo había creado.

El mundo que Wilberforce dejó atrás era radicalmente diferente al que había llegado setenta y tres años antes. No solo había abolido la trata de esclavos y la propia esclavitud, sino que la idea extranjera y extraña de que hay que ayudar a los menos afortunados había prosperado. Como resultado, cambiarían muchas más cosas, y esos cambios han estado en Occidente desde entonces.

Cómo usó Dios a William Wilberforce para cambiar el mundo es casi increíble. Un hombre que dio su talento, su tiempo y sus energías a los propósitos de Dios fue capaz de hacer mucho. Pero los que le admiramos no debemos compararnos directamente con él. Más bien deberíamos preguntarnos: ¿estoy usando lo que Dios me ha dado para sus propósitos? ¿Tengo una relación con él que me permite saber que me está dirigiendo? ¿Estoy obedeciéndole en todas las áreas de mi vida (o trato de hacerlo) de manera que puedo saber si mantengo una relación verdadera con él?

Fue su sinceridad planteando y respondiendo a estas pocas preguntas lo que recae en el corazón de la grandeza del gran William Wilberforce.

TRES
Eric Liddell
1902–1945

C uando era estudiante en la Universidad de Yale en la década de 1980, un grupo de amigos y yo fuimos a ver la película británica *Carros de fuego*. Fue un éxito de taquilla, y todo el mundo hablaba de ella. De hecho, ganaría el premio de la Academia a la Mejor Película, y parecía que no se podía ir a ninguna parte sin escuchar la música de la banda sonora. La película fue uno de esos hitos culturales que asume la cultura durante un tiempo, hasta el punto de inspirar burlas y parodias. Pero esta película valió la pena todo el alboroto; es sin duda una de las películas más inspiradoras, mejor escritas y magníficamente filmadas que jamás se han hecho.

Para nosotros ver en aquel teatro de New Haven, Connecticut, la historia y su héroe era algo nuevo. Desde luego, nunca habíamos oído hablar de la figura principal de la película, Eric Liddell, el corredor escocés que electrizó al mundo al ganar la carrera de 400 metros en los Juegos Olímpicos de París de 1924. Y nunca habíamos visto una película sobre alguien cuya fe ocupaba el centro de su vida. Pero lo que hizo a la historia de Liddell tan inspiradora no era solo que ganara una medalla de oro, sino que lo hizo después de negarse a correr su mejor prueba, los 100 metros. Y eso fue porque las eliminatorias se llevaban a cabo en domingo, el «Día del Señor», como él decía.

A pesar de que yo no era un cristiano particularmente dedicado en aquel momento, encontré *Carros de fuego* profundamente inspiradora. Y unos años después de graduarme en Yale, cuando llegué a la fe de una manera importante, recordé la historia de Liddell, y quise aprender más sobre él y sobre la película.

Descubrí que a pesar de que los creadores de la película se habían tomado algunas libertades con los hechos (¿qué cineasta no lo hace?), la esencia de la historia era exacta. Más importante aun, descubrí la increíble verdad de que si Eric Liddell hubiera participado en la carrera de los 100 metros, como se le instó a hacer, hoy se le habría olvidado en gran parte fuera de Escocia. Si no me crees, rápido: ¿cuántos otros ganadores de la medalla de oro de los Juegos Olímpicos de 1924 puedes nombrar? Bueno, ¿y de 1928? ¿Lo ves?

Así que Liddell es recordado en la actualidad por una razón. Él estaba dispuesto a hacer un sacrificio casi imposible: no solo el mayor premio del deporte, sino también la oportunidad de honrar a su amado país... por no hablar de la fama, la fortuna y la gloria para sí mismo.

Lo que ni siquiera Eric Liddell supo hasta después de la carrera de los 100 metros ganada por Harold Abrahams, fue que el Dios que dotó al joven escocés de una capacidad atlética excepcional traería la gloria para sí mismo a través de la negativa de Liddell a usar estos dones en el instante en que los ojos del mundo estaban puestos sobre él.

Pero todavía hay mucho más en su historia. Si sabes un poco sobre Liddell más allá de lo que hay en la película (que ganó una medalla de oro olímpica y murió en China mientras servía allí como misionero), estoy seguro de que podrás apreciar el resto de su increíble historia.

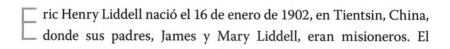

Eric Henry Liddell nació el 16 de enero de 1902, en Tientsin, China, donde sus padres, James y Mary Liddell, eran misioneros. El muchacho rubio de ojos azules era casi dos años menor que su hermano Robert, nacido en agosto de 1900 en Shanghai. Una hermana, Janet (Jenny), se unió a la familia en 1903.

El principio del siglo XX era una época decididamente peligrosa para ser misionero en China. La Rebelión de los Boxers (1898–1901) era un recuerdo reciente, vivo e inquietante en el que militantes nacionalistas chinos se propusieron eliminar toda influencia extranjera, asesinando en el proceso a miles de cristianos chinos y a cientos de occidentales, entre ellos misioneros y sus familias. Los caudillos militares competían por el poder sobre pueblos y ciudades, y los bandidos secuestraban a gente adinerada para pedir rescates. Pero los Liddell sabían que Dios los había llamado a China, así que permanecieron allí a pesar de los peligros y dejaron las consecuencias en las manos del Señor.

Antes del primer cumpleaños de Eric, sus padres se marcharon de Tientsin a Siaochang, donde vivieron en una casa de nueva construcción en el recinto de la Sociedad Misionera de Londres. Allí una niñera china, o *amah*, atendió a los tres niños de los Liddell. Eric fue un niño enfermizo, y su madre lo cuidó en sus muchas enfermedades, pero cuando estaba sano, él y sus hermanos disfrutaban de la vida en el recinto. Los Liddell eran muy devotos y serios acerca de Dios, pero también sabían cómo divertirse. En un momento dado, incluso se permitió a los niños que adoptasen una familia de cabras.

Cuando Eric tenía cinco años, sus padres llevaron a la familia de regreso a Croftamie, Escocia, de permiso. Aquella fue la primera vez que los niños veían la tierra natal de su familia, cuyas montañas verdes y sus brillantes lagos eran muy diferentes de su seco y polvoriento hogar chino. Eric y su hermano Robert exploraban el pueblo, recogían moras y disfrutaban siendo mimados por los muchos parientes de los Liddell que vivían allí.

A finales del verano de 1907, justo antes de que él y su esposa tuvieran previsto regresar a China, James Liddell matriculó a sus vástagos en la Escuela para Hijos de Misioneros, más tarde llamada Eltham College, a las afueras de Londres. Los padres misioneros solían dejar a sus hijos durante siete años para que pudieran continuar su educación. La madre de los niños, Mary, tenía la intención de viajar a China con su marido y su hija pequeña, pero justo antes de que llegara la hora de irse cambió de opinión. No podía soportar la idea de dejar a sus dos hijos solos tanto tiempo, por lo que decidió quedarse en Gran Bretaña durante un año para asegurarse de que sus niños estarían felices en la escuela, y ella se mudó con Jenny a una casa cerca del campus.

Durante sus años en Eltham, Robert y Eric estudiaron matemáticas, idiomas, ciencias, inglés, latín, los clásicos, geografía y las Escrituras. Fuera del aula, jugaban a rugby y se ocupaban de su colección de pájaros y lagartos. En los debates con otros chicos, Eric era por lo general tranquilo, y prefería pensar sobre las respuestas que estaba escuchando en vez de entrar en los propios debates.

A principios de 1913, los niños recibieron una carta de su madre que les comunicaba la llegada de un tercer hermano, Ernest, en diciembre de 1912. Cuando la mala salud y la necesidad de cirugía de Mary trajeron a los Liddell de regreso de China un año antes de lo que habían planeado, Rob y Eric se llenaron de alegría al ver a su familia de nuevo.

A medida que Europa se precipitaba hacia la Primera Guerra Mundial, tanto Robert como Eric, entonces de catorce y doce años respectivamente, comenzaron a sobresalir en los deportes escolares. Jugaban a cricket y a rugby, y en un día de deportes de la escuela, en la clasificación de menores de trece años, Eric quedó primero en salto de altura, salto de longitud y 100 metros lisos.

Robert era extrovertido y sociable, participaba del club de debate y buscaba una posición de liderazgo. Por el contrario, Eric se convirtió en un adolescente tímido y callado que amaba las matemáticas y la ciencia, especialmente la química, y el deporte.

Pero su timidez natural no le impidió competir ferozmente en el campo de juego. Había sido dotado con un talento natural impresionante. En 1918, cuando tenía dieciséis años, Eric compitió en los campeonatos escolares y dejó a todo el mundo sin aliento al quedar primero en tres pruebas: salto de longitud, el cuarto de milla y la carrera de 100 metros lisos, empatando el récord de la escuela de 10,8 segundos. Eric también obtuvo el segundo lugar en la carrera de obstáculos, la carrera campo través y el salto de altura. Fue una actuación fenomenal.

En su último año, Eric recibió la codiciada Copa Blackheath: una distinción que se otorgaba al mejor deportista polifacético, y fue nombrado capitán del equipo de rugby de la escuela. Ambos premios demostraron que Eric no estaba solo dotado atléticamente: el gentil joven era también muy popular entre sus compañeros de clase.

Después de la graduación de Eric, en 1920, él y Robert se reunieron de nuevo con su madre, su hermana y su hermano Ernest, que habían regresado a Escocia para otro permiso. En febrero de 1921, Eric entró en la Universidad de Edimburgo, donde estudió física y química. Sorprendentemente, debido a su dura agenda académica, participar en sus amados deportes fue algo que ni siquiera le pasó a Eric por la cabeza en aquel momento. Pero a las pocas semanas, un compañero de clase le engatusó para participar en el Día de los Deportes de Atletismo de la universidad a finales de mayo.

El día de la competición, el tiempo de Eric de 10,4 segundos en los 100 metros lisos, que no era su mejor marca, ganó la carrera. Más importante aun, le valió un lugar en el equipo de atletismo de la universidad, lo que le haría competir contra otras universidades escocesas.

◆ ◆ ◆

Si has visto *Carros de fuego*, es probable que recuerdes la controversia en torno a la decisión del corredor de Cambridge, Harold Abrahams, de contratar a un entrenador profesional. Pero Eric Liddell tenía un entrenador personal también, aunque uno que trabajaba con él de forma voluntaria. Esto era para evitar cualquier posibilidad de que Liddell pusiera su estatus de aficionado en peligro, corriendo así en conflicto con las reglas olímpicas. Bajo la cauta tutela de Tommy McKerchar, Eric ganó carrera tras carrera, compitiendo en las pruebas de 100 y 200 metros, y atrajo rápidamente la atención de la prensa, que predijo que un nuevo competidor olímpico estaba por llegar. El público tomó nota del comportamiento inusualmente amable del joven escocés. Antes de cada carrera, siempre daba la mano a sus competidores y les deseaba lo mejor, a menudo prestándoles su martillo para clavar sus tacos de salida, algo que todos los velocistas debían hacer en aquella época.

La película capta con precisión el peculiar estilo de carrera de Eric Liddell: agitaba los brazos como aspas de molino y levantaba mucho las rodillas. Al acercarse a la línea de meta, Eric lanzaba su cabeza hacia atrás y abría su boca. A pesar de lo raro y poco ortodoxo que era este estilo, parece que McKerchar no intentó enseñar a Eric que lo hiciera de manera más convencional. Era casi como si al echar la cabeza hacia atrás, Eric tuviera que confiar totalmente en Dios para dirigirse a la línea de meta, ya que no podía verla por sí mismo.

En 1921 Eric se unió a su hermano Rob en el equipo de rugby de Edimburgo, exhibiendo el mismo deseo feroz de ganar que mostraba en su carrera. Dos años consecutivos tuvo el honor de ser seleccionado para el equipo internacional escocés. Pero en rugby las posibilidades de lesionarse eran considerables, por lo que después de su segundo año de juego, Eric lo dejó y decidió centrarse en correr. Como prueba de su increíble velocidad, Liddell se ganó el apodo de «el escocés volador», por el conocido tren exprés que conectaba Edimburgo y Londres, gracias al cual el viaje de casi seiscientos cincuenta kilómetros se completaba en poco más de ocho horas.

◆ ◆ ◆

En abril de 1923, la creciente fama de Eric le consiguió la primera invitación para hablar públicamente de su fe. Vino de la Unión Evangelística de Estudiantes de Glasgow, que se encargaba, con poco éxito, de un acto de evangelización en un paupérrimo pueblo minero en las afueras de Edimburgo. Pero, ¿y si el velocista más rápido de Escocia estuviese entre los conferenciantes? Tal vez entonces los hombres vendrían y escucharían. Así que uno de los fundadores del grupo, el estudiante de teología David Patrick Thomson, estuvo de acuerdo en pedírselo a Liddell. Viajó a Edimburgo y llamó a la puerta de la casa que Eric compartía con su hermano mayor. El mismo Eric abrió, y Thomson le preguntó. Eric lo pensó un momento y entonces accedió.

Pero Eric odiaba hablar en público, y apenas hubo dado su asentimiento comenzó a arrepentirse. A la mañana siguiente recibió una carta de su hermana Jenny. Al final, ella citaba a Isaías 41.10: «No temas, porque yo estoy contigo; no desmayes, porque yo soy tu Dios que te esfuerzo; siempre te ayudaré, siempre te sustentaré con la diestra de mi justicia».

Eric sintió que aquellas palabras eran el modo en que Dios le hablaba directamente a él. Algún tiempo más tarde, dijo: «esas palabras me ayudaron a tomar mi decisión, y desde entonces, me he esforzado por hacer el trabajo del Maestro».[1]

Cuando Eric llegó a la reunión, se encontró con unos ochenta mineros del carbón a la espera de escucharlo. Eric habló con tranquilidad acerca de su fe en Cristo, «de lo que Dios significaba para él», y de

la fuerza que sintió en su interior a partir de la certeza del amor y el apoyo de Dios. De cómo él nunca se cuestionaba nada de lo que le ocurría a sí mismo o a los demás. Él no necesitaba explicaciones de Dios. Simplemente creía en Él y aceptaba lo que había de venir.[2]

Décadas más tarde, la hija de Eric, Patricia, señaló: «Se sentía como, "Ahora ¿quién va a venir a escuchar?". Pero aquellos momentos en los que hablaba, [se presentaban] grandes multitudes».[3] Eric «atraía a gente que no se interesaba por la religión como tal, sino más bien en el deporte: vamos a ver lo que este héroe de los deportes va a decir».[4]

Pocos de los que le oyeron hablar habrían afirmado que Eric era un gran orador. Su natural timidez le impedía ser apasionado en su oratoria, pero de alguna manera su sinceridad y humor autocrítico llegaba. Ciertamente lo hizo ese día. Muchos de los mineros que habían venido para oírle estaban profundamente conmovidos.

Las noticias de que el escocés volador había hablado públicamente de su fe se esparcieron rápidamente. Eric se unió pronto al grupo de evangelismo y comenzó a hablar con ellos en una ciudad tras otra, encajando los compromisos durante las vacaciones escolares. Le dio una gran alegría saber que Dios podía usar su destreza atlética de esta manera. Años antes, Eric se había comprometido a servir a Dios de alguna manera, pero parecía que no tenía ningún talento aparte de la capacidad de correr como el viento. El deseo de su corazón era glorificar a Dios, y no creía que ser capaz de correr rápido, incluso lo más rápido que podía correr, que era muy rápido de hecho, tuviera algún propósito eterno. ¿Por qué le había dado Dios aquel talento de primer orden? ¿Cuál era el objetivo? Pero ahora comenzó a verlo, y de repente se sintió tremendamente agradecido por su don único.

Como más tarde dijo:

> Toda mi vida había tratado de mantenerme fuera de la función pública, pero el liderazgo de Cristo parecía estar ahora en la dirección opuesta, y me abstuve de ir hacia adelante. En aquel momento decidí ponerlo todo en Cristo... después de todo, si Él me llamó a hacer eso, entonces Él tendría que proporcionarme la fuerza necesaria. Al avanzar el poder me fue dado.[5]

En aquel momento, Eric se interesó mucho en lo que llegó a ser conocido como el Grupo de Oxford, hombres de la Universidad de Oxford que instaban a los cristianos a entregarse completamente a Dios cada día y vivir según los Cuatro Absolutos: honestidad absoluta, pureza absoluta, generosidad absoluta y amor absoluto. También instaban a la gente a tener un «devocional» diario en el que leyeran una porción de las Escrituras, oraran y escuchasen en silencio la dirección de Dios. Eric haría esto durante el resto de su vida, incluso en los días oscuros que le tocó vivir en un campo de concentración durante la ocupación de China.

◆ ◆ ◆

S i has visto la película, probablemente recordarás que una de las escenas más inolvidables y espectaculares de *Carros de fuego* consiste en una carrera de cuarto de milla en la que Eric es accidentalmente tumbado por un competidor, pero contra todo pronóstico humano logra ganar de todos modos. El notable acontecimiento sucedió en realidad en julio de 1923, en Stoke-on-Trent, en el llamado Concurso Triangular entre Escocia, Inglaterra e Irlanda. Literalmente en el encontronazo, cerca del comienzo de la carrera, Eric fue gravemente golpeado, y en una carrera de cuarto de milla de semejante alto nivel de competencia, una fracción de segundo determina el ganador. Cualquiera que sea derribado queda fuera de la competición. Pero este tipo de accidentes son inevitables en el intenso y rudo tumulto de semejantes carreras.

En este caso, sin embargo, a pesar del hecho de que estaba unos veinte metros detrás, Eric saltó de nuevo a la pista y emprendió la persecución. Que estuviera a unos veinte metros detrás hizo que el intento de unirse a la relativamente corta carrera pareciese absurdo. Sin embargo, Liddell corrió a un ritmo tan asombroso que los espectadores abrieron los ojos y se pusieron de pie, absortos por la escena que se desarrollaba ante ellos. Acelerando desde muy atrás, Liddell logró atrapar y pasar a un corredor y luego a otro hasta lo imposible; finalmente superó al líder y ganó la carrera, desplomándose sobre la pista de ceniza. Fue una actuación deportiva para la posteridad, y nadie que estuviera allí jamás lo olvidaría.

En 2012, el escritor del *New York Times,* David Brooks, publicó una columna diciendo que el aspecto caritativo de la fe cristiana estaba en contradicción con el instinto asesino necesario para ganar en una competición atlética, por lo que la fe era un serio obstáculo para la victoria.[6] Pero Eric Liddell es el clásico ejemplo de alguien cuya fe no solo *no* estaba reñida con la voluntad de ganar, sino que también y al contrario, fue una tremenda bendición para él. Su instinto competitivo, tal como se señala en esta carrera, era simplemente incomparable. Debido a que deseaba usar sus dones atléticos para glorificar a Dios y a que sabía que su victoria le daba la oportunidad de hablar de Dios a personas que de otro modo podrían no estar en absoluto interesadas en el tema, correr y ganar tenían un propósito eterno. Debido a que no solo estaba corriendo para sí mismo, Liddell fue capaz de invocar poderes que a veces parecían milagrosos, incluso para los escépticos declarados.

Después de la famosa carrera, cuando algunos de los asombrados espectadores le preguntaron cómo había conseguido la victoria, Liddell aprovechó de nuevo la oportunidad de glorificar a Dios públicamente. Según consta dijo: «La primera mitad corrí tan rápido como pude. La segunda mitad corrí más rápido con la ayuda de Dios».[7]

Aunque la película *Carros de fuego* nos mostró este crucial incidente, nunca nos dijo lo que ocurrió como resultado: Eric se había forzado tan duramente para ganar que dañó su tejido muscular y tuvo fuertes dolores de cabeza durante los días siguientes. Esos pocos segundos de esfuerzo sobrehumano en la pista le absorbieron tanto que ni siquiera se clasificó en una carrera de 100 metros dos semanas más tarde, y la de los 100 era su prueba estrella, donde había establecido recientemente un récord. En efecto, como se vio después, Eric Liddell había dado tanto en esa sola carrera que no ganó otra de nuevo durante el resto de aquel verano. Quedaba solo un año para los Juegos Olímpicos de París 1924, pero a pesar de que no ganó ninguna carrera después de ese día memorable en Stoke-on-Trent, Liddell todavía era considerado un competidor olímpico factible.

Para aumentar el efecto dramático, *Carros de fuego* sugiere que Eric no recibió la noticia de que las eliminatorias de los 100 metros lisos (su mejor prueba) tendrían lugar un domingo hasta que no subió al barco que llevaba a la expedición británica a los Juegos de París. Pero en realidad, Eric supo de esto en el otoño de 1923. Fue entonces cuando, como competidor olímpico prospectivo, recibió el calendario de pruebas del Comité Olímpico Británico.

Sin embargo, aunque lamentaba profundamente que no podría correr, Eric no dudó en tomar y acatar su propia decisión. En lo que a él respectaba, el domingo era el día del Señor, y no un día para correr, aunque fueran los Juegos Olímpicos. En cambio, era un día de descanso y adoración. Eric se tomaba el mandato del Señor en serio, que hemos de observar el día de reposo para santificarlo. *Santo* simplemente significa «apartado para Dios». En su opinión, correr en los Juegos Olímpicos ese día estaba fuera de lugar, y Eric no podía ceder en lo que él creía que Dios le había mandado.

Mientras que el verdadero Eric Liddell no se enfrentó con el Príncipe de Gales y el Comité Olímpico Británico por su decisión, algo que vemos representado en la película, la escena, sin embargo, representa con precisión la actitud del Comité Olímpico Británico hacia la decisión de Eric: estaban atónitos e indignados. ¡Y ellos no estaban dispuestos a dejar que el fanatismo equivocado y la arrogancia de aquel joven tan religioso arruinaran las posibilidades de Escocia para obtener la gloria nacional! Utilizarían todos los medios necesarios para llevar a aquel hombre testarudo y molesto a entrar en razón.

En primer lugar, trataron de convencer a Liddell de que no había un problema real con correr el domingo; después de todo, su eliminatoria no tendría lugar hasta la tarde, dejándole tiempo más que suficiente para asistir a los servicios religiosos de la mañana. Eric no se lo tragó. Tampoco se creyó el argumento de que podía adorar a Dios por la mañana y correr para la gloria de Dios por la tarde. Cuando, rozando la frustración, un miembro del Comité señaló que el Sabbat Continental duraba solo hasta mediodía, Eric respondió con irritación: «El mío dura todo el día».[8]

Cuando el Comité Olímpico Británico se dio cuenta de que Eric era un tipo de ideas fijas y no se movería, intentaron otra táctica: tratarían de recurrir al Comité Olímpico Internacional. Presentaron una petición oficial para que las eliminatorias de la carrera de los 100 metros fueran trasladadas a otro día para dar cabida a los participantes cuyas creencias religiosas les impidieran participar en domingo. Este fue un terrible esfuerzo deportivo por su parte: la apelación fue, no obstante, rechazada.

El Comité Olímpico Británico no estaba solo en su malestar con la decisión de Liddell de no correr en su mejor prueba, aquella con la que era probable que trajera la gloria a Escocia. Cuando la noticia de su decisión se hizo pública, muchos escoceses, (emocionados por la posibilidad de que Escocia ganara el oro olímpico por primera vez), se horrorizaron. Sentían que les había traicionado. Retirarse de los 100 metros en este punto era llevar las cosas demasiado lejos. ¿Qué otra cosa podía ser sino locura? En cuanto a sus posibilidades en los 400 metros, Liddell era un velocista de primera clase, pero no un corredor de 400 de primer orden. Fue un lío terrible, pero todo el mundo asumió que el joven finalmente recobraría el sentido.

Pero Eric había tomado una decisión. Más importante aun, sentía que tenía la razón de Dios en el tema, y eso era todo lo que importaba. Eric obedecería a Dios, y Dios solucionaría los detalles de quién ganaría la medalla. Aun cuando se enfrentase a una vida marcada por la calumnia y la ignominia por su decisión, su deseo era glorificar y obedecer a Dios, y los resultados de estos Juegos Olímpicos y de su vida futura se encontraban en manos de Dios.

Así que al final, a tan solo seis meses de los Juegos de París, Eric tomó su decisión irrevocable y comenzó a entrenar no para la carrera de los 100 metros, sino para la de los 400. Los 400 no es sencillamente un número mayor que el 100, es una carrera de media distancia y requiere una estrategia completamente diferente. El 20 de junio de aquel año, Liddell participó en el Campeonato Amateur de la Asociación de Atletismo en Londres. Esta competición determinaría si sería aprovechable para el equipo olímpico de Gran Bretaña. Muchos tenían sus dudas, pero el velocista escocés se ganó su lugar en el equipo al finalizar segundo en los 220 y vencer en los 440.

◆ ◆ ◆

El sábado 5 de julio, aproximadamente dos semanas más tarde, se celebró la ceremonia de inauguración de los Juegos Olímpicos de 1924. Dos mil competidores de todo el mundo entraron en el estadio

Colombes de París. Observaron y escucharon mientras se izaba la bandera olímpica, rugían los cañones y se soltaban miles de palomas. Eric Liddell estaba allí, vestido elegantemente con una chaqueta azul, pantalones blancos de franela y un sombrero de paja, al igual que el resto del equipo británico.

Al día siguiente, el domingo 6 de julio, se llevaron a cabo las eliminatorias de los 100 metros lisos. ¿Quién puede imaginar lo que pasó por la mente de Eric aquel día? Pero sabemos lo que hizo. Eric asistió primero a la iglesia y luego se unió a sus compañeros de equipo y al Príncipe de Gales en una ceremonia en la Tumba del Soldado Desconocido para honrar a aquellos que murieron en la Primera Guerra Mundial. Puesto que los sentimientos aún eran muy fuertes tras las terribles consecuencias de la guerra, a Alemania no se le permitió competir en los Juegos de aquel año.

La final de los 100 metros se llevó a cabo al día siguiente, el lunes 7 de julio. Eric se sentó en el estadio a mirar mientras su compañero de equipo Harold Abrahams, abajo en la pista, esperaba tensamente el sonido de la pistola de salida. Cuando la pistola sonó, los corredores salieron precipitadamente y, 10,6 segundos más tarde, Abraham pasó la cinta, justo por delante del estadounidense Jackson Scholz. Liddell se unió con entusiasmo al rugido de alegría de los aficionados británicos, que celebraron la primera victoria de Gran Bretaña en esta prueba.

Las eliminatorias para las dos pruebas de Liddell tuvieron lugar durante los siguientes cuatro días. El miércoles 9 de julio Liddell, Abrahams y otras cuatro personas, incluyendo a Jackson Scholz, se clasificaron para la final de los 200 metros. Los espectadores británicos esperaban una victoria de Abrahams. Sin embargo, 21,6 segundos más tarde, fue Scholz quien cruzó la línea de meta en primer lugar, con su compañero de equipo, Charley Paddock, que alcanzó la plata una décima de segundo más tarde. Liddell, terminando una décima de segundo después de Paddock, se llevó a casa la medalla de bronce, la primera para Escocia. Pero este logro fue pasado por alto en su mayoría tras la conmoción y decepción por el lugar de Abrahams en esta carrera, donde no quedó primero, sino último.

La final de los 400 metros se llevó a cabo al siguiente día, el jueves 10 de julio. La opinión mayoritaria y perceptible de que Eric no iba a ganar esta prueba fue poderosamente confirmada cuando el estadounidense Horatio Fitch rompió el récord mundial en la semifinal de los 400 metros al principio del día, con un tiempo de 47,8. Liddell, que corría en la segunda manga, logró terminar primero, pero su tiempo fue de 48,2, a cuatro décimas de Fitch.

Y había más malas noticias para Liddell. Cuando los seis finalistas ocuparon los carriles para los 400 metros finales aquella noche, Eric se situó en el carril exterior, ampliamente considerado como la peor posición posible. Esto se debe a que el corredor del carril exterior comenzaba la carrera muy por delante de sus rivales, incapaz de ver y comparar su progreso al de ellos. Dado que esta carrera estaba lejos de ser su mejor prueba, que Fitch lo había superado ese mismo día con un récord mundial y que Liddell ya se había cansado en las dos carreras anteriores ese día, la posición en la pista de Eric parecía poner el último clavo en el ataúd de sus posibilidades de ganar algún tipo de medalla para Escocia.

Pero Eric no era de los que se preocupaban. Su perspectiva era bastante diferente de la norma, y su objetivo final no era únicamente ganar su carrera o incluso competir, sino glorificar a Dios. Y lo que los otros corredores, las multitudes, los entrenadores y los aficionados radiofónicos a los Juegos no sabían era que Eric había recibido esa mañana un recordatorio: cuando salía de su hotel por la mañana, un masajista británico le deslizó una hoja plegada de papel en la mano. Liddell le dio las gracias por ello y dijo que leería el mensaje más tarde.

En el vestuario del estadio, Liddell desdobló la nota y leyó lo siguiente:

Dice el Libro Antiguo: «Al que me honra, yo lo honraré». Te deseo siempre el mayor de los éxitos.[9]

El «Libro Antiguo» al que se refería era, por supuesto, la Biblia, y la cita era de 1 Samuel 2.30. Recibir esa nota conmovió profundamente a Eric. Como dijo un par de días más tarde en una cena en su honor: «Fue quizás lo mejor que vi en París, una gran sorpresa y un gran placer saber que había otros que compartían mis sentimientos sobre el día del Señor».[10]

Otro hombre que jugó un papel en el ánimo de Eric ese día fue el compañero escocés Philip Christison, el líder de los Cameron Highlanders de la Reina. En los momentos anteriores al inicio de la carrera de Liddell, los gaiteros del regimiento tocaron al menos una parte de la conmovedora «Scotland the Brave». Era una melodía y un instrumento que agitaba la sangre de cualquier patriota escocés.

A medida que los corredores tomaban sus lugares en la pista para la carrera, Eric, con su típica caballerosidad, estrechó las manos de sus competidores y les deseó lo mejor. Momentos más tarde, se disparó el pistoletazo de salida y los hombres saltaron. En las gradas estaba Harold Abrahams, que sabía algo acerca de las carreras. Abrahams se molestó inmediatamente al ver que Liddell, incapaz de ver a los otros corredores, había establecido un ritmo vertiginoso, como si estuviera corriendo los 100 metros y no los 400. Mientras que la moderación era un sinsentido en los 100 metros, se trataba de un componente sustancial para los 400. Abrahams podía ver lo que Liddell no podía, que había empezado demasiado rápido y no sería capaz de mantener el ritmo.

Pero Liddell lo mantuvo más de lo que Abrahams esperaba. A mitad de la carrera, aún estaba tres metros por delante. Aunque desde luego no era posible seguir con aquel ritmo vertiginoso, de alguna manera Eric continuó.

En Edimburgo, a mil doscientos kilómetros de distancia, el compañero de habitación de Eric, George Graham-Cumming, escuchando la prueba en una radio casera, saltó y gritó las palabras del locutor mientras él las escuchaba en los auriculares: «Han pasado la última curva. ¡Liddell sigue a la cabeza! ¡Está aumentando su ventaja! ¡Sigue y sigue! ¡Oh, qué carrera!».[11]

¿Aumentaba? ¿Cómo podía ser eso? Pero a medida que los corredores entraban en los últimos cien metros de la carrera, eso es precisamente lo que ocurrió. Y luego, en el tramo final, Eric pasó a su extraño y familiar estilo de fin de carrera, la cabeza echada hacia atrás, la boca abierta, los brazos golpeando el aire. Momentos más tarde, Eric cruzó la línea de meta. Había ganado la carrera. No solo ganó, sino que venció a su competidor más cercano por una distancia inalcanzable de cinco metros.

Harold Abrahams y cualquier otra persona que supiera algo sobre los 400 metros estaban muy emocionados por lo que habían presenciado. El público del estadio estalló de alegría, muchos de ellos ondeando con locura sus banderas de la Union Jack. Eric Liddell acababa de ganar la medalla de oro para el Reino Unido y Escocia. Unos momentos más tarde, se anunció su tiempo de 47,6 segundos. Era un nuevo récord mundial. Una vez más el público explotó.

Sesenta años más tarde, en 1984, el corredor estadounidense Fitch recuerda lo ocurrido: «No tenía ni idea de que fuera a ganar. Nuestro entrenador me dijo que no me preocupase por Liddell porque era un velocista y perdería el conocimiento a cuarenta metros de la meta».[12] Y el entrenador de Fitch debía estar en lo cierto. Después de todo, eso es lo que la lógica dicta que debe suceder. En cambio, como Fitch escribió en su diario olímpico: «Aunque velocista en prácticas, [Liddell] puso a los mejores marchistas del mundo a sus pies».[13]

Pocas personas recuerdan que la carrera de los 100 metros no fue la única carrera de la que Eric se retiró porque hubiera requerido su participación en un domingo. También renunció a correr los relevos de 4 x 100 y de 4 x 400 metros. Cuando aquellos acontecimientos se estaban llevando a cabo al domingo siguiente, 13 de julio, Liddell no estaba en ninguna parte cerca del estadio olímpico. Estaba en el púlpito de los Scots Kirk en París, predicando a una audiencia extensa y llena de admiración.

◆ ◆ ◆

Apenas dos días después de su regreso de París de los Juegos Olímpicos, un Eric Liddell de veintidós años se graduó con su clase en la Universidad de Edimburgo con una licenciatura en ciencias. Pero ese día no había nadie que no estuviera al tanto de que el héroe nacional se encontraba entre ellos, y sus compañeros de clase aplaudieron ruidosamente cuando Liddell se levantó para recibir su título. Eso no fue todo. Cuando aquella parte de la graduación hubo terminado, una avalancha de sus compañeros de clase llevaron triunfante y vertiginosamente a Eric sobre sus hombros todo el camino hasta la catedral de San Giles, donde se llevaría a cabo el servicio de conmemoración.

Allí, en la frescura de la gran catedral, Liddell exhibió una vez más su característica modestia, humildad y gracia. Recordando su visita a Estados Unidos para una carrera el año anterior, Liddell dijo:

> Sobre la entrada de la Universidad de Pensilvania está escrito esto: «En el polvo de la derrota, así como en el laurel de la victoria, hay gloria si uno ha hecho todo lo posible». Hay muchos aquí que han hecho todo lo posible, pero no han tenido éxito ganando el laurel de la victoria. A estos se les debe tanto honor como a los que han recibido el laurel de la victoria.[14]

Después de su impresionante victoria olímpica, Liddell dejó atónito al mundo otra vez cuando anunció sus planes de dejar de correr por completo. Se convertiría en misionero en China, algo en gran medida decepcionante para todos los que esperaban ver más de su carrera. Pero Eric estaba entusiasmado con la gran aventura. Planeaba enseñar ciencias, matemáticas y deportes en el Colegio Anglochino en Tientsin, China. El propósito misionero de la universidad era llevar el evangelio a los hijos de las familias ricas, con la esperanza de influir en los futuros líderes de China.

En la preparación, Eric se inscribió en el Scottish Congregational College en Edimburgo para estudiar teología al año siguiente. Durante aquel año, Eric pasó cada momento libre aceptando una avalancha de invitaciones para hablar acerca de su fe en campañas evangelísticas por toda Escocia. También enseñó en la escuela dominical y a menudo predicaba en su iglesia, la Morningside Congregational. Como siempre, y ahora mucho más, la voluntad de Eric por participar en competiciones deportivas locales como parte de los sermones evangelísticos ayudó a atraer a personas que de otra manera probablemente nunca hubieran asistido.

Costó unos Juegos Olímpicos enseñar a Eric que Dios quería usar su formidable habilidad atlética para llevar a la gente a él. Y fue la negativa de Eric para correr un domingo, sacrificando una casi segura medalla de oro, lo que enseñó al mundo que no había hipocresía en este cristiano ya mundialmente famoso. Eric también mostró el valor que tenía para él la obediencia a Dios: la colocó por encima de los mayores tesoros que el mundo podía ofrecer. Su decisión de renunciar a la gloria terrenal trae a la mente la escena de los evangelios cuando Jesús es tentado por Satanás en el desierto:

> Otra vez le llevó el diablo a un monte muy alto, y le mostró todos los reinos del mundo y la gloria de ellos, y le dijo: «Todo esto te daré, si postrado me adorares». Entonces Jesús le dijo: «Vete, Satanás, porque escrito está: Al Señor tu Dios adorarás, y a él sólo servirás». (Mateo 4.8–10)

¿Habría ganado Eric Liddell la carrera de los 100 metros si hubiera desobedecido a su conciencia? Recordando la carrera décadas más tarde, la hija de Eric, Patricia, lo explicó de esta manera: «El oro [de los 400 metros] fue muy bueno, pero no fue lo más importante. Sinceramente, creo que de haber corrido el domingo [y] haber vendido sus principios, no hubiera ganado. Él no habría tenido energías. Estaba corriendo para Dios».[15]

Carros de fuego señala esto también, cuando un miembro del Comité Olímpico explica a otro miembro:

—El «muchacho», como usted lo llama, es un verdadero hombre de principios y un verdadero atleta. Su velocidad es una mera extensión de su vida, su fuerza. Hemos tratado de apartarle de correr.

—Por el bien de su país, sí.

—No todo vale la pena. Menos aun un orgullo nacional culpable.[16]

◆ ◆ ◆

ualquiera que haya visto *Carros de fuego* puede creer también que el acontecimiento más emocionante e importante de la vida de Liddell fue el momento en que cruzó la línea de meta de los 400 metros olímpicos. Nadie puede juzgarle por ello, después de todo, ahí es donde termina la película. Se nos dice que Eric se convirtió en un misionero en China y que cuando murió, en 1945, toda Escocia estuvo en duelo.

Pero la verdad, si nos la podemos creer, es que la segunda mitad de la vida de Eric fue aun más espectacular que la primera, aunque no es el tipo de historia que suele verse dramatizada en grandes películas. Durante sus años en Escocia, Eric había hablado públicamente frente a miles de personas de su amor por Dios, pero en China este amor florecería en servicio a todo el mundo que se encontraba.

Eric llegó a China en el ferrocarril transiberiano, en 1925, un año después de su triunfo olímpico. Sus padres, su hermana Jenny y su hermano Ernest estaban allí esperando, encantados de tener finalmente a Eric con ellos. Pero la situación política en China era tensa de nuevo, con fuertes sentimientos contra los extranjeros. Esto era en parte debido a un reciente enfrentamiento mortal entre policías coloniales y algunos manifestantes chinos.

Los Liddell vivían en una casa grande en el recinto de la Sociedad Misionera de Londres, en la concesión británica de Tientsin, y Eric comenzó a enseñar en el Colegio Anglochino de Tientsin, como había planeado. Gracias a su modestia, buen humor y afecto genuino por sus tareas, se convirtió rápidamente en un miembro popular del personal. Además de la enseñanza de ciencias, dirigió estudios de la Biblia, dio clases en la escuela dominical, entrenó en fútbol y ayudó con obras de teatro. Y, por supuesto, pasó mucho tiempo mejorando su chino.

Eric también encontró tiempo para socializar con otras familias misioneras... y con una familia en particular: los MacKenzie. Sucedía que Hugh y Agnes MacKenzie eran los padres de una niña vivaz y pelirroja de quince años, Florence. Durante los años siguientes Eric, quien tenía diez años más que Florence, encontró excusas a menudo para estar cerca de ella. La veía durante las actividades de grupo de las familias misioneras, la ayudaba con sus estudios y aparecía regularmente a la hora del té en casa de sus padres.

Una tarde de noviembre de 1929, cuando Florence cumplió dieciocho años, Eric la llevó a dar un paseo y le pidió matrimonio. Florence, que de alguna manera no tenía ni idea de que Eric hablaba en serio de ello, respondió afirmativamente con entusiasmo. Su padre estuvo de acuerdo con el matrimonio bajo la más que draconiana condición de que Florence primero regresara a Canadá y cumpliera su objetivo de convertirse en enfermera, lo que significaría una separación de tres años para la joven pareja. Sería la primera de muchas largas separaciones durante los años que pasarían juntos.

En 1931, después de completar su compromiso inicial de trabajar cuatro años en China, Eric viajó a Canadá, donde pasó cuatro semanas visitando a Florence en Toronto. Después navegó a través del Atlántico a Escocia, donde tenía previsto pasar su permiso de estudiante en la universidad de la Scottish Congregational. Para cuando tuviera que volver al campo de misión, Eric esperaba haberse convertido en ministro ordenado.

Pero mientras estaba en Escocia, otros tenían también planes para él. La Sociedad Misionera de Londres, que tenía serias deudas debido a la depresión económica mundial, esperaba explotar la gran popularidad de Eric para atraer dinero y nuevos fichajes. Había cientos de iglesias y grupos deportivos que también estaban ansiosos por tenerlo hablando. El amable Liddell, que tenía dificultades para decir que no, aceptó tantos compromisos para hablar durante aquel tiempo que acabó exhausto.

Sin embargo, a pesar de las interminables peticiones de su tiempo, Eric fue ordenado el 22 de junio de 1932. Después de decir adiós a su familia, que estaba de permiso una vez más en Escocia, Eric embarcó a Canadá para otra visita a Florence. Luego de unas alegres semanas juntos, Eric dejó a su prometida y regresó a China, donde una vez más se sumió en el trabajo de la universidad y la iglesia.

Pasarían dos años antes de que Florence y su familia llegaran a China. Lo hicieron el 5 de marzo de 1934 y, tres semanas más tarde, Eric y Florence por fin se casaron. Se instalaron en Tientsin y Florence ayudó a Eric en su trabajo. Ella estaba especialmente dotada para entretener a los estudiantes y a los hijos de las familias misioneras en su casa, y muchos de estos estudiantes se comprometieron a seguir a Cristo.

Dos años después de casarse, Eric y Florence tuvieron a su primera hija, Patricia Margaret. Al año siguiente nació otra niña, Heather Jean.

Por aquel entonces, nubes de tormenta empezaron a formarse cuando Japón inició las hostilidades contra China. En preparación para un posible conflicto, el gobierno exigió que los estudiantes de más edad del colegio tuvieran una formación militar. Como resultado, Eric y sus colegas se vieron obligados a adaptarse a los cambios en la rutina del colegio. En el verano de 1937 la guerra llegó a los chinos de la misma manera en que llegaría a los estadounidenses unos años más tarde: los aviones japoneses llegaron sin previo aviso para bombardear Tientsin, provocando incendios, muerte y destrucción. En tres días, la ciudad había sucumbido a los japoneses.

Los refugiados chinos, muchos de ellos heridos, inundaron los recintos, que eran tierra extranjera en China, gobernada por los británicos después de la Guerra del Opio. Esto incluía a Tientsin. En otras partes de China, el ejército japonés cometió atrocidades contra la población civil, la más infame en Nanking. Sin embargo, a pesar del caos reinante, la escuela de Tientsin abrió en septiembre con 575 estudiantes.

Al tratar con los problemas creados por los japoneses, Eric puso varias veces su vida en peligro. Una vez, en un intento de aliviar la grave escasez de carbón, contrató sesenta toneladas de antracita dura, pero planeó entregarla personalmente en Siaochang, en barcazas. Dos veces durante el viaje, ladrones armados le atacaron y robaron. También fue detenido durante un día y medio por los japoneses y, a continuación,

> fue forzado por diversos grupos militares a pagar «impuestos» exorbitantes. Sin dinero, dejó la barcaza y viajó de nuevo a Tientsin para un nuevo suministro de líquido. Después de un motín de la tripulación y del interrogatorio de medio día por miembros del ejército comunista, él y el carbón alcanzaron finalmente Siaochang.[17]

En una ocasión memorable, Eric participó en un servicio de bautismo mientras el sonido de los proyectiles de artillería japonesa caía con fuerza y los soldados irrumpían en el edificio en busca de bandidos. En otra ocasión, Eric rescató a un hombre que había recibido un disparo y a otro que casi fue decapitado durante un intento de ejecución de los japoneses. En por lo menos un viaje, él mismo recibió disparos.

En agosto de 1939, Eric, su esposa y sus hijas pudieron escapar de las dificultades de la vida en China y viajar a Toronto de permiso para una visita familiar. Después de eso, tenían la esperanza de viajar a Gran Bretaña. Pero Adolf Hitler alteró sus planes al invadir Polonia. Por supuesto, esto condujo a la guerra entre Gran Bretaña, Francia y Alemania, y todo cambió. Cruzar el Atlántico, ahora con los submarinos alemanes merodeando en sus aguas, no era aconsejable. Así que Eric y Florence decidieron que sería mejor que ella permaneciera en Canadá con las chicas mientras que Eric viajaba solo a Inglaterra y Escocia. Pero Florence y las niñas lo extrañaban tanto que en marzo de 1940 se embarcaron, cruzaron el Atlántico de forma segura y se unieron a Eric en Escocia. La familia pasó cinco meses felices allí. Durante un tiempo, a pesar de los estragos de la guerra, podían volver a disfrutar de la vida familiar.

Pero su viaje de regreso a Canadá resultó ser aun más peligroso que el anterior viaje a Inglaterra. Su nave era parte de un convoy de cincuenta barcos que estuvo acompañado por buques de carga; buques de guerra de la Marina Real hicieron de escolta. Los submarinos de Hitler los encontraron, y un torpedo alemán golpeó el barco que transportaba a los Liddell. Afortunadamente, el torpedo era defectuoso y no explotó, y los Liddell salieron ilesos. Otros buques de su convoy fueron menos afortunados. Antes de que terminase el viaje, los alemanes habían hundido cinco de ellos.

Los Liddell visitaron Canadá durante unas semanas. Su deseo de permanecer allí, en un lugar seguro, debió haber sido extraordinario, pero su deseo de obedecer el llamado de Dios en sus vidas como misioneros era más fuerte todavía. A pesar de los peligros y las incalculables privaciones por venir, hicieron el viaje de regreso a China, aunque una vez allí no pudieron permanecer juntos. Florence y las niñas se quedaron en Tientsin, pero Eric fue a Siaochang, un puesto rural adonde la Sociedad Misionera de Londres le había enviado como pastor del pueblo. Eric lamentó no poder seguir enseñando. También lamentó las condiciones peligrosas de Siaochang que hacían imposible tener a su familia con él.

Lo primero que Eric notó cuando llegó fue lo ocupados que habían estado los japoneses. En una carta a Florence escribió: «En los últimos días hemos visto más deprimidos y abatidos a los hombres saliendo para un trabajo forzoso, preparando un camino asfaltado para pasar al este de Siaochang». También escribió a su esposa: «Cuando salgo es dar, dar todo el tiempo, y tratar de llegar a conocer a la gente y tratar de dejarles un mensaje de ánimo y de paz en un momento en que no hay ninguna paz externa en absoluto».[18]

Un día, Liddell dirigía una ceremonia de boda en un pueblo cerca de Siaochang. Durante el banquete, se oía el sonido de grandes cañones disparando.

Mientras se desplazaba en bicicleta por la región, Eric encontraba a menudo evidencias espantosas de que los japoneses habían visitado algunos pueblos. Los hombres habían sido asesinados, las mujeres habían sido violadas, las casas incendiadas y muchas personas estaban en estado de shock. En medio de estos horrores, Liddell continuó ministrando a quien podía, y muchos vinieron a la fe en Cristo.

Eric visitaba a su familia en Tientsin siempre que era posible, pero como las condiciones empeoraban, los Liddell tuvieron que tomar una difícil decisión. ¿Debían quedarse Florence y las niñas con Eric en China? ¿O debían viajar a Canadá, donde estarían a salvo?

Después de discutir el problema durante meses y orar al respecto, los Liddell decidieron que las dos niñas y Florence, ahora embarazada de su tercer hijo, debían regresar a Canadá para vivir con la familia de Florence. Eric esperaba reunirse con su familia en un año más o menos. Los Liddell viajaron a Japón y subieron al barco japonés en el que Florence y las niñas viajarían a Canadá. Eric abrazó a sus hijas y le pidió a Patricia, de seis años de edad, que ayudara a su madre cuando llegara el nuevo bebé. Después de un beso de despedida a su esposa, Eric bajó de la nave. Florence y las niñas fueron a la cubierta superior para buscar a Eric.

Volviéndose para mirar atrás, Eric vio a su familia y les dedicó un último adiós antes de ver el barco distanciarse. Sería la última vez que vería a su familia.

De vuelta en Tientsin, donde había sido reasignado temporalmente, Eric volvió a su trabajo. Se instaló en un piso con su amigo A. P. Cullen, cuya familia también había salido de China. A medida que la guerra avanzaba, la recolección de basura y otros servicios se vieron afectados, incluyendo el servicio de correo. No fue hasta septiembre que Eric recibió un cable con la noticia de que su amada Florence había dado a luz de forma segura a su tercera hija, Maureen.

Después del cobarde e infame ataque de las fuerzas japonesas a Pearl Harbor, el 7 de diciembre de 1941, la vida de Liddell cambió de manera dramática. Precisamente en el mismo momento en que estaban bombardeando Pearl Harbor, los japoneses estaban ocupados en Tientsin, deteniendo a las fuerzas militares extranjeras encargadas de la vigilancia de las concesiones británicas, francesas y estadounidenses, instalando nidos de ametralladoras y dejando perfectamente claro que ahora mandaban ellos. También enviaron a todos los estudiantes de la universidad a casa, registraron los locales (confiscando una radio) y restringieron el movimiento de todos los extranjeros. Ordenaron a todos los estadounidenses que se desplazasen a la concesión británica, con el terrible hacinamiento de las personas que ya vivían allí.

Lo peor de todo para Eric Liddell fue que los misioneros ya no podían hacer el trabajo para el que habían llegado a China en primer lugar. Como señala un biógrafo, «ya no podían enseñar, predicar o practicar la medicina... se habían convertido en misioneros sin misión».[19]

Pero Eric no era de los que se cruzaban de brazos. Sentía que Dios siempre tenía algo provechoso que él podía hacer. Así que durante aquellos meses caóticos encontró tiempo para escribir una guía devocional que tituló *Manual del discipulado cristiano*. Cada mes tenía un tema diferente, como «La naturaleza de Dios», «El carácter de Jesús», y «El Espíritu Santo». El libro continúa disponible en la actualidad.

Uno no puede evitar imaginar que su decisión de no correr el domingo durante los Juegos Olímpicos de 1924 podría haber estado en su mente cuando escribió las siguientes palabras:

¿Has aprendido a escuchar la voz de Dios diciendo: «Este es el camino, andad por él»? ¿Has aprendido a obedecer? ¿Te das cuenta de los tremendos problemas que pueden estar en juego?[20]

Estas palabras reflejan no solo una famosa decisión, sino el rumbo de su vida. Sin duda, el sacrificio de estar solo en una zona de guerra, al otro lado del mundo de los seres queridos, era un sacrificio mayor que renunciar a la gloria de una medalla olímpica.

En otro lugar, Liddell escribió:

Si sé que algo es verdad, estoy dispuesto a seguir a pesar de que sea contrario a lo que quiero [?]... ¿Voy a continuar aunque esto signifique la burla de un amigo o de un enemigo, o signifique una pérdida financiera personal o algún otro tipo de dificultad?[21]

Eric también hizo todo lo posible para ayudar a los adultos, como estar dispuesto a levantarse temprano para comprar comestibles para ellos cuando podía.

En marzo de 1943 se produjo el golpe final: todos los extranjeros, que ahora estaban repentinamente considerados enemigos nacionales, serían enviados a un campo de concentración. Después de hacerles desfilar por las calles durante un kilómetro y medio como un intento de humillación, las tropas japonesas subieron a los extranjeros en vagones de ferrocarril.

Fueron enviados a Weihsien, un viaje agotador de unos quinientos kilómetros. Los trescientos cautivos, entre ellos misioneros, hombres de negocios, turistas, músicos de jazz, prostitutas y adictos al opio, llegaron finalmente a su nuevo hogar. Era un recinto único construido por misioneros presbiterianos. Sus cuatrocientas habitaciones, su hospital y su gran iglesia tenían algunas novedades: torres de vigilancia, reflectores y ametralladoras. Los soldados japoneses utilizaban ahora algunas de las casas. Los japoneses habían despojado a los edificios de las tuberías de agua y habían robado mucho equipamiento hospitalario. Como resultado de las tuberías recién arrancadas, las letrinas eran pozos negros indescriptiblemente sucios. Irónicamente, el recinto se llamaba «Patio de la Vida Feliz».

No obstante, los cautivos rápidamente se organizaron para trabajar ordenando los edificios. En una muestra de humildad y sacrificio del verdadero amor cristiano, sacerdotes y monjas católicas, junto con los misioneros protestantes, se ofrecieron como voluntarios para limpiar las letrinas, repugnantes para los demás. Los reclusos construyeron muebles y cocinaron para los demás. Los altos ejecutivos de negocios, acostumbrados a tenerlo todo hecho, aprendieron a bombear agua, avivar las llamas de las calderas y pelar las verduras.

Los internos también tuvieron tiempo para la diversión, con grupos musicales que hacían de todo, desde música sacra para el domingo de Pascua, hasta piezas clásicas y de jazz. Los maestros enseñaban voluntariamente cursos académicos a cualquier persona que se interesara, y cuando los cautivos terminaban con su trabajo diario, jugaban a las cartas juntos.

Cuando el invierno de 1943 trajo un frío intenso, los internos obtuvieron combustible mediante la mezcla de polvo de carbón con barro, a fin de mantener el calor. Un heroico sacerdote hizo contrabando de alimentos en el campamento para complementar la escasa dieta de los niños.

Eric, conocido como «el tío Eric» por los niños del campamento, vivía en un reducido espacio con sus amigos Edwin Davis y Joseph McChesney-Clark. Como siempre lo había hecho, Eric se lanzó en cuerpo y alma a su trabajo y a las actividades de voluntariado. Enseñó en la escuela del campamento; organizó juegos de softbol, baloncesto, cricket y tenis, y planificó servicios de adoración. Organizó bailes y jugó al ajedrez con los niños, cualquier cosa para mantenerlos apartados de los problemas.

Eric adquirió un interés especial por los trescientos niños que habían sido sacados de la Inland Mission School de China y ahora vivían en el campamento sin sus padres; pensó en sus tres niñas, afortunadas de estar en mejores circunstancias.

A lo largo de aquellos difíciles años, Liddell mantuvo su creencia de que el domingo debía reservarse para Dios. Pero cuando los adolescentes se enzarzaron en una pelea durante un partido de hockey, Eric, ante el asombro de los que sabían de su famosa renuncia en los Juegos Olímpicos de 1924, acordó arbitrar el partido al siguiente domingo.

Joyce Stranks, una compañera de internado de diecisiete años de edad, dijo que Eric

> tuvo la sensación de que existía una necesidad, [y] que lo cristiano era dejarles jugar con el equipo y estar con ellos... porque era más como Cristo hacer esto que [seguir] la letra de la ley y dejarles fuera

de control. Y para mí esto era muy interesante, porque era la única cosa que, por supuesto, todo el mundo recuerda de Eric [que no corrió el domingo porque era el día del Señor].[22]

No importaba lo ocupado que estaba, Eric nunca descuidó su tiempo diario con Dios. Cada mañana, Eric y su amigo Joe Cotterill se despertaban temprano y seguían en silencio sus devocionales, a la luz de una lámpara de aceite de cacahuete, antes de comenzar el largo día de trabajo.

Eric envió mensualmente «cartas» a su familia mediante la Cruz Roja, pero estos mensajes se limitaban sorprendentemente a unas concisas veinticinco palabras, y llevaba muchos meses que estas cartas viajaban de ida y vuelta entre China y Canadá. Un año después de que los reclusos hubieran sido hacinados en el Patio de la Vida Feliz, Eric le escribió una carta de veintiuna palabras a Florence: «Pareces muy cercana hoy, es el décimo aniversario de nuestra boda. Recuerdos cariñosos, tenemos que celebrarlo juntos el año que viene».[23]

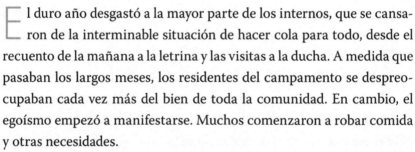

El duro año desgastó a la mayor parte de los internos, que se cansaron de la interminable situación de hacer cola para todo, desde el recuento de la mañana a la letrina y las visitas a la ducha. A medida que pasaban los largos meses, los residentes del campamento se despreocupaban cada vez más del bien de toda la comunidad. En cambio, el egoísmo empezó a manifestarse. Muchos comenzaron a robar comida y otras necesidades.

Aunque extrañaba profundamente a su familia, Eric se alegraba por el bien de los demás. En una clase de estudio de la Biblia, enseñó a otros a amar a sus enemigos, incluyendo a los guardias japoneses de su campamento, y exhortó a sus compañeros cristianos a orar por ellos, según las instrucciones de la Biblia. Esta lección tuvo un impacto extraordinario sobre Joe Cotterill, que prometió a Dios que si sobrevivía a la guerra, se convertiría en misionero en Japón.

La sincera fe cristiana de Eric era visible en todas partes. Stephen Metcalf, que tenía diecisiete años en 1944, recordó un incidente notable. Los zapatos de Metcalf estaban completamente desgastados. Un día Eric vino a él con algo envuelto en un paño. «Steve —dijo—, veo que no tienes zapatos y es invierno. Tal vez puedas utilizar estos». Eric puso el paquete en manos de Steve. «Eran sus zapatillas para correr», dice Metcalf.[24] Solo podemos imaginar que Eric había estado guardando los históricos zapatos como recuerdo de sus triunfos pasados, pero en las condiciones difíciles del campo de concentración, su valor práctico para este joven superaba el valor sentimental para Eric. Otros han dicho que Eric pasó mucho tiempo poniendo paz entre las distintas facciones del campamento y trató de ser amigo de todos.

◆ ◆ ◆

A finales de 1944, cuando los internos estaban a punto de cumplir su segundo año en el campamento, Eric comenzó a experimentar terribles dolores de cabeza. Joe Cotterill vio otro cambio en su amigo. Caminaba y hablaba más despacio, y sus maravillosas bromas se convirtieron en una cosa del pasado. Los médicos del campamento le trataron cuando Eric cogió el virus de la gripe, pero no obstante los dolores de cabeza persistieron. Los que le conocían mejor pensaron que podría estar sufriendo de depresión, y una vieja amiga de la familia, una enfermera escocesa llamada Annie Buchan, se aseguró de que Eric fuera asignado al hospital donde ella podría mantenerle vigilado.

Los médicos, sabiendo lo duro que Eric trabajaba, sugirieron que posiblemente habría sufrido una crisis nerviosa, un diagnóstico que le turbó. «Debería haber sido capaz de apoyar todo en el Señor, y no haberme roto bajo su peso», dijo sombríamente.[25]

El 11 de febrero de 1945, Liddell sufrió un accidente cerebrovascular leve. Pero pocos días después, estaba de pie y caminando por el hospital del campamento, diciendo a sus amigos que se sentía mucho mejor. Los médicos comenzaron entonces a sospechar que Eric tenía un tumor cerebral. Pero sin una máquina de rayos X, no tenían forma de saberlo a ciencia cierta.

Joyce Stranks visitaba a Eric durante los descansos de su trabajo en la cocina del hospital, poniéndole al día sobre lo que sucedía en el campamento. El domingo 18 de febrero, la banda del Ejército de Salvación, que tocaba himnos los Sabbats en el exterior del hospital, recibió una petición especial de Liddell. Quería que ellos tocasen «Be Still, My Soul» [Descansa, mi alma], uno de sus himnos favoritos.

Tres días más tarde, Eric escribió una carta a su amada Florence:

Llevaba demasiada responsabilidad. Tuve un colapso nervioso leve. Estoy mucho mejor después de un descanso de un mes en el hospital. El doctor sugiere que cambie de trabajo. Renunciar a la enseñanza y al atletismo, y tomar algún trabajo físico como cocinar. Un buen cambio. Así que me alegro de recibir tu carta de julio... Con amor especial para ti y las niñas.[26]

Joyce Stranks se dejó caer para ver a Eric cuando estaba terminando la carta. Sentada al lado de su cama, ella y Eric hablaron de la necesidad de rendición a la propia voluntad de Dios en todo lo que tenía que ver «con nuestras actitudes, no en lo que queramos hacer y tengamos ganas de hacer, sino en lo que Dios quiere que hagamos», recordó Joyce. «Empezó a decir "rendición... rendición", y luego echó la cabeza hacia atrás», dijo ella.[27]

La asustada adolescente corrió a buscar a la enfermera Annie Buchan, pero poco se pudo hacer. Eric había caído en un estado de coma, y murió esa noche a las 9:20. Tenía cuarenta y tres años.

Cuando la noticia de su muerte recorrió el campamento al día siguiente, los internados estaban desconsolados. «Él era conocido no por su valor olímpico —recordó Metcalf—, sino porque era Eric... era el tipo de persona que era amigo de todos. Y su funeral dio cuenta de eso. No cabía toda la gente en la iglesia... todo el campamento fue cerrado. Fue una ocasión muy, muy conmovedora».[28]

La autopsia reveló que Eric tenía, en efecto, un tumor cerebral inoperable. Cuando su muerte se conoció en el mundo exterior, se llevaron a cabo muchos servicios conmemorativos para honrar al hombre que no quiso correr el domingo, incluso a costa de una medalla de oro olímpica para su país. La noticia de su muerte llegó como un gran golpe para su esposa e hijas en Canadá, que pensaban que la fuerza y la vitalidad de Eric le ayudarían a superar la guerra.

Muchos años más tarde, su hija Patricia habló de sus pensamientos el día en que supo de la muerte de su padre, y de cómo se preguntó por qué Dios había tenido a bien separar a Eric de su familia durante los últimos cuatro años de su vida. «He conocido a un montón de los niños del campamento... de la misma edad que nosotras», dijo,

> y fueron enviados al campamento sin sus padres... Nosotras estábamos a salvo, y estos niños no tenían a sus padres, y a la mayoría de ellos les ha ido muy bien. Tuvo una gran influencia y sostuvo sus vidas allí. En ese sentido, la mano de Dios estaba ahí.[29]

Joyce Stranks, uno de esos niños con los que Eric fue tan amable, dijo: «Él hizo relevante la vida de Cristo, y nos hizo sentir como que si seguíamos a Cristo debíamos hacer lo que Él nos ha pedido que hagamos cuando estamos en la situación que sea. No te libras de ello porque estés en el campamento».[30]

El amigo de Eric, A. P. Cullen, que le había conocido durante la mayor parte de su vida, resumió la vida de su amigo en un servicio conmemorativo del campamento el 3 de marzo de 1945:

> Estaba, literalmente, controlado por Dios, en sus pensamientos, juicios, acciones, palabras, hasta un punto que nunca he visto sobrepasado, y rara vez igualado. Todas las mañanas se levantaba temprano para orar y leer la Biblia en silencio: hablando y escuchando a Dios, pensando en el día que vendría, y a menudo sonriendo como en una broma privada.[31]

◆ ◆ ◆

En la Morningside Congregational Church de Escocia, donde Eric había enseñado, y en la Dundas Street Congregational Church en Glasgow, miles de dolientes se reunieron para honrar la vida de Eric. El *Glasgow Evening News* resumió los sentimientos de la gente escocesa sobre el hombre que había puesto a Dios por delante de una medalla de oro y luego ministró a muchos otros en China: Eric Liddell «la hizo [a Escocia] orgullosa cada hora de su vida».

En 1980, cincuenta y seis años después de que Eric rechazara su oportunidad de ganar la carrera de 100 metros, otro escocés, Allan Wells, ganó la prueba de 100 metros en los Juegos Olímpicos de Moscú. Según la BBC: «Cuando un periodista le preguntó si quería dedicar su victoria a Abrahams, que había muerto dieciocho meses antes, Wells respondió de manera franca: "Sin faltar el respeto a nadie, yo preferiría dedicarla a Eric Liddell"».[32]

Sesenta y tres años después de la muerte de Eric, justo antes de los Juegos Olímpicos de Beijing, el gobierno chino reveló algo que incluso la familia de Eric no sabía: Eric había sido incluido en un acuerdo de intercambio de prisioneros entre Japón y Gran Bretaña, pero había renunciado a su puesto por una mujer embarazada.

¿Por qué el mundo todavía recuerda y ama a Eric Liddell hoy, cuando otros atletas de su época han caído en el olvido?

Lord Sands, un líder civil de Edimburgo, dio la respuesta durante una cena en honor de Eric justo después de los Juegos Olímpicos de 1924. No era porque Eric fuese el corredor más rápido del mundo que los invitados se habían reunido allí aquella noche, dijo. En cambio, «fue porque este joven puso toda su carrera como corredor en una balanza, y la consideró como una pequeña mota de polvo en comparación con ser fiel a sus principios».[33]

Hay mayores cosas en la vida que el deporte, y la mayor de ellas es la lealtad a las grandes leyes del alma. He aquí un joven que considera el mandamiento de descansar y adorar muy por encima de la descolorida corona de laurel, que conquistó. Fue San Pablo, el fabricante de tiendas de Tarso, quien vio los Juegos Olímpicos hace muchos siglos, y escribió: «¿No sabéis que los que corren en el estadio, todos a la verdad corren, pero uno solo se lleva el premio? Corred de tal manera que lo obtengáis».[34]

Dios tenía para la vida de Eric Liddell un plan mayor que una medalla de oro que con el tiempo se olvida, junto al atleta que la ganó. Y tiene grandes planes para cada uno de nosotros. Estos planes pueden incluir la necesidad de renunciar a algo que valoramos altamente. Pero a aquellos que renuncien a lo que más podemos desear, si es que Dios así lo ha pedido, el Señor les honrará verdaderamente.

CUATRO

Dietrich Bonhoeffer

1906–1945

E scuché hablar por primera vez de Dietrich Bonhoeffer el verano que cumplí los veinticinco. Estaba regresando a la fe que había perdido en la universidad, y el hombre que me guiaba a lo largo de aquel viaje me dio una copia del libro clásico de Bonhoeffer *El precio de la gracia*. Me preguntó si alguna vez había oído hablar de Bonhoeffer y dije que no. Me dijo que Bonhoeffer fue un pastor y teólogo alemán que, a causa de su fe cristiana, se levantó en defensa de los judíos de Alemania y se involucró en el complot para asesinar a Adolf Hitler. También dijo que Bonhoeffer fue asesinado en un campo de concentración solo tres semanas antes del final de la guerra. Cuando me enteré de todo esto, casi no me lo podía creer. ¿Hubo realmente un cristiano cuya fe le hubiera llevado heroicamente contra los nazis a costa de su propia vida? Parecía que todas las historias que había oído contar acerca de las personas que se tomaban en serio su fe eran negativas. Así que aquello fue algo nuevo para mí, y al instante quise saber más acerca de este héroe valeroso.

Una razón por la que estaba tan interesado en la historia de Bonhoeffer era porque yo soy alemán. Mi madre se crio en Alemania durante los terribles años de Hitler. Cuando tenía nueve años, su padre, mi abuelo Erich, de quien yo tomo el nombre, murió en la guerra. Siempre me he preguntado lo que sucedió realmente durante aquel tiempo. ¿Cómo una gran nación, mi propia gente, había sido arrastrada a aquel camino oscuro y maligno? Mi abuela me contó que mi abuelo escuchaba la BBC con la oreja literalmente pegada al altavoz de la radio, ya que cualquiera que fuera descubierto escuchando la BBC podía ser enviado a un campo de concentración. Así que supe que no estaba de acuerdo con lo que los nazis estaban haciendo. Pero se vio obligado a ir a la guerra, al igual que muchos hombres de su generación, y lo mataron. Mi libro sobre Bonhoeffer está dedicado a él.

En muchos sentidos, me crie a la sombra de la Segunda Guerra Mundial, y siempre me ha desconcertado el mal inconmensurable de los nazis y del Holocausto. Como resultado de ello, generalmente me he preguntado sobre esta cuestión: ¿qué es el mal y cómo podemos tratar con él? Cuanto más sé de su vida, más convencido estoy de que Bonhoeffer es un modelo a seguir para nosotros a la hora de responder a esa pregunta.

Recuerdo que leí *El precio de la gracia* aquel verano. Lo que Bonhoeffer escribió en ese libro ya clásico fue tan impresionante como su increíble historia. Su obra tenía una brillante claridad e intensidad, y sus palabras denotaban una auténtica fe cristiana que no tenía paciencia para la falsa religiosidad, lo que famosamente Bonhoeffer llamó «gracia barata». Cuando leí el libro, me di cuenta de que la falsa religiosidad me había alejado de la fe cristiana en conjunto. Así que fue emocionante encontrarse con un hombre cristiano que realmente había vivido su fe, que había puesto toda su vida en peligro por aquello en lo que creía. Aquel era el tipo de cristianismo que me podría interesar.

También descubrí que aquel gran hombre de Dios se sintió de alguna manera justificado para participar en el complot para asesinar a Adolf Hitler. Aquí estaba un hombre que no era un teólogo de pacotilla, viviendo por encima de la contienda. Él vivió su fe en la medida de sus capacidades en un mundo real, desordenado y con frecuencia complicado.

Nunca tuve la intención de escribir una biografía sobre alguien, y mucho menos sobre Dietrich Bonhoeffer. Siempre digo que soy demasiado egoísta para querer pasar varios años pensando en otra persona. Sin embargo, escribí *Amazing Grace*, la biografía de William Wilberforce, que salió en 2007, y después de ese libro la gente me preguntaba: «¿Sobre quién vas a escribir ahora?». Yo no quería escribir otra biografía, pero la gente seguía haciéndome la misma pregunta. Finalmente pensé que podría escribir una más. Y solo había una persona, además del gran William Wilberforce, que había cautivado mi corazón, mi alma y mi mente de tal manera que estuviese dispuesto a dedicarle un libro entero. No hace falta decir que ese hombre fue Dietrich Bonhoeffer. Mi biografía sobre él salió en el sexagésimoquinto aniversario de su muerte.

Por una serie de razones, el libro conmovió a muchos y se convirtió en un superventas. Reavivó el interés por Bonhoeffer y por su trabajo de una manera tal que nunca podría haber soñado y que me pareció profundamente gratificante. Como resultado de escribir el libro, he tenido el honor de conocer a dos presidentes de Estados Unidos, y dondequiera que vaya, el mensaje de Bonhoeffer parece que hace a la gente hablar, debatir y pensar. Y actuar. Esa es la mejor parte. Es una historia increíble y profunda que continúa tocando y cambiando la vida de las personas, y estoy encantado de poder compartir una breve versión aquí.

◆ ◆ ◆

Dietrich Bonhoeffer nació en 1906, en lo que solo puede ser descrito como una familia extraordinaria. En ambos lados de su familia había antepasados famosos de todo tipo, desde estadistas y abogados hasta pintores y teólogos. Los padres de Bonhoeffer eran especialmente impresionantes. Su padre, Karl, era un genio científico, el más famoso psiquiatra en Alemania durante la primera mitad del siglo XX. La madre de Bonhoeffer, Paula, también fue brillante, obteniendo el título de profesora mucho antes de que tal cosa fuera ampliamente aceptada para las mujeres y enseñó en casa a sus ocho hijos. Dietrich era el más joven de los cuatro chicos. Su hermana gemela, Sabine, nació diez minutos después que él, algo de lo que él se jactó ante ella toda su vida.

Los ocho niños fueron tan notables como sus padres. El hermano mayor de Dietrich, Karl Friedrich, estudió física, y a la edad de veintitrés años estaba involucrado en la división del átomo junto a Max Planck y Albert Einstein. El hermano mediano de Bonhoeffer, Klaus, se convirtió en jefe del departamento legal de Lufthansa. Sus hermanas eran brillantes y se casaron con hombres brillantes. Pero la forma en la que utilizaron sus grandes mentes es lo que les hizo particularmente impresionantes.

Karl Bonhoeffer enseñó a sus hijos que tener un notable coeficiente intelectual no era de ninguna utilidad si no entrenaban su mente para pensar clara y lógicamente. Como científico, creía que esto era de suma importancia. Uno debe aprender a seguir las evidencias, los hechos y la lógica hasta el final. No se toleraba ni un solo pensamiento descuidado de cualquier tipo en el hogar de los Bonhoeffer. Uno seguramente se lo pensaba dos veces antes de abrir la boca en la mesa, porque todas las declaraciones serían inmediatamente desafiadas. Este entrenamiento temprano en la manera de pensar estaba en el centro de la crianza de los niños Bonhoeffer, y fue una de las razones de que Dietrich creciera hasta originar el tremendo impacto que produjo sobre los que le rodeaban.

Tal vez aun más importante en la familia Bonhoeffer era actuar según lo que uno decía que creía. Uno debía no solo pensar con claridad, sino que debía probar sus pensamientos *en acción*. Si uno no estaba preparado para vivir lo que afirmaba creer, ¡tal vez no creía en ello después de todo! Así que desde una edad temprana, Dietrich entendió que las ideas no eran meras ideas, sino los cimientos sobre los que uno construía sus acciones y, en última instancia, la propia vida. Las ideas y creencias debían ser probadas porque la vida de uno podía depender de ellas. Esto era cierto tanto en el mundo de la ciencia como en el de la teología.

La familia Bonhoeffer también era sofisticada culturalmente. Todos ellos leían buena literatura, memorizaban largos poemas y viajaban mucho. Eran devotos de la música, y asistían a óperas y conciertos siempre que era posible. Dietrich era un poco virtuoso. Tocaba varios instrumentos, era capaz de repentizar, y componía y hacía arreglos musicales a una edad temprana. Todos los sábados la familia Bonhoeffer organizaba una velada musical en la que se reunían para tocar instrumentos o cantar. Esta tradición familiar continuó durante muchos años.

En otros aspectos, Dietrich era un niño normal, a veces se metía en peleas en la escuela y necesitaba ser disciplinado, pero lo típico era que expresara su energía juvenil de una manera más positiva. Años más tarde, a Bonhoeffer le encantaría participar en atletismo; la única película que tenemos de Bonhoeffer, a pesar de que dura solo unos segundos, es una película casera de él lanzando una pelota. Puedes ver este vídeo en el excelente documental sobre Bonhoeffer dirigido por mi amigo Martin Doblmeier.

Al igual que la mayoría de los alemanes de la época, Dietrich fue criado en la iglesia luterana. Sus familiares no eran grandes feligreses, pero había una atmósfera cristiana en el hogar debido, principalmente, a la madre de Bonhoeffer. Leía a los niños historias de la Biblia y las institutrices que contrataba eran cristianas devotas. Parece ser que el padre de Bonhoeffer era agnóstico, pero respetaba profundamente la fe de su esposa. Él apoyaba gentilmente sus esfuerzos para criar a sus hijos como cristianos y siempre participó en las reuniones familiares donde se leían las Escrituras y se cantaban himnos.

◆ ◆ ◆

Cuando Dietrich tenía ocho años llegó la Primera Guerra Mundial. Antes de que se terminara en 1918, sus tres hermanos mayores tenían la edad suficiente para ser alistados y lo hicieron con orgullo. Los Bonhoeffer no eran orgullosos nacionalistas alemanes, pero tenían un saludable sentido del patriotismo y se alegraron de tomar parte en la defensa de su país, como ellos lo veían. En 1917 Walter, el más joven de los tres hermanos de Dietrich, fue llamado al frente. Toda la familia lo despidió en la estación, y su madre corrió junto al vagón de tren mientras este se alejaba diciendo: «Es solo el espacio lo que nos separa».[1] Dos semanas después ocurrió lo impensable: Walter fue abatido. Su muerte fue absolutamente devastadora para la familia, y la madre de Dietrich tuvo lo que parece haber sido un ataque de nervios. Durante unos meses vivió con los vecinos, y pasaron años antes de que fuera ella misma de nuevo. Dietrich estaba profundamente afectado por ello.

Alrededor de un año después, cuando Dietrich tenía trece años, tomó la fatídica decisión de seguir la carrera de teología. No muchos niños de su edad saben lo que quieren hacer cuando sean mayores, ¡y rara vez deciden convertirse en teólogos! Pero los Bonhoeffer se tomaban los estudios muy en serio, y la idea de una vida en el mundo académico parecía perfectamente normal. Pero solo hasta cierto punto: de todas las disciplinas académicas que Dietrich podría haber elegido, la teología era una sobre la que su padre tenía serias reservas. Sus hermanos mayores quedaron perplejos de manera similar por la elección. Así que ellos y las hermanas mayores de Dietrich y sus amigos se burlaban de él. Sin embargo, no lo disuadirían. Lo había pensado bien y se tomó las provocaciones escépticas de sus hermanos con firme resolución.

Al elegir la teología, Dietrich estaba siguiendo los pasos de la parte materna de la familia. En efecto, el abuelo materno de Dietrich fue teólogo, al igual que su bisabuelo materno, que fue muy famoso. Cuando Dietrich era estudiante, se seguían utilizando los libros de texto de teología de su bisabuelo, y una estatua de él se alza hoy en Jena. Así que la madre de Bonhoeffer probablemente aprobó las ambiciones de su hijo más joven.

Aquel mismo año Dietrich tomó una clase de confirmación en la iglesia luterana local. Al final de la clase, el pastor dio versículos bíblicos a todos. Muchos años después, una anciana que había estado en aquella clase con Dietrich Bonhoeffer dijo que había recibido el mismo versículo de la Escritura que Dietrich. Decía: «Bienaventurado el varón que soporta la tentación; porque cuando haya resistido la prueba, recibirá la corona de vida, que Dios ha prometido a los que le aman».[2]

Cuando cumplió diecisiete años, en 1923, Dietrich se matriculó en la Universidad de Tubinga para iniciar sus estudios teológicos. La ciudad medieval de Tubinga está situada a orillas del río Neckar, y durante su semestre allí Bonhoeffer iba a veces a patinar. Un día se cayó y se golpeó la cabeza con tanta fuerza que se quedó inconsciente durante un rato. Cuando su padre se enteró del accidente, él y su esposa se apresuraron a ir a Tubinga para estar con su hijo. Como psiquiatra, Karl Bonhoeffer sabía que un largo período de inconsciencia podría significar un problema, y después de la muerte de su querido Walter unos años antes, los padres de los Bonhoeffer estaban comprensiblemente ansiosos por estar tan cerca de sus hijos como fuera posible siempre que había algún peligro o crisis. Así que de inmediato subieron en un tren desde Berlín para asegurarse de que se hacía todo lo posible por su hijo.

Para alivio de todos, Dietrich se recuperó rápidamente. Y sucedió que la visita imprevista de sus padres coincidió con su decimoctavo cumpleaños. Así que lo que comenzó como una emergencia desagradable terminó como una celebración feliz. Fue durante aquella época que Dietrich tuvo la idea de hacer un viaje a Roma. Había estudiado mucho acerca de Roma en los últimos años y había viajado allí en su mente tan a menudo que cuando la idea de ir allí se materializó, estaba eufórico por la expectación. Sus padres no estaban entusiasmados con la idea, pero con el tiempo estuvieron dispuestos a que él fuera si su hermano Klaus le acompañaba, y aquella primavera fueron.

Dietrich sabía que probablemente sería muy agradable y educativo, pero no sabía que sería tan importante para su futuro. Fue en Roma que, por primera vez, Dietrich pensó seriamente en la cuestión que dominaría su pensamiento durante el resto de su vida. Esa cuestión era: ¿qué es la iglesia?

En primer lugar, le vino a la mente con auténtica fuerza el Domingo de Ramos, cuando estaba de visita en la Basílica de San Pedro. Aunque no era un católico romano, Bonhoeffer tenía un gran respeto por la iglesia católica y asistió a muchos servicios religiosos católicos durante su estancia en Roma. Pero aquel Domingo de Ramos vio por primera vez en su vida a personas de toda raza y color celebrando la Eucaristía juntas. Esta imagen le golpeó con la fuerza de una revelación. De pronto vio a la iglesia como algo universal y eterno, como algo que trascendía la raza, la nacionalidad y la cultura, como algo que iba más allá de Alemania y más allá del luteranismo. Creó la conexión intelectual que afectaría todo su futuro: todos los que invocaban el nombre de Jesucristo eran sus hermanos y hermanas, incluso si no eran como él de ninguna otra manera. Esta idea tendría consecuencias de largo alcance, especialmente cuando los nazis tomaron el poder. Pero aquello aún tardaría un tiempo.

Cuando Bonhoeffer regresó de Roma no volvió a Tubinga. En su lugar, se matriculó en la Universidad de Berlín, que era la institución más prestigiosa en el mundo para los estudios de teología en la década de 1920. El legendario Friedrich Schleiermacher había enseñado allí durante la última parte del siglo XIX, y la leyenda viva, Adolf von Harnack, seguía dando clases. Bonhoeffer estudió con él y lo conoció muy bien. A menudo iban juntos a la universidad en el tranvía. Bonhoeffer no era un teólogo liberal como Harnack, pero le respetaba a él y a otros teólogos liberales de la Universidad de Berlín, y aprendió mucho de ellos. A lo largo de su vida, Bonhoeffer no tuvo miedo de aprender de aquellos con los que no estaba de acuerdo.

Bonhoeffer obtuvo su doctorado a la sorprendentemente temprana edad de veintiún años. En su trabajo de posgrado, la pregunta que se hacía y respondía con un alto nivel teológico y académico era la misma que había entrado en su cabeza aquel Domingo de Ramos en Roma: ¿qué es la iglesia?

En el curso de la respuesta a esa pregunta, Bonhoeffer descubrió que en realidad también quería trabajar en la iglesia. Quería ser no solo un teólogo académico, sino convertirse en ministro luterano ordenado. Pero en la Alemania de la época, no se podía ser ordenado hasta que se cumplían los veinticinco años. Por lo tanto, a los veintidós años de edad, viajó a Barcelona y sirvió allí durante un año como vicario ayudante en una congregación de habla alemana. Después, a los veinticuatro años de edad, un año antes de poder ser ordenado, decidió estudiar en el Union Theological Seminary, en Estados Unidos.

◆ ◆ ◆

Dado que había obtenido un doctorado en teología en la prestigiosa Universidad de Berlín tres años antes, se puede suponer que Bonhoeffer no fue principalmente a Nueva York por la experiencia académica. Parece ser que estaba más interesado en la expansión cultural de un año en Estados Unidos. Pero lo qué le pasó a Bonhoeffer durante su estancia de nueve meses en Nueva York terminó siendo mucho más que una experiencia de expansión cultural.

Todo comenzó cuando Bonhoeffer se hizo amigo de un compañero de estudios llamado Frank Fisher, un afroamericano de Alabama. El componente de trabajo social de los estudios de Fisher en el seminario incluía pasar tiempo en la Iglesia Bautista Abisinia de Harlem. Así que un domingo de otoño de 1930, Fisher invitó a Bonhoeffer a reunirse con él allí. Bonhoeffer estuvo más que dispuesto a ir con él.

La Iglesia Bautista Abisinia era entonces la iglesia más grande de Estados Unidos, y lo que Bonhoeffer vio allí aquel domingo le hizo tambalearse. La gran congregación de afroamericanos no estaban simplemente «haciendo iglesia» o cumpliendo una formalidad; por el contrario, las personas presentes aquella mañana parecían tomarse su fe muy en serio. Para la mayoría de estas personas la vida era dura,

y el Dios al que adoraban era real y personal. No era una construcción filosófica o teológica. Aquella mañana Bonhoeffer fue testigo de
algo más palpable y visceral que todo lo que había visto en una iglesia
antes. La alabanza era más que cantar himnos; era poderosa y real, y
también lo fue la predicación. El fogoso pastor, Adam Clayton Powell
sénior, exhortaba a sus oyentes no solo a tener una relación genuina con
Jesús, sino también a convertir esto en acción en sus vidas, cuidar de los
pobres y hacer las otras cosas que Jesús instó a sus seguidores a hacer.

El patricio de veinticuatro años se sintió tan conmovido aquella mañana que decidió ir a Harlem todos los domingos a partir de
entonces. Era muy raro que un académico de Berlín, rubio y con gafas
participara en una iglesia para negros en Harlem, pero Bonhoeffer
pasó a menudo por allí en los próximos meses. Incluso dio una clase
de escuela dominical. Se involucró en la vida de la congregación y en
la lucha en ciernes por los derechos civiles. Quizá por primera vez en
su vida, Bonhoeffer parecía vincular la idea de tener una profunda fe
en Jesús con la toma de acción política y social. Él siempre supo que la
verdadera fe en Jesús debía conducir a la acción, no solo a un pensamiento filosófico y teológico; tenía que manifestarse en la vida de uno.
Pero la profunda fe de los afroamericanos de Nueva York y su lucha
por la igualdad le ayudó a ver esto de una manera nueva.

Por supuesto, Bonhoeffer lo conectó a la opresión de los judíos
cuando regresó a Alemania, pero no sabemos si hizo esta conexión
cuando aún estaba en Nueva York. En apariencia, los judíos de Alemania,
a diferencia de los afroamericanos en Nueva York, habían disfrutado de
un éxito económico y cultural notable. Era imposible en aquel momento
imaginar los horrores que se avecinaban para ellos. Después de todo,
Hitler no sería elegido canciller y presidente de Alemania hasta dentro
de varios años.

Hay un episodio en Nueva York que tal vez demuestre que Dios
sabía que Bonhoeffer tendría un papel importante en la ayuda a los
judíos de Alemania en los años venideros. El día de Pascua de 1931, la
única Pascua que Bonhoeffer pasó en Estados Unidos, no pudo entrar

en ninguna de las grandes iglesias protestantes tradicionales. Él tenía muchas ganas de disfrutar de un servicio de Pascua en una de ellas, pero descubrió demasiado tarde que, dado que todo el mundo va a la iglesia el día de Pascua, no había asientos disponibles. Se necesitaba, literalmente, conseguir una entrada con suficiente antelación para ese día. Así pues, ¿qué hizo Dietrich? Fue a una sinagoga para escuchar predicar al rabino Stephen Wise. A decir verdad, no era una sinagoga real, era Carnegie Hall. El rabino Wise tenía un seguimiento tal que ninguna de las sinagogas existentes en Nueva York podía alojar sus servicios.

❖ ❖ ❖

Los acontecimientos de los nueve meses que pasó Bonhoeffer en Estados Unidos tuvieron un profundo efecto sobre él, y cuando regresó a Alemania, en el verano de 1931, estaba claro para sus amigos que algo había cambiado. Parecía tomarse su fe más en serio. Antes de irse, su intelecto había estado en el lugar correcto, pero de alguna manera ahora su corazón estaba comprometido de una forma en que no lo había estado antes.

Bonhoeffer ocupó una plaza en la facultad de teología de la Universidad de Berlín y comenzó a enseñar allí. Desde detrás del atril decía cosas que uno no solía escuchar en los círculos teológicos de Berlín. Por ejemplo, se refería a la Biblia como la *Palabra de Dios*, como si Dios existiera y estuviese vivo y quisiera hablar con nosotros a través de ella. El objetivo del estudio del texto era encontrar al Dios *detrás* del texto. La experiencia no podía ser meramente intelectual, sino que también debía ser personal y real, como lo había sido para los cristianos afroamericanos en la Iglesia Bautista Abisinia de la ciudad de Nueva York. Bonhoeffer también llevó a sus estudiantes a retiros y les enseñó a orar. Uno de los estudiantes dijo que una vez Bonhoeffer le preguntó: «¿Amas a Jesús?».

Bonhoeffer había cambiado, pero Alemania también había cambiado. Antes de que Bonhoeffer se fuera a Nueva York, en 1930, los nazis tenían muy poco poder político. Entonces eran el noveno partido político más importante del Reichstag, el parlamento alemán. Pero cuando regresó, en 1931, habían crecido hasta ser el segundo partido más importante, y consolidaban su poder cada día que pasaba. Bonhoeffer podía ver el problema en el horizonte, y hablaría en sus clases al respecto. No tenía miedo de decir cosas como: «Para los cristianos alemanes, solo puede haber un único salvador, y ese salvador es Jesucristo».[3] Esta era una declaración valiente, porque muchos alemanes comenzaron a ver a Hitler como su salvador, como el hombre que los sacaría del desierto y del sufrimiento de los últimos años.

¿Y quién podría haber imaginado lo que les esperaba bajo su dirección? Hitler se presentó como un hombre de moderación y de paz, como alguien dedicado al pueblo alemán, y como alguien que afirmaba públicamente que seguía «la voluntad de Dios». Se comprometió a liberar a Alemania del infierno económico en el que había caído y levantar la profunda vergüenza que los alemanes sentían al haber perdido la Primera Guerra Mundial.

Hitler alimentó la idea de que habían perdido la guerra porque habían sido traicionados desde dentro, por los comunistas y los judíos —solía combinar estos términos—, y dijo que el camino a seguir era purgar a Alemania de estos supuestos traidores. Esta idea de la traición desde el interior de Alemania fue conocida como la leyenda de *Dolchstoss* (puñalada por la espalda), y muchos la aceptaron como la razón principal de que Alemania hubiese perdido la guerra.

Hitler también se retrató a sí mismo como el único que podría conducir a los alemanes más allá de la humillación del Tratado de Versalles, mediante el cual las potencias aliadas vencedoras impusieron condiciones insoportables para los alemanes. Estos cayeron en un profundo resentimiento hacia las otras potencias europeas, especialmente hacia Francia. Hitler manejó brillantemente estos diversos factores. Como resultado, el alemán corriente estaba más que dispuesto a darle una oportunidad. Después de todo, ¿qué podría ser peor que lo que Alemania había estado soportando?

Pero Bonhoeffer vio que las cosas podrían ser mucho peor y que probablemente lo serían. Tenía un sentido innato de que los nacionalsocialistas alemanes les llevarían a lugares mucho más oscuros de los que ya habían estado, y la suya fue una de las pocas voces que se pronunciaron en contra.

❖ ❖ ❖

La primera oportunidad para Bonhoeffer de hablar sobre un gran escenario se produjo poco después de que Hitler se convirtiera en canciller a finales de enero de 1933. Apenas dos días después, Bonhoeffer dio un famoso discurso en la radio en el que diseccionaba el llamado «Principio del Führer». Aquella era una de las muchas ideas filosóficas populistas que habían ayudado a la subida de Hitler al poder.

Führer es la palabra alemana para «líder» y el Principio del Führer consistía en la idea de que Alemania necesitaba un líder fuerte para salir de la ciénaga de la República de Weimar. Todo parecía perfectamente lógico. Después de todo, antes de su derrota en la Primera Guerra Mundial, los alemanes tenían un fuerte liderazgo en la figura del káiser, y después de haber perdido la guerra y de que los aliados insistieran en que el káiser abdicara del trono, todo se echó a perder.

Los aliados habían impuesto un gobierno democrático en Alemania, pero sin ningún tipo de tradición democrática, los alemanes simplemente no sabían cómo gobernarse. El gobierno de Weimar parecía ir sin timón, y los resultados eran horrorosos. Había largas colas para comprar pan, un desempleo galopante y despiadadas disputas políticas. ¡Sin duda, las cosas hubieran ido mejor bajo la firme dirección del káiser! ¡Y seguro que cualquier líder fuerte sería mejor que lo que tenían ahora! Los nazis explotaron esta idea brillantemente, presentando a Hitler como la solución integral para todos los males de Alemania. ¡Sería un líder fuerte! ¡Él llevaría a Alemania de nuevo a sus días de gloria bajo el káiser!

El único problema era que la idea del liderazgo de Hitler no tenía nada que ver con el liderazgo auténtico, y Bonhoeffer lo dejó claro como el agua en su discurso radiofónico. Bonhoeffer explicó que la verdadera autoridad debía, por definición, someterse a un superior, es decir, Dios, y que el liderazgo real debía ser un liderazgo de servicio. Esta idea era precisamente todo lo contrario a la idea plasmada en el Principio del Führer y en Hitler. Así, solo dos días después de que Hitler se convirtiera en canciller de Alemania, Bonhoeffer fue públicamente en contra de él y de su idea perversa del liderazgo. Bonhoeffer explicó que la adoración de ídolos que Hitler estaba alentando no le convertiría en un líder, sino en un «engañador». Induciría a engaño al pueblo alemán, con trágicos resultados.

De algún modo, Bonhoeffer vio desde el principio lo que nadie más parecía ver: que Hitler y la filosofía que representaba terminarían trágicamente, y que la ideología nazi no podía coexistir con el cristianismo.

La mayoría de los alemanes no tenían ni idea de que Hitler en realidad despreciaba el cristianismo. Pensaba que era una religión débil, y deseaba desesperadamente que Alemania pudiera deshacerse de él tan pronto como fuera posible. Por supuesto que nunca podría decir esto públicamente, ya que la mayoría de los alemanes se veían como buenos cristianos luteranos. Así que Hitler fingía ser cristiano, porque sabía que decir lo que realmente creía erosionaría su poder político.

El objetivo de Hitler era infiltrar lentamente en la iglesia la ideología nazi y apoderarse de ella desde el interior. Quería unificar todas las iglesias alemanas y crear una sola iglesia estatal que le rindiera cuentas únicamente a él. Pero lo haría poco a poco para evitar llamar la atención sobre sus esfuerzos. Y al igual que la rana en la olla de agua hirviendo del cuento, el pueblo alemán no se daría cuenta de lo que estaba ocurriendo hasta que fuera demasiado tarde.

Bonhoeffer trató de advertir a sus hermanos cristianos de las intenciones de Hitler. No solo tenía una mente brillante bien entrenada por su padre científico para pensar lógicamente y ver las cosas hasta el final, sino que Bonhoeffer también parecía poseer un sexto sentido de lo que estaba ocurriendo en Alemania. Su relación personal con Dios y su profundo estudio de las Escrituras le ayudó a ver lo que su mero intelecto no podía, por lo que fue una de las voces principales y proféticas de la iglesia en su tiempo.

Bonhoeffer sabía que los verdaderos cristianos de Alemania tenían que enfrentarse a la nazificada «iglesia» estatal de Adolf Hitler. Tenían que luchar con todo lo que poseían mientras todavía hubiera oportunidad de luchar. Dedicó gran parte de su vida a tratar de despertar a la iglesia ante lo que estaba sucediendo. Una iglesia dormida no sería rival para los nazis, y Bonhoeffer hizo todo lo que pudo para conseguir que los demás reconocieran que debían evitar que los nazis impusieran su ideología a todos los cristianos alemanes.

El principal problema de la batalla era la idea nazi de que todas las cosas debían ser vistas a través de una lente racial. De acuerdo con los nazis, los alemanes debían ser «racialmente» puros, por lo que trataron de purgar la iglesia alemana de todos los «elementos judíos». Bonhoeffer consideraba esto como un absurdo. Jesús era judío, al igual que casi todos los primeros cristianos, y el cristianismo es en su núcleo fundamentalmente judío. Extirpar todos los «elementos judíos» destruiría la esencia misma de la fe cristiana. Por supuesto, aquel era precisamente el objetivo de los nazis.

Uno de los amigos más cercanos de Bonhoeffer, Franz von Hildebrand, era étnicamente judío, pero su familia se había convertido al cristianismo, y él había sido ordenado como ministro luterano. De acuerdo con la idea nazi de lo que debería constituir la iglesia alemana, todos los hombres étnicamente judíos debían abandonar la iglesia «alemana». Bonhoeffer sabía que el Dios de la Biblia mira el corazón de una persona, no su origen étnico. Al final, un Bonhoeffer frustrado abrió el camino para que una serie de pastores salieran de la iglesia alemana oficial cada vez más nazificada y formaran lo que se conoció como la Iglesia Confesante.

Bonhoeffer fue tal vez el primero de sus compatriotas en ver que los cristianos estaban obligados a hablar por los que no podían hacerlo, a «ser la voz de los sin voz». En el caso de la Alemania nazi, estos eran los judíos. En un momento dado, Bonhoeffer hizo la declaración incendiaria de que «solo el que defiende a los judíos puede cantar cantos gregorianos».[4] Lo que quería decir era que si no hacíamos con heroísmo y valentía lo que Dios quería que hiciéramos, Dios no estaría interesado en nuestras manifestaciones públicas de culto. Cantar a Dios cuando no estamos haciendo lo que Dios nos llama a hacer es ser un hipócrita. Muchos se sintieron ofendidos por la franqueza de Bonhoeffer en estos temas. Pero él insistió en que Jesús era el «hombre para los demás»,[5] y que seguir a Jesús significaba defender la dignidad de los que eran diferentes a nosotros.

En cierto modo, la formación de la Iglesia Confesante fue una victoria para todos los cristianos serios de Alemania. Pero Bonhoeffer no estaba tan animado como otros. Parecía darse cuenta de que a pesar de las victorias obtenidas en el camino, aquello no iba a terminar bien. Sentía que la mayoría de los cristianos en Alemania, incluyendo a los de la Iglesia Confesante, no reconocían lo que realmente estaba en juego y no estaban dispuestos a luchar contra los nazis con todas sus fuerzas. Parecían pensar que los problemas existentes al final se resolverían. Pero Bonhoeffer sabía que si los cristianos en Alemania no despertaban al mal radical que crecía en medio de ellos y hacían todo lo posible para erradicarlo, todo estaría pronto perdido.

Martin Niemöller, amigo y colega de Bonhoeffer en el liderazgo de la Iglesia Confesante, fue alguien que vio lo que estaba pasando, pero cuando por fin lo vio ya era demasiado tarde. Escribió una famosa declaración acerca de esto:

> *Primero vinieron por los socialistas y yo no dije nada...*
> *porque no era socialista.*
> *Luego vinieron por los sindicalistas y yo no dije nada...*
> *porque no era sindicalista.*
> *Luego vinieron por los judíos y yo no dije nada...*
> *porque no era judío.*

Entonces vinieron por mí... pero ya no había nadie que pudiera hablar.[6]

◆ ◆ ◆

En 1935, Bonhoeffer fue llamado a dirigir un seminario ilegal en la Iglesia Confesante. Allí, en Finkenwalde, entrenaba a los seminaristas a no ser meramente clérigos luteranos, sino discípulos fieles y obedientes de Jesucristo. Los años que pasó haciendo esto pueden ser considerados como la edad dorada de Bonhoeffer. Escribió acerca de aquella época en su clásico libro *Vida en comunidad*, contando lo que significa vivir en una comunidad cristiana que se toma el sermón de la montaña muy en serio. Enseñó a los seminaristas a mantener una vida devocional sólida, orando y estudiando y meditando en las Escrituras diariamente.

Algunos de los líderes luteranos más tradicionales estaban aturdidos por lo que escuchaban sobre el experimento de Bonhoeffer de vivir en una comunidad de fe en Finkenwalde. Pero Bonhoeffer consideraba que para luchar contra el mal había que instruir a los cristianos acerca de cómo orar, cómo adorar a Dios y cómo comportarse verdaderamente como si estas cosas fueran ciertas. No se trataba solo de teoría y teología. Se trataba de la vida real. Bonhoeffer era un rebelde en este sentido. Estaba ayudando a que los jóvenes seminaristas aprendieran a vivir su fe.

Finalmente, la Gestapo cerró Finkenwalde. Después de todo, se trataba de un seminario ilegal que había tomado una posición pública en contra de las políticas del Tercer Reich. Sin embargo, Bonhoeffer continuó enseñando a los jóvenes. Solo tendría que hacerlo de una forma inteligente, a salvo de las miradas indiscretas de la Gestapo. Durante varios años se las arregló para continuar enseñando de forma clandestina. Los estudiantes vivían con los pastores de la zona y se reunían de manera que no atrajesen la atención de los de fuera. La Gestapo no sabía dónde se estaba impartiendo la formación: a veces era en una casa de campo aquí, y en otras ocasiones en la vicaría de un pastor allá, por lo que no pudieron detenerles durante bastante tiempo. Pero puesto que los nazis eran minuciosos e implacables, al final les detuvieron.

A finales de 1930, las posibilidades de Bonhoeffer para servir abiertamente a Dios en Alemania se iban reduciendo a la nada. Los nazis fueron aumentando el alcance del gobierno con más y más leyes y reglamentos, oprimiendo y ahogando las libertades de los alemanes, y especialmente de los cristianos serios. A medida que la soga se tensaba, era menos y menos lo que Bonhoeffer podía hacer. Después de que los nazis le prohibieran la enseñanza, le impidieron hablar en público. Finalmente se le impidió publicar porque tuvo la osadía de escribir un libro sobre los salmos. Los ideólogos nazis que habían intentado purgar la iglesia alemana de todos los elementos judíos pensaban que los salmos y todo el Antiguo Testamento eran demasiado judíos y debían evitarse por completo. Puede sonar absurdo y hasta cómico que consideraran tal cosa, pero para los cristianos alemanes de la época todo era muy serio.

En 1938 y 1939 se avistaban nubes de guerra en el horizonte. Bonhoeffer sabía que cuando se declararan las hostilidades su conciencia no le permitiría tomar las armas y luchar en la guerra de Hitler. Bonhoeffer no era un pacifista tal como entendemos el término hoy en día, pero la guerra que Hitler estaba llevando a Europa y al mundo no era una guerra justificada en el sentido cristiano. No era una guerra como último recurso, sino una guerra de pura agresión nacionalista. Así que oró fervientemente, pidiendo a Dios que le mostrara qué hacer. Era imposible declararse objetor de conciencia en el Tercer Reich. Tampoco quería tomar una posición pública en contra de combatir en la guerra, ya que como una figura destacada de la Iglesia Confesante, podía conseguir que todos los demás se metieran en problemas. ¿Cómo podía evitar luchar sin poner en peligro a sus hermanos en la Iglesia Confesante?

Bonhoeffer encontró una salida: iría a Estados Unidos, tal vez para dar clases en el seminario Union o en otra parte. Si se le ofrecía una invitación y se iba a Estados Unidos antes del estallido de la guerra, sería imposible para él volver a Alemania. Se vería obligado a organizar las cosas desde el otro lado del Atlántico hasta que la guerra hubiese terminado. El famoso teólogo estadounidense Reinhold Niebuhr se involucró, tiró de algunos hilos y consiguió una invitación para que Bonhoeffer volviera al Union Theological Seminary, donde Niebuhr entonces enseñaba. Todo estaba organizado, y a principios de junio de 1939 Dietrich Bonhoeffer embarcó una vez más para América.

Pero tan pronto como subió a bordo del buque Bonhoeffer comenzó a sentirse incómodo acerca de su decisión. ¿Había desobedecido la voluntad de Dios? Oró fervientemente, pidiendo a Dios que le guiase y le mostrara lo que debía hacer. En mi libro sobre él cito extensamente copiosas entradas del diario de Bonhoeffer y cartas de aquel período. Es un privilegio tener esta ventana a sus pensamientos privados mientras luchaba con su futuro en este momento crucial. Bonhoeffer obviamente esperaba que el Autor de las Escrituras hablara con él a través de ellas, y cada día meditaba sobre el versículo del día, confiando en que Dios lo guiara.

Cuando Bonhoeffer llegó a Nueva York, el malestar no se fue. De hecho, se intensificó. Se sentía terriblemente solo y fuera de lugar. ¿Qué estaba haciendo en Estados Unidos cuando su pueblo estaba a punto de sufrir una terrible experiencia? Al final, realmente creía que Dios quería que regresara para estar junto a su pueblo, pasara lo que pasara. Sabía que el peligro y posiblemente la muerte le esperaban, pero no obstante regresó.

Bonhoeffer se marchó de Nueva York a principios de julio, solo veintiséis días después de su llegada. El barco de vapor zarpó del puerto de Nueva York a medianoche, bajo una luna llena. Cuando llegó a Alemania, sus amigos se sorprendieron al verlo. «¿Qué estás haciendo aquí? —le preguntaron—. Hemos arreglado las cosas con gran dificultad para que pudieras escapar, para salvarte y que fueras de utilidad para Alemania después de que todos estos problemas se calmen. ¿Por qué has regresado?». Bonhoeffer no tenía pelos en la lengua. «Cometí un error», dijo.[7] Sin embargo, no contestó a la pregunta acuciante de qué era exactamente lo que *iba a hacer* en Alemania ahora.

Para entender lo que haría, tenemos que ser conscientes de que la familia de Bonhoeffer había participado en la conspiración contra Hitler durante años. Ellos ya habían mantenido conversaciones secretas sobre qué hacer con Hitler a principios de 1933, justo después de que Hitler se convirtiera en canciller. Estas conversaciones continuaron a lo largo de la década mientras Hitler consolidaba su poder. Los Bonhoeffer estaban extremadamente bien conectados en los círculos de élite de Berlín, y también se encontraban cerca de varios de los principales actores en lo que emergió como una conspiración generalizada contra Hitler. Durante aquellos años, Dietrich participó en estas conversaciones, a menudo proporcionando apoyo moral a los conspiradores y proveyendo de razones teológicas sólidas para impulsar su participación en la peligrosa conspiración contra el jefe de estado alemán.

La mayoría de los alemanes no se habrían sentido cómodos tomando cualquier posición o acción contra el líder de su nación. Pero Bonhoeffer pensaba en el asunto a un nivel mucho más profundo que la mayoría de los alemanes. Él creía que hacer menos era acobardarse ante la llamada de Dios para actuar en base a las creencias de uno. Y esto incluía defender a los que estaban siendo perseguidos, pasase lo que pasase. Hacer menos sería aceptar la idea de «gracia barata» sobre la que con tanta elocuencia había escrito.

Pero ahora que Bonhoeffer había vuelto y había estallado la guerra, ¿qué *haría* exactamente? El tiempo de limitarse solo a prestar apoyo moral a los demás había pasado. Para Bonhoeffer, era el momento de participar activamente. Pero, ¿cómo?

El miembro de la familia de Bonhoeffer que participaba más directamente en la conspiración era el marido de su hermana Christel, Hans von Dohnanyi. Dohnanyi era una figura destacada en la inteligencia militar alemana, llamada el Abwehr, y el Abwehr estaba en el centro de la conspiración contra Hitler. Su cuñado contrató a Dietrich para trabajar en el Abwehr, y usar aparentemente su talento para ayudar al Tercer Reich durante aquel tiempo de guerra. Pero la realidad de su papel no podría haber sido más diferente. Bonhoeffer se había unido oficialmente a la conspiración, y esencialmente se había convertido en un agente doble.

Como agente del Abwehr, Bonhoeffer podía viajar fuera de Alemania a países neutrales como Suecia y Suiza. Pero la verdadera razón por la que iba era para contarles secretamente a los aliados que había alemanes dentro de Alemania trabajando contra Adolf Hitler. El mejor amigo de Bonhoeffer, Eberhard Bethge, dijo que fue en aquel punto cuando Bonhoeffer pasó de la «confesión a la conspiración».[8] Fingía abiertamente ser parte del Tercer Reich, pero en realidad estaba trabajando en secreto para destruirlo.

A pesar de habérsele prohibido oficialmente que publicara, Bonhoeffer continuó escribiendo. Ahora trabajaba en su obra magna, *Ética*. Nunca la terminó completamente, pero Bethge la publicó tras su muerte.

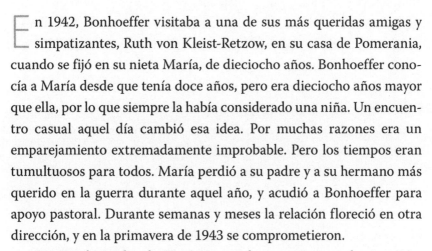

E n 1942, Bonhoeffer visitaba a una de sus más queridas amigas y simpatizantes, Ruth von Kleist-Retzow, en su casa de Pomerania, cuando se fijó en su nieta María, de dieciocho años. Bonhoeffer conocía a María desde que tenía doce años, pero era dieciocho años mayor que ella, por lo que siempre la había considerado una niña. Un encuentro casual aquel día cambió esa idea. Por muchas razones era un emparejamiento extremadamente improbable. Pero los tiempos eran tumultuosos para todos. María perdió a su padre y a su hermano más querido en la guerra durante aquel año, y acudió a Bonhoeffer para apoyo pastoral. Durante semanas y meses la relación floreció en otra dirección, y en la primavera de 1943 se comprometieron.

Aunque la madre de María no estaba contenta con la situación, finalmente recapacitó y lo aceptó. Pero tan pronto como ella hubo accedido a que Dietrich y María hiciesen público su compromiso,

Bonhoeffer fue arrestado. La detención se produjo en la casa de sus padres en el barrio de Charlottenburg de Berlín, en abril. Bonhoeffer no fue detenido por su participación en el complot para matar a Hitler, porque aquella trama y la conspiración más amplia contra el líder nazi todavía no habían sido descubiertas. Fue detenido por algo mucho menos serio, comparativamente hablando: su participación en un plan para salvar la vida de siete judíos alemanes.

Los líderes de la Gestapo habían estado sospechando de una actividad extraña en el Abwehr durante cierto tiempo. Durante meses no apartaron los ojos de Bonhoeffer, Dohnanyi y algunos otros. Incluso habían intervenido sus teléfonos. Cuando descubrieron un plan secreto para sacar a estos judíos (el número había crecido de siete a catorce) de Alemania a la Suiza neutral, la Gestapo tuvo suficiente información para realizar un arresto.

Bonhoeffer fue llevado a la prisión militar de Tegel, en Berlín, a solo siete kilómetros de su casa. Esto no era tan malo como si hubiera sido llevado a la prisión subterránea de la Gestapo. El tío de Bonhoeffer era comandante militar en Berlín, por lo que mientras estuvo en Tegel, Bonhoeffer fue tratado razonablemente bien. Fue en Tegel donde escribió la mayoría de sus ya conocidas *Cartas desde la prisión* y una serie de poemas, incluido su más famoso poema «¿Quién soy?». Bonhoeffer era, a todas luces, una imagen de paz y tranquila alegría durante sus días en la cárcel. Muchos de sus compañeros de prisión, e incluso algunos de los guardias, relataron más tarde que había sido un profundo consuelo para ellos en medio de la incertidumbre y los peligros de la época.

Bonhoeffer tenía la esperanza de que al final sería liberado. Él creía que probablemente podría ser más listo que el fiscal y probar su inocencia cuando su caso llegara a juicio. Aquella era su firme esperanza, así como la de su prometida y su familia. Pero Bonhoeffer tenía otros dos escenarios en mente que conducían a la liberación: en primer lugar, incluso si su caso no iba a juicio, o si iba a juicio y perdía, pensaba que los aliados podrían ganar la guerra y los nazis serían apartados del poder. Y segundo, y más cerca de casa, esperaba que los conspiradores que aún no habían sido detenidos tuviesen éxito al matar a Hitler y a sus principales lugartenientes. De esta manera toda la pesadilla habría terminado. Por supuesto, las cosas no terminaron tan bien.

Lo que pasó en cambio, quince meses después de su arresto, el 20 de julio de 1944, fue que entró en acción la conocida operación Valkiria. Y fracasó. Hubo intentos fallidos de matar a Hitler con anterioridad, pero en aquellos casos las bombas nunca llegaron a explotar. La operación Valkiria fue la primera vez que una bomba explotó de verdad, aunque no logró matar a Hitler. Pero precisamente porque había estallado, la gran conspiración para asesinar a Hitler quedó por primera vez al descubierto.

Al enterarse de la conspiración, Hitler estaba fuera de sí de la rabia. Eso le hizo pensar en la leyenda del *Dolchstoss* de la Primera Guerra Mundial, que afirmaba que Alemania había sido destruida por los traidores dentro de sus filas. Aquel pensamiento fue demasiado insoportable para el susceptible dictador, por lo que ordenó la detención y tortura de miles de personas. Los nombres fueron revelados, y uno de esos nombres fue el de Dietrich Bonhoeffer. Fue conocido de repente no solo como un pastor y académico que tenía dificultades teológicas con el régimen nazi; ahora era conocido por ser un líder en la conspiración para matar a Adolf Hitler.

En aquel punto, Bonhoeffer supo que sus días probablemente estaban contados. En octubre de 1944 fue trasladado a la prisión subterránea de alta seguridad de la Gestapo, donde fue amenazado con la tortura. No parece que fuera torturado, pero sí su hermano Klaus y su cuñado Dohnanyi.

Esto fue a finales de 1944, y la guerra estaba llegando a su fin. Hitler, cada vez más desligado de la realidad, creía que la historia tenía preparada una victoria grande y noble para él. Pero la mayoría de los alemanes entendían que no estaban ganando y que no podían ganar.

En febrero de 1945, un sinfín de escuadrones de aviones aliados bombardearon Berlín con tal intensidad que los alemanes decidieron transferir a todos los prisioneros detenidos en la prisión de la Gestapo a otros lugares. Bonhoeffer fue trasladado al campo de concentración de Buchenwald, donde permaneció durante dos meses. Luego, a principios de abril, un viaje de una semana le conduciría finalmente al campo de concentración de Flossenbürg, y allí, bajo las órdenes directas de Hitler, temprano en la mañana del 9 de abril de 1945, fue ejecutado en la horca.

◆ ◆ ◆

La mayoría de la gente, al enterarse de la muerte de Bonhoeffer, lo consideraron un final triste y trágico. Y, por supuesto, en gran medida fue precisamente eso. La idea de que aquel hombre profundamente bueno y brillante, de treinta y nueve años de edad, comprometido con una joven y bella mujer, fuese ejecutado solo tres semanas antes del final de la guerra no es sino trágica y triste. Pero si nos detenemos ahí, nos perdemos una realidad más grande e importante. Nos perdemos exactamente que Bonhoeffer vivió toda su vida para ilustrar y para lo que más deseaba desesperadamente, que cada uno de nosotros nos diéramos cuenta de que todo el que paga un precio o sufre por obedecer la voluntad de Dios es digno de nuestra celebración, no de nuestra compasión. Y si alguien va a morir como resultado de la obediencia a la voluntad de Dios, esto es aun más cierto.

Las creencias de Bonhoeffer sobre el tema de la muerte, en general, nos ayudan a entender cómo veía su propia muerte. Casi no hay que especular, sin embargo, puesto que escribió y pronunció un sermón sobre la muerte en 1933. En aquel sermón dijo: «Nadie ha creído en Dios y en el Reino de Dios, nadie ha oído hablar del reino de los resucitados, y no ha sido nostalgia de esa hora... esperando y con ganas de ser libre de la existencia corporal». Y continuó:

> ¿Cómo sabemos que la muerte es tan terrible? ¿Quién sabe si en el miedo y la angustia humana solo estamos temblando y estremeciéndonos ante el evento más glorioso y celestialmente bendecido del mundo? La muerte es el infierno y la noche y el frío si no es

transformada por nuestra fe. Pero eso es precisamente lo que lo hace tan maravilloso, que podemos transformar la muerte.[9]

En un poema escrito el último año de su vida, probablemente sabiendo que la muerte le esperaba, Bonhoeffer llama a la muerte «la última estación en el camino hacia la libertad».[10] Como cristiano devoto, Bonhoeffer adoraba a un Dios que había conquistado tajantemente a la muerte en Jesucristo a través de la crucifixión y la resurrección. La comprensión de este hecho, con sus implicaciones históricas y teológicas de largo alcance, está inevitablemente en el núcleo de la fe cristiana, y él hizo todo lo posible para comunicar esto.

En su sermón de 1933, Bonhoeffer exhortó a sus oyentes a considerar esta idea, y en el poema que escribió en 1944 lo hizo de nuevo. Para él, el conocimiento de que el Dios de la Biblia en realidad había venido a la tierra y había vencido a la muerte lo cambió todo. Esto le dio a Bonhoeffer el valor para hacer todo lo que hizo en vida, y le dio el coraje para enfrentarse a su propia muerte sin miedo ni temor. Según los testigos, Bonhoeffer enfrentó el peligro y la horca con una profunda paz. Lo que escribió y dijo, y cómo vivió y murió, nos alienta e inspira para hacer frente a nuestras propias vidas y al mal que nos rodea, incluyendo el espectro de la muerte, con la misma fe profunda y valentía.

◆ ◆ ◆

El día que Bonhoeffer fue ejecutado, el crematorio en Flossenbürg se averió. Así que Bonhoeffer compartió el destino de los innumerables judíos que recientemente habían sido asesinados como él lo había sido: su cuerpo fue arrojado en una pila y quemado. Pero parece claro que, para Bonhoeffer, dar su vida por los judíos fue un honor. El Dios de los judíos le había llamado a dar su vida por los judíos. Por lo que también habría sido un honor que su cuerpo fuera eliminado de esta manera. Sus cenizas se mezclaron con las de los judíos que habían muerto allí antes que él.

Bonhoeffer creía realmente que obedecer a Dios, incluso hasta la muerte, era la única manera de vivir. Y la única manera de derrotar el mal. En su famoso libro *The Cost of Discipleship* escribió: «Cuando Cristo llama a un hombre, le ordena venir y morir».[11] Esta fue una vida de fe en el Dios de las Escrituras. Aceptar al Dios de las Escrituras es morir a uno mismo, abrazar la vida eterna en lugar de la nuestra y desterrar a partir de ahora todo el miedo a la muerte. Para Bonhoeffer, esta fue la única manera de vivir.

CINCO
Jackie Robinson
1919–1972

Prácticamente cualquier niño de Estados Unidos es un fanático del béisbol, y yo no fui una excepción. Crecí a poco más de un kilómetro del Shea Stadium y fui a mi primer partido de los Mets de Nueva York en 1970, cuando tenía siete años.

Muchos fans de los Dodgers de Brooklyn estaban buscando un club de béisbol que seguir después de que los Dodgers abandonasen Brooklyn por Los Ángeles. Muchos de ellos se convirtieron en fanáticos de los Mets.

No muy lejos del Shea Stadium está la autopista Jackie Robinson, llamada así por el gran jugador que rompió el prejuicio del color en la liga mayor de béisbol, así que desde muy joven supe de Jackie Robinson. Pero ¿qué es lo que realmente sabía acerca de él? No mucho más allá de lo básico. Pero en 1998, cuando trabajaba para Chuck Colson, mi colega Roberto Rivera me dijo que Robinson era cristiano, y me recomendó una nueva biografía. Descubrí no solo que Robinson era cristiano, sino también que su fe cristiana se encontraba en el mismo centro de su decisión de aceptar la invitación de Branch Rickey para jugar con los Dodgers de Brooklyn, equipo solo para blancos. También descubrí que el propio Branch Rickey fue un metodista devoto cuya fe le llevó a buscar un jugador de béisbol afroamericano para romper el prejuicio del color.

¿Cómo no había oído antes nada de esto? ¿Cómo es que nadie parecía conocer este relato, que sitúa a dos hombres de apasionada fe cristiana en el centro de una de las historias más importantes sobre los derechos civiles en Estados Unidos?

La historia de Jackie Roosevelt Robinson comienza el 31 de enero de 1919. Nació en Cairo, Georgia, y fue el quinto vástago de la hija de un exesclavo. La madre de Robinson, Mallie Robinson, admiraba al expresidente Teddy Roosevelt, considerándole un gran líder, un cristiano devoto y un feroz oponente al racismo, así que nombró a su hijo por él. La madre de Jackie y su padre, Jerry Robinson, eran aparceros en una plantación propiedad de James Sasser, un granjero blanco, en una época en que la segregación gobernaba el sur.

Pero el matrimonio de los padres de Jackie no iba bien cuando nació, y su padre abandonó a la familia unos meses más tarde. Mallie sabía que no había futuro para sus hijos en el sur, y en secreto comenzó a ahorrar dinero para mudarse con sus cinco hijos y otros miembros de la familia a Pasadena, California. Lo hizo en secreto porque los sureños blancos a menudo trataban de evitar que los negros, que eran una fuente barata de mano de obra, se fueran. El viaje a través del continente, en un tren segregado, llevó nueve largos días.

Mallie encontró trabajo como empleada doméstica para una familia blanca, y trabajó duro para enseñar a sus hijos el valor de «la familia, la educación, el optimismo, la autodisciplina y, sobre todo, Dios».[1] Ella se encargó de que sus hijos fueran a la iglesia los domingos y les enseñó el valor de la oración.

Los años de infancia de Jackie no fueron fáciles. La familia era pobre, su madre se pasaba fuera todo el día trabajando y a veces no había suficiente para comer. Cuando era niño, Jackie ayudaba a la familia cortando el césped y vendiendo perritos calientes en los partidos. Los hostiles vecinos blancos de Pasadena trataron de comprar la casa de los Robinson para echarlos y una vez incluso quemaron una cruz en su patio. Pero la dignidad de Mallie Robinson, su amabilidad y su duro trabajo finalmente los convencieron. Una vez, cuando Jackie y algunos amigos se vengaron de los insultos raciales de un blanco echando alquitrán en su césped, Mallie obligó a Jackie a reparar el daño, supervisando las reparaciones ella misma. Mallie creía en lo que enseñaba la Biblia, y la Biblia enseñaba que los cristianos han de bendecir a los que les persiguen.

El extraordinario talento atlético de Jackie y su feroz competitividad se hicieron evidentes desde una edad temprana. En la escuela técnica secundaria John Muir, donde había deportes como béisbol, baloncesto, fútbol, atletismo o tenis, Jackie sobresalió, destacando en cuatro deportes. A los diecisiete años participó en el torneo de tenis Pacific Coast Negro, ganando el campeonato individual masculino juvenil.

Pero el hermano mayor de Jackie, Mack, era una estrella aun mayor. Era un corredor tan dotado que Estados Unidos le envió a los Juegos Olímpicos de Berlín de 1936, donde ganó la medalla de plata, ¡justo detrás de su compañero de equipo Jesse Owens! Pero al volver a casa, el triunfante héroe nacional solo pudo encontrar trabajo como barrendero. Sin duda, el gran país cuya Declaración de Independencia reza que «todos los hombres son creados iguales» estaba todavía muy lejos de cualquier apariencia de verdadera igualdad racial.

◆ ◆ ◆

Cuando Jackie se matriculó en el Pasadena Junior College (PJC) en 1937, su fama local como atleta creció. Una vez más, jugó al fútbol como *quarterback*. En su participación en pruebas de atletismo, Jackie incluso superó el famoso récord escolar de su hermano en salto de longitud.

En primavera, se sintió atraído por el béisbol. Después de llegar al equipo, Jackie, que jugaba como torpedero y era bateador líder del equipo, se hizo un nombre robando bases.

Para cuando abandonó el PJC, Jackie había acumulado innumerables honores. Él y otros dos estudiantes negros fueron los primeros estudiantes de color en ser elegidos para una organización de servicio a la escuela llamada The Lancers. Jackie fue elegido, por los clubes Kiwanis de California del Sur, para el equipo universitario de béisbol All-Southland Junior. En 1938, también se convirtió en el Jugador Más Valioso del Año del Pasadena Junior College.

Pero el racismo continuaba levantando su repugnante cabeza en aquellos años de la depresión. Los restaurantes y los hoteles solían negarse a servir a Jackie y a sus compañeros negros. Una y otra vez Jackie tuvo que soportar estas humillaciones e injusticias, y con frecuencia se esforzó por controlar su temperamento.

El 25 de enero de 1938 Jackie fue arrestado. Aquella noche, él y un amigo, Jonathan Nolan, venían caminando del cine cuando Nolan de repente se puso a cantar «Flat Foot Floogie [Prostituta de pies planos]». En aquellos días, «pies planos» era un término poco halagador para los policías, puesto que la mayoría de ellos se pasaban el día en las calles. Un policía escuchó por casualidad su canturreo y decidió tomárselo como una ofensa; intercambiaron unas palabras y Jackie terminó pasando la noche en la cárcel. Un juez lo condenó a diez días, pero como sabía que Jackie era una estrella del fútbol, suspendió la sentencia a condición de que Robinson evitara los enfrentamientos con la policía durante dos años.

Un estudiante del PJC llamado Hank Shatford recordó que la policía «no consideraba a Jack como un agitador. Es solo que Jack no les toleraría nada, y ellos lo sabían».[2]

Un día, Jackie se encontró con un predicador metodista llamado Karl Downs. Downs tenía una tremenda habilidad para inspirar a los jóvenes. Él sabía que Jackie era cristiano, y le enseñó que dar rienda suelta a su ira no era la respuesta cristiana a la injusticia. Pero también explicó que una vida dedicada a Cristo no era sumisa; por el contrario, era heroica. La madre de Jackie le había enseñado lo mismo a su hijo, pero ahora, viniendo de Karl Downs, se le presentó de una manera nueva.

Finalmente Downs llevó a Jackie a una fe más profunda en Jesucristo, y Jackie puso bajo control su mal carácter y su violenta ira contra las injusticias. Empezó a ver que el camino a la justicia sería ganado no con los puños y la furia, sino con el amor y la contención.

Para entonces, Jackie era un jugador de béisbol tan fenomenal que, de haber sido blanco, los clubes de la liga mayor habrían estado peleándose por él. Pero la liga mayor cumplía estrictamente la norma en contra de los jugadores negros en sus equipos. Después de dejar el Pasadena Junior College sin un título, Jackie comenzó a considerar las ofertas universitarias y, en última instancia, se decidió por la UCLA. Estaba seguro de que los entrenadores de la UCLA lo iban a utilizar para jugar en vez de hacerle calentar el banco como un negro simbólico.

Pero una vez en la UCLA, Jackie decidió no jugar a béisbol. Anunció que participaría únicamente en fútbol y atletismo, en parte porque quería concentrarse en sus estudios, y en parte porque esperaba seguir los pasos de su hermano Mack, literal y figuradamente, al ser elegido para el equipo olímpico de Estados Unidos.

Pero en julio de 1939 ocurrió una tragedia. El querido hermano de Jackie, Frank, murió cuando un coche chocó con la motocicleta que conducía. Unas semanas más tarde, llegaron más problemas en forma de un segundo arresto teñido de racismo. Una noche Jackie conducía hacia casa en su Plymouth con sus amigos montando en los estribos, cuando otro coche, conducido por un hombre blanco, se detuvo junto a ellos en un *stop*. Decenas de jóvenes negros le rodearon, esperando a ver qué pasaba, haciendo que el hombre blanco se fuera. Cuando un policía en moto se detuvo, la mayoría de la gente se fue. Pero de pronto el policía apuntó con su arma a Jackie, presionándola en su estómago, y lo acusó de resistencia a la autoridad y de obstaculizar el tráfico. Jackie pasó otra noche en la cárcel, pero se declaró inocente de los cargos. Fue puesto en libertad bajo una fianza de veinticinco dólares.

Cuando los funcionarios de la UCLA se enteraron de la detención se pusieron en acción, pero sobre todo por su propio nombre. En ausencia de Jackie, el juez lo declaró culpable y le impuso una multa de cincuenta dólares, que la UCLA pagó. Jackie recibió sus veinticinco dólares de la fianza, pero estaba molesto por la declaración de culpabilidad y con la publicidad que recibió el caso justo cuando comenzaba una prometedora carrera en la UCLA. Robinson recordó años más tarde que aquella fue su primera experiencia real con la feroz intolerancia.

En el campo, aquel año «Jackrabbit Jackie Robinson» ayudó al equipo de fútbol de la UCLA a ganar partido tras partido. Y en el otoño de 1940, Jackie se encontró a alguien que cambiaría su vida: una estudiante de primero de diecisiete años llamada Rachel Isum. Casi al instante, Jackie supo que iba a casarse con la bella joven estudiante de enfermería, quien compartía sus fuertes creencias religiosas. El baile de bienvenida de la UCLA se celebró aquel año en el Hotel Baltimore de Los Ángeles. Jackie invitó a Rachel, y esa noche bailaron canciones como «Stardust» y «Mood Indigo».

Mientras él y Rachel se iban conociendo más, Jackie continuó con su histórica y llamativa escalada en el deporte universitario. Se convirtió en el primer atleta de la UCLA en destacar en cuatro deportes: fútbol, béisbol, baloncesto y atletismo. En 1940, también ganó la competición de salto de longitud del Campeonato masculino de atletismo al aire libre de la NCAA, con un salto de 7,58 metros. En baloncesto, Jackie ganó el título individual de puntuación de la liga con 133 puntos, a pesar de una lesión en su mano; pero aun así no fue nombrado para el Equipo Ideal de la Liga. El *California Daily Bruin* puso el grito en el cielo en su edición del 5 marzo de 1941 calificando la votación de «muestra de prejuicio flagrante» y de un «error de la justicia». Así era.

Para disgusto de su madre y de Rachel, Jackie dejó la UCLA justo antes de graduarse, con la esperanza de jugar al fútbol profesional. Sin embargo, los equipos profesionales negros ofrecían muy poco dinero. Entonces decidió aceptar un trabajo en Atascadero, California, como director de deportes de la Administración Nacional de la Juventud. Pero cuando se hizo cada vez más claro que Estados Unidos probablemente se uniría a la guerra en Europa, los adolescentes fueron enviados a sus casas, y el trabajo se desvaneció.

◆ ◆ ◆

Jackie se unió entonces a los Osos de Honolulu, un equipo semiprofesional en la liga sénior de fútbol de Hawaii. El acuerdo incluía asimismo trabajos de construcción, por los que Jackie estaba agradecido, ya que él estaba ansioso por ayudar a su madre económicamente. Jackie jugó un fútbol brillante, como siempre había hecho, pero se desencantó con el equipo. También echaba de menos a su familia. El 5 de diciembre de 1941 salió de Hawaii para casa a bordo del *Lurline*. Se fue justo a tiempo. Dos días más tarde, cuando el barco navegaba hacia California, los japoneses atacaron Pearl Harbor. Jackie no estaba al tanto del ataque y se preguntó por qué la tripulación del buque comenzó a pintar las ventanas de negro. El barco, les dijeron a los pasajeros, haría todo lo posible para evitar los submarinos enemigos.

Mientras que la guerra era una mala noticia en general, en algunos casos ofrecía nuevas oportunidades de empleo. Por ejemplo, muchos afroamericanos fueron repentinamente contratados en las industrias de defensa que antes les estaban vedadas. Jackie encontró un trabajo en Lockheed Aircraft en Burbank, cerca de la casa de su madre.

Pero el trabajo no duró mucho. En marzo de 1942, Jackie recibió la «Orden de informe para instrucción», y viajó al este hasta Kansas para el entrenamiento básico en Fort Riley. Jackie Roosevelt Robinson era ahora un miembro del ejército segregado del Tío Sam. A pesar de convertirse en un experto tirador y superar las pruebas para la Escuela de Candidatos a Oficiales, Jackie fue rechazado para la formación de oficiales. En cambio, el ejército lo puso en una unidad de caballería segregada donde trabajó como mozo de cuadra al cuidado de los caballos.

Robinson estaba furioso, pero la historia no terminó ahí. Dio la casualidad de que el campeón de boxeo de peso pesado del mundo, el mismísimo Joe Louis, también fue destinado en Fort Riley. El mundialmente famoso boxeador se había alistado como soldado para ayudar a su país y elevar la moral. Robinson descargó sus frustraciones con Louis, quien decidió utilizar sus contactos para mejorar la situación del joven. Louis contactó con alguien a quien conocía en la Casa Blanca, quien a su vez contactó con otra persona, y Robinson recibió inmediatamente la orden de oficial.

Jackie fue nombrado oficial de la moral de los soldados negros en Fort Hood, donde una vez más se enfrentó a los límites de la segregación. Por ejemplo, cuando los soldados negros se quejaban de los pocos taburetes que quedaban para ellos en el puesto de la fuente de soda, estudió la cuestión, descubriendo que solo había cuatro para los negros, a lo largo del lado de la fuente que bordeaba la parrilla, en comparación con los doce para los soldados blancos en la parte delantera. Los soldados negros y sus familias tenían que esperar hasta una hora para ser atendidos, incluso cuando los asientos para los blancos estaban vacíos.

Jackie llamó al mayor Hafner para sugerir que el número de asientos para los negros se elevara a seis. Hafner, quien creyó que trataba con un oficial blanco, se opuso; dar a los soldados negros acceso a los asientos de la parte delantera abría la posibilidad de que uno de ellos pudiera sentarse al lado de un soldado blanco o de su esposa.

«Teniente Robinson —dijo el mayor Hafner—. Déjeme explicarlo de esta manera: ¿le gustaría que su esposa tuviera que sentarse al lado de un negro?».[3]

Robinson explotó por teléfono: «¡Soy un oficial negro!» declaró, agregando algunos epítetos para hacer énfasis. Poco después, los negros que visitaban el dispensador de soda encontraron dos asientos adicionales esperándoles.

El racismo también se hizo presente en el atletismo del ejército. Jackie se presentó al equipo de béisbol de Fort Hood solo para que le dijeran que tendría que solicitar el ingreso al inexistente equipo de color. Un enfurecido Jackie abandonó el campo. Anteriormente, en Fort Riley, había sido invitado a formar parte del equipo de fútbol solo para ser enviado a casa de permiso justo antes de un partido contra la Universidad de Missouri, la que, como Jackie supo más tarde, se negaba a jugar contra cualquier equipo que incluyera a jugadores negros. Un enojado Jackie renunció inmediatamente al equipo. (Pero se le permitió jugar al ping-pong, ¡y en 1943 se convirtió en campeón del Ejército de Estados Unidos!)

Estas experiencias fueron menores en comparación con lo que el ejército tenía reservado para Jackie en 1944. Aquel junio, Robinson viajó fuera de la base para una estancia en el hospital de McCloskey en Temple, Texas, para que pudieran examinarle el tobillo. Se había lesionado durante sus años de jugador de fútbol americano universitario, y los médicos estaban tratando de determinar si estaba en condiciones de ser enviado al extranjero con su unidad... si no para el combate, al menos como oficial moral.

El 6 de julio, después de pasar un tiempo en el club de oficiales negros, Jackie subió a bordo de un autobús de Fort Hood para volver al hospital. Se dirigía a la parte trasera del autobús cuando Jackie vio a Virginia Jones, la mujer de piel clara de un compañero oficial de Fort Hood llamado Gordon Jones. Estaba sentada a cuatro filas desde la parte posterior.

Unas manzanas después, el conductor se dio cuenta de que Jackie no estaba sentado en la parte trasera del autobús y que, además, estaba sentado junto a una mujer que parecía blanca. Cuando le ordenó: «Tienes que ir detrás, muchacho», Jackie se negó.

El conductor detuvo el autobús y lo intentó de nuevo. Afirmó que la ley estatal prohibía dejar a un hombre negro sentarse en cualquier lugar que no fuera la parte de atrás del autobús, lo que Jackie consideraba una tontería; el ejército prohibía la segregación en los autobuses militares. Jackie podía sentarse en cualquier lugar que quisiera. El conductor le dijo enfadado a Robinson que iba a crearle problemas cuando llegaran a la base militar. El biógrafo Scott Simon escribe: «Hubo voces blancas que empezaron a clamar, algunas diciendo a Robinson que se moviera, otras pidiendo al conductor que siguiera adelante, que dejara al joven, que tenían prisa, que se limitara a conducir y que ya llamaría a la policía cuando se detuvieran en la estación de autobuses».[4]

Entre los pasajeros blancos que montaban alboroto estaba una empleada de la cocina de la base militar que informó airadamente a Robinson que tenía intención de presentar cargos en su contra. El conductor le pidió a Jackie su tarjeta de identificación, que Robinson se negó a proporcionar. El conductor le dijo a los otros pasajeros que «este negrata» estaba causando problemas y, finalmente, se llamó a la policía militar.

Cuando llegaron, se llevaron a Jackie a la sala de guardia, donde se involucró en varios enfrentamientos agrios con el oficial de día y el comandante de la policía militar, Gerald Bear. Bear declaró: «La actitud del teniente Robinson, en general, fue irrespetuosa e impertinente con sus superiores, y muy impropia de un oficial en presencia de soldados de tropa».[5]

Jackie se opuso a esta caracterización de su comportamiento, pero en última instancia, fue puesto bajo arresto en el cuartel y conducido de nuevo al hospital. Allí, un amable médico blanco instó a Jackie a que se sometiera a un análisis de sangre, ya que había oído por casualidad un plan para acusar a Jackie de estar borracho y de comportamiento desordenado. No es de extrañar, puesto que Jackie era abstemio, que la prueba saliera negativa.

Cuando Jackie le contó a su oficial superior, el teniente coronel Paul Bates, sobre el incidente, descubrió que Bear estaba planeando un consejo de guerra. Dado que el coronel Bates se negó a secundar este plan, Jackie fue trasladado al Batallón de Tanques 758a, donde un comandante más complaciente acordó procesar a Robinson.

Después de su detención, al no confiar en que los abogados militares le representarían adecuadamente, Jackie recurrió a la National Association for the Advancement of Colored People [Asociación

Nacional para el Progreso de las Personas de Color] (NAACP, por sus siglas en inglés) en busca de ayuda. Pero la organización se negó a asistirle en el juicio. Al final, Jackie pidió que el teniente Robert Johnson ejerciera como su abogado individual, y más tarde dijo que Johnson «hizo un gran trabajo representándome».[6]

Jackie fue acusado de «falta de respeto hacia el capitán Gerald M. Bear, CMP, su oficial superior», y de «desobediencia voluntaria del mando de Gerald M. Bear, CMP, su superior».[7]

La estrategia de la defensa fue «tratar de demostrar que Robinson no se había insubordinado frente al capitán Bear, sino que Bear entendió todo el asunto mal», escribe el biógrafo Arnold Rampersad.[8] La estrategia —que reveló, entre otras cosas, la cantidad de veces que Robinson tuvo que escucharse a sí mismo descrito como un «negrata»— funcionó. Varios testigos aparecieron para defender a Jackie, incluyendo al coronel Bates, quien dijo al jurado que Robinson no solo era un soldado excepcional, sino que también era muy respetado por los soldados de tropa con los que trabajaba. Al final, un aliviado Jackie fue declarado inocente de todos los cargos por un jurado compuesto por blancos.

La profunda fe religiosa de Jackie le ayudó a superar esta última crisis. Estas experiencias difíciles pueden haber sido la forma de entrenar a Jackie para lo que Dios había planeado para él después. Eran, en efecto, los entrenamientos espirituales de los episodios más difíciles que Jackie enfrentaría en un futuro no muy lejano.

Jackie se retiró con honores del Ejército de Estados Unidos el 27 de noviembre de 1944. Para entonces, él y Rachel estaban comprometidos, pero con Jackie sin trabajo, el matrimonio tendría que esperar.

Aunque no era en absoluto partidario de la segregación de ninguna clase, y mucho menos en el deporte, Jackie aceptó una oferta para jugar por los Monarchs de Kansas City, un equipo de la Liga Nacional Negra. También recibió una oferta de su viejo amigo Karl Downs, ahora presidente del Samuel Huston College en Austin, Texas. Downs invitó a Jackie a enseñar educación física en la universidad y Jackie aceptó, mejorando notablemente el programa atlético de la universidad y convirtiéndose en una figura popular entre los estudiantes.

Mientras pensaba en su futuro con Rachel y consideraba lo que podría deparar el futuro para ellos, Jackie nunca podría haber soñado con algo más cercano a la realidad de lo que estaba a punto de ocurrir. Su vida estaba a punto de cambiar drásticamente. Una polémica estaba en su apogeo en las páginas deportivas de todo el país acerca de si las Grandes Ligas de béisbol debían integrarse. Y lejos de Jackie, en la lejana ciudad de la costa este de Nueva York, en el barrio de Brooklyn, se estaba gestando una idea que le catapultaría a la conciencia nacional... y a la historia de Estados Unidos.

Todo comenzó con una figura extravagante de sesenta y cuatro años llamada Branch Rickey. Rickey era el director general de los legendarios Dodgers de Brooklyn. Era un innovador enérgico e implacable cuyas ideas ya habían cambiado el béisbol en muchos aspectos que ahora damos por sentado, incluyendo el uso del casco para batear, las áreas de bateo, las máquinas de lanzamiento y el análisis estadístico. A Rickey incluso se le atribuye la invención del sistema de reservas de las ligas menores y la creación del primer centro de alto rendimiento. Pero lo que haría a continuación eclipsaría todas estas cosas. Porque, en lo que se refiere a Branch Rickey, el deporte nacional tenía que integrarse. Y pensó que él era el único que lograría la integración. Las únicas preguntas eran: ¿cómo debería actuar y quién debería ser el primer jugador negro?

Rickey, un devoto cristiano que se negaba a jugar o asistir a los partidos los domingos, sabía que tendría que ser muy cuidadoso a medida que avanzaba. Otros dueños de equipos de béisbol y administradores estarían totalmente en contra de la idea de la integración en el béisbol, al igual que muchos jugadores. Pero la profunda fe cristiana de Rickey le decía que se debe luchar contra la injusticia dondequiera que se encuentre. A su juicio, las leyes de Jim Crow de excluir a los jugadores negros de béisbol eran intolerablemente injustas. Rickey consideraba que sus experiencias pasadas y su posición en el juego lo habían situado para hacer algo profundamente importante en este deporte. En efecto, vio en todo esto «la oportunidad de intervenir en la historia moral de la nación, como Lincoln había hecho».[9]

Rickey se tomó en serio el mandato de Jesús de que fuéramos «astutos como serpientes». Entonces, discretamente, envió a observadores a los juegos de la Liga Negra. Para disimular sus intenciones, Rickey anunció que tenía previsto iniciar un nuevo equipo de negros que se denominaría Brown Dodgers de Brooklyn. ¿Quién podía discutir eso?

Después de revisar los informes, la atención de Rickey se centró en un jugador en particular, entonces en los Monarchs de Kansas City. Según el biógrafo Scott Simon, Rickey creía que Jackie Robinson tenía todo lo que estaba buscando: Robinson «podía correr, golpear con fuerza y atrapar y devolver con gracia. Podía robar bases y batear suavemente con inteligencia, y destacaba en los aspectos mentales del juego. Era un hombre de universidad, un veterano, un atleta de calibre mundial y un hombre moreno, guapo, de hombros anchos con una sonrisa tímida».[10]

Y lo que tal vez era más importante: Rickey vio que Robinson tenía mucha experiencia jugando con blancos y que, como él, era un cristiano serio que se apoyaba en la Biblia, con un carácter moral fuerte. En la lucha que tenía por delante, estas características serían cruciales. Sentía firmemente que si la persona que elegía para esta tarea extraordinaria podía ser incitada a decir algo equivocado o aparecer de alguna manera menos noble y digna, la prensa tendría barra libre y todo el proyecto se echaría a perder. Lo que era peor, si eso llegara a suceder, la idea de la integración en el béisbol probablemente se retrasaría unos diez o quince años. Rickey tenía que estar seguro de que estaba eligiendo a alguien que entendiese la tremenda importancia de no contraatacar, a pesar de lo que escuchara, y escucharía de todo. Pero al final, sintió que había encontrado al hombre para el trabajo. Ya era hora de conocer a Jackie Robinson.

Por eso, en agosto de 1945, menos de tres semanas después de la explosión de las bombas atómicas sobre Hiroshima y Nagasaki que puso fin a la guerra de Estados Unidos con Japón, Clyde Sukeforth tomó un tren a Chicago para hablar con Jackie, que estaba jugando con los Monarchs en el estadio de Comiskey. Inclinado sobre la barandilla de la tercera base, Sukeforth llamó a Robinson. Dijo que estaba allí en nombre de Branch Rickey, que empezaba un nuevo equipo, el Brown Dodgers de Brooklyn. Sukeforth le pidió a Jackie que lanzara unas cuantas bolas para poder evaluar la fuerza de su brazo. Para Jackie, todo parecía un poco extraño y misterioso.

«¿Por qué se interesa el Sr. Rickey en mi brazo? —preguntó—. ¿Por qué está interesado en *mí*?».[11]

La críptica respuesta de Sukeforth solo profundizó el misterio: le dijo a Robinson que se reuniera con él después del partido en el Hotel Stevens. Cuando Jackie llegó, lanzó más preguntas a Sukeforth. El cazatalentos no podía decir mucho, después de todo, estaba en una misión secreta, pero sus respuestas fueron suficientes para convencer a Jackie de aceptar un acuerdo para acompañarle a Nueva York y encontrarse con Branch Rickey.

Pocos días después, el 28 de agosto, Sukeforth y Jackie se reunieron en la sede de los Brooklyn Dodgers en Montague Street, Brooklyn Heights. Aunque lejos de las leyes de Jim Crow del sur, todavía había un ascensor solo para blancos en el edificio. Sukeforth le deslizó al ascensorista la suma nada desdeñable de dos dólares para que mirara hacia otro lado y que él y Jackie pudieran subir juntos al cuarto piso, a la oficina de Rickey. Jackie estaba a punto de conocer al hombre que no solo cambiaría su vida, sino que también llegaría a ser como un padre para él.

Según Sukeforth, el ambiente de la habitación cuando Rickey y Robinson se reunieron fue eléctrico. Al principio Rickey y Jackie se quedaron mirándose el uno al otro. Rickey le miraba porque sabía lo que estaba en juego y por el momento potencialmente histórico. El joven que tenía ante sí bien podía convertirse en una figura histórica, y esta escena podría ser escrita en los libros futuros. Por su parte, Jackie no tenía ni idea de lo que estaba pasando o de por qué Rickey le estaba mirando. Y como Jackie no estaba dispuesto a ser mirado sin más, le devolvió la mirada. Lo que vio fue a un hombre regordete con gafas y cejas tupidas, una pajarita y un cigarro. Le siguió mirando.

Entonces, de repente Rickey le preguntó a Jackie si tenía novia. Era una manera extraña de empezar la conversación, pensó Jackie, pero a fin de cuentas todo el asunto había sido extraño desde el principio. Rickey dejó claro que Jackie podría tener que enfrentarse a verdaderos desafíos más adelante, y el amor de una buena mujer, de una buena esposa, sería muy importante. Jackie seguía sin entender, y su rostro así lo mostraba.

—¿Sabes por qué te han traído aquí? —preguntó Rickey a Robinson.

—Claro —respondió Robinson—, para jugar en el nuevo equipo de los Brown Dodgers de Brooklyn.

—No —dijo Rickey—. No es por eso. Fuiste traído aquí, Jackie, para jugar en la organización de Brooklyn. Tal vez en los Montreal, para empezar, y...

—¿Yo? ¿Jugar en los Montreal? —Jackie se quedó atónito. Las implicaciones eran imposibles de digerir en tan poco tiempo.

—Si puedes hacerlo, sí. Más tarde, también si puedes... tendrás una oportunidad con los Dodgers de Brooklyn.

Lo que Rickey decía parecía imposible. Jackie se quedó sin habla.

Rickey continuó desgranando su antigua fantasía:

—¡Quiero ganar el campeonato y necesitamos jugadores! —rugió, golpeando su escritorio—. ¿Crees que puedes hacerlo?

Hubo una larga pausa mientras Jackie se lo pensaba. Por último, respondió:

—Sí.

Cuando Rickey le preguntó a Jackie si estaba a la altura, no estaba hablando solo de jugar a buen béisbol. Sabía que Jackie podía hacer eso. Lo que quería decir, explicó, era que si Jackie se convertía en el primer jugador negro de la liga mayor de béisbol, tendría delante una gran cantidad de abusos, tanto verbales como físicos.

Jackie dijo que estaba seguro de poder hacer frente a lo que se le presentara. Él no le tenía miedo a nadie y había estado en todo tipo de peleas en los últimos años, cuando alguien lo había desafiado.

Pero Rickey tenía otra cosa en mente.

—Sé que eres un buen jugador de béisbol —dijo Rickey—. Lo que no sé es si tienes agallas—. Rickey sabía que quería decir algo radicalmente diferente a lo que estaba pensando Robinson, por lo que continuó—: Estoy buscando —dijo Rickey— a un jugador de béisbol con las agallas suficientes *para no contraatacar.*[12]

Aquel fue un giro inesperado, por decirlo suavemente.

Rickey planteó luego una serie de situaciones para expresar lo que quería decir, como una especie de examen sorpresa final. El biógrafo Arnold Rampersad escribió:

> Rickey se quitó el abrigo y representó una serie de situaciones que retrataban ejemplos de segregación racial ofensiva. Ahora era un recepcionista que le negaba groseramente el alojamiento a Jack; ahora un altanero camarero en un restaurante; ahora un tosco conductor de trenes. Se había convertido en un oponente maleducado, recordó Jack, que hablaba mal de «mi carrera y mis padres, en un lenguaje casi insoportable». Ahora era un vengativo corredor, con clavos de rencor destellando bajo el sol, clavándose en la carne negra de Jack: «¿Qué te parece eso, negro?».[13]

Según Rickey, no solo Robinson tendría que tolerar este abuso, sino que tendría que ser casi sobrehumano y comprometerse a que nunca, nunca devolvería el golpe. Esto es lo que ocupaba el corazón de toda la iniciativa. Si Jackie podía prometer eso, entonces él y Rickey podrían hacer que funcionase. Podrían abrir las puertas a otros jugadores negros y cambiar el deporte para siempre.

Jackie sabía que resistir las ganas de luchar realmente requeriría un esfuerzo sobrehumano, pero estaba profundamente conmovido por la visión de Rickey. Pensó en su madre. Pensó en todas las personas de raza negra que merecían que alguien abriera aquel camino para ellos, aunque fuera difícil. Él creía que Dios le había escogido para este noble propósito. Creía que *tenía* que hacerlo... por los niños negros, por su madre, por su mujer, por sí mismo.

Sabiendo que Jackie compartía su fe cristiana y con el deseo de reforzar la dimensión espiritual de aquello en que ambos hombres estaban a punto de embarcarse, Rickey sacó un ejemplar de un libro titulado *Vida de Cristo*, de Giovanni Papini. Fue al pasaje en el que Papini discute el Sermón de la Montaña y se refiere a él como «la más prodigiosa de las enseñanzas revolucionarias [de Jesús]». Ciertamente fue revolucionario. De hecho, parecía imposible. En Mateo 5.38–41, Jesús dijo:

> Oísteis que fue dicho: Ojo por ojo, y diente por diente. Pero yo os digo: No resistáis al que es malo; antes, a cualquiera que te hiera en la mejilla derecha, vuélvele también la otra; y al que quiera ponerte a pleito y quitarte la túnica, déjale también la capa; y a cualquiera que te obligue a llevar carga por una milla, ve con él dos.

Rickey estaba apostando a que Jackie Robinson sabía lo que él sabía: que aunque aquello era de hecho humanamente imposible, con la ayuda de Dios era perfectamente posible. Y Jackie lo sabía. Como cristiano, sabía que si él se comprometía a hacer esto —algo que los dos sentían como la voluntad de Dios—, Dios le daría a Jackie las fuerzas para lograrlo.

Entonces, Jackie Roosevelt Robinson y Branch Rickey se dieron la mano. Y allí, en aquella oficina del cuarto piso en Brooklyn, a la que Jackie había subido montado en un ascensor solo para blancos, bajo un retrato de Abraham Lincoln, se hizo la historia. Fue un día memorable no solo para el béisbol, sino para Estados Unidos.

Jackie estaba vinculado contractualmente a los Dodgers de Brooklyn, pero este hecho tenía que permanecer en secreto por el momento.

Todos los que lo sabían tenían que guardar el secreto si querían que aquel experimento noble y atrevido tuviera éxito.

Dos meses después, el 23 de octubre, en Montreal, Jackie rompió por fin el silencio y conmocionó al mundo con la firma de un contrato para jugar con los Royals de Montreal. Cuando la prensa le asedió con preguntas, Jackie respondió: «Por supuesto, no tengo palabras para expresar lo feliz que estoy de ser el primer miembro de mi raza en el béisbol profesional. Me doy cuenta de lo mucho que significa para mí, para mi raza y para el béisbol. Solo puedo decir que voy a poner todo mi esfuerzo para superarme por todos los medios».[14]

Por su parte, Branch Rickey insistió veladamente en que él simplemente quería ganar títulos. «Si un elefante pudiera jugar de centro campo mejor que ninguno de mis chicos, pondría a jugar al elefante», aseguró.[15]

Algunos, incluido el presidente de los New York Giants, Horace Stoneham, aplaudieron la decisión de Rickey, mientras que otros, también muchos de la prensa, lo atacaron con vehemencia. Pero estaba decidido. La próxima primavera, Jackie Robinson sería el primer jugador negro en lo que había sido el béisbol profesional solo para blancos desde la década de 1880.

En el entrenamiento de aquel invierno, Jackie hizo una arrasadora gira de diez semanas en Venezuela. Antes de empezar a jugar para Montreal en primavera, Jackie haría algo más que era importante y trascendental. Se casaría con Rachel. Viajó a California precisamente para eso, y el 10 de febrero de 1946, los casó el amigo de Jackie, Karl Downs, en una gran boda tradicional en la Iglesia Independiente de Cristo. La pareja fue de luna de miel a San José, pero el viaje de bodas se vio interrumpido por la necesidad de que Jackie comenzara los entrenamientos de primavera en el campo de los Dodgers en Daytona Beach, Florida. Rachel se fue con su nuevo marido y, por primera vez en su vida, fue testigo de las leyes y las actitudes de segregación racial en el intolerante sur. En Nueva Orleans, les echaron de su siguiente vuelo y del posterior sin ninguna explicación. La pareja no pudo encontrar un restaurante en el aeropuerto que les sirviera. Después de pasar la noche en una sucia habitación de hotel, finalmente se les permitió viajar a Pensacola, donde una vez más se les echó de su siguiente avión, evidentemente porque los pasajeros blancos querían sus asientos. Cuando decidieron tomar un autobús a Jacksonville, enviaron a los recién casados a los incómodos asientos de la parte trasera, donde pasaron dieciséis lamentables horas.

«Lo pasé mal unos segundos, decidiendo hasta dónde podía continuar soportando esta humillación», escribió Robinson más tarde.

La pareja fue de nuevo expulsada de su vuelo en Pensacola, lo que enfureció aun más a Robinson. Pero él decidió no montar una escena, porque sabía que solo daría lugar a titulares en los periódicos, e incluso a que posiblemente detuvieran a la pareja. Y ceder a la ira podría haber significado el final de su carrera en la liga mayor, antes incluso de comenzar.

Además, a medida que él y Rachel se preparaban para las duras pruebas que vendrían con el ascenso de Jackie, «convinieron que no tenía derecho a perder los estribos y a poner en peligro las posibilidades de todos los negros que me seguirían si podía ayudar a romper las barreras raciales».[16]

Otro viaje de dieciséis horas en autobús trajo finalmente a la pareja a Daytona.

Pasadas unas complicadas semanas, al final del período de entrenamiento, Robinson fue invitado oficialmente a formar parte del equipo de los Royals, lo que significaba mudarse a Montreal. Jackie y Rachel no tenían ni idea de qué esperar de las actitudes raciales allí, pero pronto descubrieron con gran sorpresa que la gente de habla francesa de su barrio no podía haber sido más amable. Por entonces, Rachel estaba esperando al primer bebé de la pareja: Jackie Roosevelt Robinson Jr., y las mujeres del barrio le daban sus consejos y cupones de racionamiento para poder comprar la comida saludable que necesitaba.

El primer partido de Jackie con el uniforme de los Montreal tuvo lugar el 18 de abril de 1946, en el estadio Roosevelt de Jersey City,

Nueva Jersey. Ese día Jackie rompió oficialmente la legendaria barrera del color en el béisbol profesional. Y su rendimiento deportivo no pudo ser mejor. Jackie consiguió cuatro tantos (incluyendo un *home run* de tres carreras), puntuó cuatro veces y llevó tres carreras. Incluso robó dos bases. Los Royals aplastaron a sus oponentes por 14–1.

Para ser exactos, el talento de Jackie en el campo nunca había sido cuestionado. Mucho más importante era que pudiera mantener su promesa de no responder a la fealdad racial que seguramente asomaría la cabeza en las próximas semanas. Como Rickey había predicho, Jackie se convirtió rápidamente en el blanco regular de perversos apodos e insultos racistas. Pero con la ayuda de Dios, Jackie fue capaz de mantenerse por encima de la disputa y evitar responder de la misma forma, a pesar de la tremenda tentación de hacerlo.

A lo largo de aquel verano, Jackie demostró ser un hombre de un carácter verdaderamente único. Cualquiera que tuviera ojos podía ver que la decisión de no luchar de Jackie contra tanta inmundicia e injusticia era tan heroica como cualquier otra hazaña de la que el mundo del deporte hubiera sido testigo. Y si eso no era suficiente, su rendimiento en el campo continuaba asombrando a sus detractores. Aquella primera temporada fue uno de los mejores jugadores, si no el mejor jugador individual, de la liga menor en fase de integración. Su promedio de bateo fue de .349, récord del equipo, y ganó la corona de bateador de la liga, el primer jugador de Montreal en hacerlo. Con la ayuda de Jackie, aquella temporada los Royals ganaron un centenar de partidos, la mayor cantidad en la historia del equipo, y ganaron el título por unos impresionantes dieciocho partidos y medio. En todos los sentidos, Jackie Robinson había reivindicado magníficamente la decisión histórica de Branch Rickey.

Después de la temporada, Jackie regresó a Los Ángeles para presenciar el nacimiento de su hijo. Esperó durante todo el invierno la llamada que anhelaba que por fin llegase, invitándolo a ir a Brooklyn y, por fin, a las ligas mayores de béisbol.

La llamada llegó temprano el 10 de abril de 1947, de parte de la secretaria de Rickey para Robinson, que se alojaba en un hotel de Manhattan. ¿Podría Jackie acudir inmediatamente a una reunión con Rickey? Todo ocurrió con la velocidad del rayo. Más tarde aquel día, mientras los Dodgers estaban en la sexta entrada de un juego, uno de los ayudantes de Rickey empezó a entregar notas de prensa a los periodistas deportivos en el palco de prensa. Anunciaban que los Dodgers de Brooklyn acababan de comprar el contrato de Jackie Robinson a los Royals de Montreal.

Aquel día, en el vestuario de los Dodgers, le dieron a Jackie un uniforme con el número 42 en la espalda. Se lo puso, posó y sonrió para las fotografías. Al día siguiente, Jackie acudió a Ebbets Field para reunirse con Clyde Sukeforth.

—Robinson, ¿cómo te encuentras hoy?[17]

—Bien —respondió Jackie.

—Vale —dijo Sukeforth—. Entonces juegas hoy la primera base para nosotros contra los Yankees.

«Solo pude tragar saliva», recordó Jackie.

Tristemente, muchos opositores de lo que Robinson y Rickey estaban tratando de lograr se presentaban en los partidos de los Dodgers y expresaban en voz alta sus opiniones. Peor aun, algunos de ellos *jugaban* en los partidos de los Dodgers. Solo doce días después de que ficharan a Jackie, los Dodgers jugaban contra los Philadelphia Phillies en Ebbets Field. Durante el juego, Robinson fue duramente maltratado nada menos que por Ben Chapman, mánager de los Phillies, animando también a varios jugadores para que humillaran a Robinson.

Jackie recordó el dolor muchos años después en su autobiografía. «Partiendo del plato en la primera entrada, apenas podía dar crédito a mis oídos», escribió.

Casi como si se hubiera sincronizado con algún conductor demoníaco, el odio se derramó desde el banquillo de los Phillies.

—Eh, negro, ¿por qué no vuelves a los campos de algodón donde perteneces?

—¡Te están esperando en la selva, negrata!

—¡Eh, copo de nieve! ¿Con cuál de las esposas de los blancos vas a salir esta noche?[18]

El día siguiente fue igual de malo. Fue extremadamente grotesco. De hecho, gran parte de lo que le dijeron fue mucho peor, y es irreproducible aquí. Por supuesto, cuando escuchó todo esto, Jackie estuvo fuertemente tentado a faltar a su palabra a Branch Rickey. Pero contuvo la lengua y su temperamento. En cambio, se acercó estoicamente a la placa sin dignarse siquiera a mirar el banquillo de Philadelphia.

Irónicamente, la oleada de insultos de Chapman tuvo un resultado inesperadamente positivo: enfureció tanto a los compañeros de equipo de Jackie que les puso a todos de parte de Robinson de una vez por todas. Hasta ese momento, varios de los jugadores de los Dodgers habían estado poco interesados en jugar al lado de un negro. Pero lo que vieron aquel día lo cambió todo para siempre. El segundo base Eddie Stanky habló en nombre de todo el equipo cuando le gritó al banquillo contrario: «¡Escuchen, cobardes de barriga amarilla, ¿por qué no le gritan a alguien que pueda devolver la respuesta?».[19]

Branch Rickey estaba encantado con la respuesta del equipo. Las malas intenciones de Chapman habían, dijo, «solidificado y unificado a treinta hombres, ninguno de los cuales estaba dispuesto a sentarse y ver a alguien golpeando a un hombre que tenía las manos atadas a la espalda».[20]

Sin embargo, los abusos continuaron de otras maneras. En la carretera, hoteles y restaurantes se negaban a servir a Jackie, lo que le obligaba a comer y dormir lejos del equipo. Llegaron cartas con amenazas de muerte. Los jugadores de otros equipos daban patadas a Jackie, le pisaban, le golpeaban en la cabeza con los lanzamientos e incluso le atizaban dolorosamente en la pierna con sus clavos, provocándole en una ocasión un corte de quince centímetros en la pierna. A pesar de todo, Jackie mantuvo la calma y su promesa a Rickey. Y mantuvo su confianza en Dios, poniéndose de rodillas todas las noches para orar pidiendo fuerzas.

Esa temporada, Jackie jugó 151 partidos y de alguna manera sobrevivió a todos ellos sin un solo incidente de represalias. Al final de la temporada de 1947, Jackie Robinson se había convertido en uno de los hombres más famosos de Estados Unidos. Y una vez más, su rendimiento en el campo hablaba tan fuerte como ninguna otra cosa. Fue elegido Novato del Año de 1947. Su promedio de bateo fue de .297; había acumulado unos impresionantes 175 tantos y anotado 125 carreras, y hasta había liderado la liga en sacrificios y robo de bases.[21]

Sus números del año siguiente fueron de nuevo espectaculares. Pero el abuso continuó. En un partido en Cincinnati, cuando los espectadores en las gradas gritaban comentarios racistas contra Robinson, su compañero de equipo Pee Wee Reese se acercó a él deliberadamente y le puso el brazo alrededor, como si dijera a los fanáticos de la multitud: «Si están contra él, lo están contra todos nosotros». Fue un momento significativo, y hoy se encuentra representado en una estatua conmemorativa en el KeySpan Park de las ligas menores de Brooklyn.

En 1949, Jackie superó las grandes expectativas de todos al conseguir un promedio de bateo de .342, con 124 carreras iniciadas, 122 carreras anotadas y 37 bases robadas. Incluso empezó en la segunda base durante el All-Star de aquel año. Al final de la temporada, ganó el Premio al jugador más valioso de la Liga Nacional. Cualquier persona que dudara de que aquel hombre era un gran jugador de béisbol tuvo que dejar de lado esas dudas. Y cualquiera que dudara de que podría soportar el torrente de insultos que vino contra él tuvo que hacer lo mismo. Branch Rickey sabía que su difícil y noble experimento había sido un éxito rotundo.

◆ ◆ ◆

En 1948 se invitó a varios jugadores negros a jugar en las ligas mayores, tomando parte de la presión de Jackie. Poco a poco el nivel de invectivas se fue apagando, y Jackie pudo concentrarse en ser simplemente un jugador de béisbol espectacular. Sus estadísticas de 1949 fueron tan impresionantes que los Dodgers elevaron su salario a 35.000 dólares, una gran cantidad en aquella época, el sueldo más alto pagado jamás a cualquier jugador de la franquicia. La fama de Jackie era tal que Count Basie grabó una canción de éxito titulada «Did You See Jackie Robinson Hit That Ball?» [¿Viste a Jackie Robinson batear esa bola?]. Y en 1950, Hollywood produjo el largometraje *The Jackie Robinson Story* [La historia de Jackie Robinson]. Tal como se solía hacer en los *biopics* de la época, Jackie fue contratado para interpretarse a sí mismo en la película.

Las oportunidades de negocios comenzaron a cruzarse en su camino, y Jackie se involucró en muchos grupos de beneficencia, especialmente en aquellos que ayudaban a los niños de ambas razas. Durante los años como jugador de los Dodgers, Robinson comenzó a desafiar a los hoteles y restaurantes que seguían discriminando a los jugadores negros, con el resultado de que un buen número de ellos dejó de aplicar sus políticas segregacionistas.

Y su éxito como jugador de béisbol continuó. En 1950, Robinson lideró la liga en dobles jugadas para una segunda base, y en 1951 lo hizo de nuevo. Aquel año, su excepcional talento como un jugador casi llevó a los Dodgers a la Serie Mundial, pero la aplastante derrota del famoso jonrón «oído en todo el mundo» de Bobby Thompson los llevó fuera de la contienda. Al año siguiente, 1952, Jackie y los Dodgers trajeron la victoria, y el alboroto, a Brooklyn cuando ganaron el título de Liga Nacional, a pesar de que finalmente perdieron en la Serie Mundial contra los Yankees, en siete partidos. En 1953, Jackie bateó en .329 y lideró a Brooklyn hacia otro título de la Liga Nacional, aunque los Dodgers volvieron a perder la Serie Mundial contra los Yankees, esta vez en seis partidos. En 1954, el equipo no ganó el campeonato, pero en 1955, al fin, los Dodgers ganaron el título de nuevo y luego consiguieron la Serie Mundial en siete juegos contra sus rivales del Bronx.

Ganar la Serie Mundial fue el apogeo de Robinson. Pero la edad empezaba a hacer mella en su actuación: su promedio de aquel año cayó a .256.

El año siguiente marcó el décimo aniversario de Jackie como jugador de los Dodgers. También fue el año en que comenzó a mostrar los efectos de una diabetes sin diagnosticar y, al final de la temporada, los Dodgers optaron por cambiarlo a los Giants de Nueva York.

Con treinta y ocho años y el desgate físico de su cuerpo, la leyenda del béisbol ya había decidido que había tenido suficiente, y anunció su retiro del deporte. Incluso antes de que los Dodgers lo cambiaran, había decidido aceptar un trabajo a tiempo completo en la empresa Chock O'Nuts, donde trabajaría como vicepresidente de personal. No llegaría a jugar para los Giants, el rival principal.

En un artículo que escribió para la revista *Look*, Jackie dijo: «Echaré de menos la emoción del béisbol, pero ahora podré pasar más tiempo con mi familia». Sus tres hijos, Jackie, Sharon y David, tendrían ahora «un padre de verdad con el que poder jugar y hablar por la noche y los fines de semana. No tendrán que buscarlo en televisión».[22]

Siempre interesado en ayudar a los pobres, Jackie creó la Jackie Robinson Construction Company, dedicada a la construcción de viviendas para gente de bajos ingresos. Compró regularmente comida para los necesitados, dejando a los bancos de alimentos su distribución. Visitó a niños enfermos en los hospitales e hizo campaña contra el consumo de drogas, contra las que su hijo Jackie había luchado. También se involucró a fondo con el emergente movimiento de derechos civiles, trabajando con Martin Luther King Jr. y viajando al sur profundo, en un esfuerzo por lograr la plena libertad de los descendientes de esclavos. Robinson también se convirtió en el primer analista negro del programa «Major League Baseball Game of the Week» de la ABC, y fue miembro del consejo de la NAACP.

En 1962, el icono de cuarenta y tres años fue elegido para el Salón de la Fama del Béisbol, el primer jugador negro en recibir este honor. Casi increíblemente, habían transcurrido tan solo quince años desde que los negros fueran autorizados a jugar en las grandes ligas. Sin embargo, aquel mismo año, como Robinson comentó tristemente en un ensayo, los estudiantes de la Universidad de Mississippi se amotinaron cuando el afroamericano James Meredith intentó matricularse en la Ole Miss. Empleando una frase de Winston Churchill, la admisión de Jackie en el Salón de la Fama del Béisbol no fue el comienzo del fin de las tóxicas batallas raciales de Estados Unidos, «sino nada más que el fin del comienzo».

◆ ◆ ◆

Poco a poco, de distintas formas, el cuerpo de Jackie comenzó a desfallecer. Sufrió fuertes dolores en las piernas y los pies, el legado de los años dedicados a jugar fútbol, baloncesto y béisbol. Sufrió leves ataques al corazón en 1968 y 1970, y fue diagnosticado de diabetes e hipertensión. Se le rompieron vasos sanguíneos en los ojos, lo que le llevó a la pérdida de gran parte de su visión.

En junio de 1971, el atribulado hijo mayor de Robinson, Jackie Jr., murió en un accidente automovilístico a la edad de veinticuatro años. Los que conocían a Jackie sentían que después de todo lo que había pasado a lo largo de los años, aquel fue el golpe más duro de todos.

El 15 de octubre de 1972, apenas una semana antes de su muerte, Jackie Robinson y su familia se reunieron en el Estadio Riverfront de Cincinnati, donde Jackie hizo el lanzamiento ceremonial en el segundo partido de la Serie Mundial. Mientras decenas de miles de fans de los Pirates y los Reds miraban, el icono del béisbol aceptó gentilmente una placa que señalaba el vigesimoquinto aniversario de su debut con los Dodgers, y luego, con la voz temblando por la emoción, el hombre que había roto la barrera del color en el béisbol dijo: «Me gustaría vivir para ver a un mánager negro, me gustaría vivir para ver el día en que haya un hombre negro como entrenador en la tercera base».[23]

Aún quedaban batallas por los derechos civiles que pelear, pero Jackie no viviría para verlas librar y ganar. La mañana del 24 de octubre de 1972, Rachel estaba preparando el desayuno cuando Jackie corrió desde el dormitorio hasta la cocina. Puso los brazos alrededor de quien fuera su esposa durante veintiséis años y le dijo: «Te quiero», y se desplomó. Murió de un ataque al corazón en una ambulancia de camino al hospital. Solo tenía cincuenta y tres años.

El funeral de Jackie tuvo lugar días después en la Iglesia Riverside de Nueva York ante dos mil quinientos dolientes. Decenas de miles de personas salieron a las calles mientras Jackie era llevado al cementerio de Cypress Hills, donde fue enterrado junto a su hijo homónimo.

Los años transcurridos desde entonces han traído mayor reconocimiento no solo de lo que hizo Jackie Robinson, sino también de quién fue: un hombre de carácter y valentía, dignidad y fe. En 1984, el presidente Ronald Reagan le otorgó póstumamente la Medalla de la Libertad, el honor civil más alto de Estados Unidos. En abril de 1997, el presidente Bill Clinton se unió a cincuenta y cuatro mil aficionados de los Mets en el Shea Stadium para celebrar el quincuagésimo aniversario de la ruptura de la barrera racial en las ligas mayores por parte de Jackie. El nieto de Robinson, Jesse, hizo el lanzamiento ceremonial, y el comisionado de béisbol, Bud Selig, anunció que la liga mayor de béisbol retiraría el número de Robinson. «El número 42 pertenece a Jackie Robinson para siempre», dijo, y la multitud rugió.[24]

En 1999, veintisiete años después de su muerte, Robinson fue nombrado en el Equipo del Siglo de la liga mayor de béisbol.

Por lo general, cuando se considera la vida y la carrera de un jugador de béisbol, tomamos sus estadísticas y las comparamos con las estadísticas de los que lo han precedido. Pero ¿cómo podemos hacer un recuento del logro que fue soportar lo que Jackie Robinson soportó aquellos primeros años? Fue un sacrificio incalculable y heroico que no puede ser contado o entendido según las normas convencionales. Robinson hizo lo que accedió a hacer cuando se reunió aquel día con Branch Rickey, y cambió el juego para siempre. Fue una hazaña singular de tal fuerza moral que todo esfuerzo atlético debe palidecer en comparación. Con la ayuda de Dios, un hombre levantó a todo un pueblo y empujó a toda una nación hacia el futuro.

El 31 de enero de 2019 marcará el centésimo cumpleaños de Jackie Robinson. Seguramente habrá muchos memoriales por todo el mundo. Pero espero que el mundo no olvide el centro de la historia de Jackie Robinson, que cambió Estados Unidos viviendo con éxito, tanto dentro como fuera del campo de béisbol, las palabras revolucionarias y universalmente transformadoras de Jesús:

Oísteis que fue dicho: Ojo por ojo, y diente por diente. Pero yo os digo: No resistáis al que es malo; antes, a cualquiera que te hiera en la mejilla derecha, vuélvele también la otra; y al que quiera ponerte a pleito y quitarte la túnica, déjale también la capa; y a cualquiera que te obligue a llevar carga por una milla, ve con él dos.

Papa Juan Pablo II

1920–2005

El nuevo papa fue el tema principal de todas las noticias la última semana de agosto de 1978. Yo era un muchacho de quince años, a punto de comenzar mi primer año en la escuela secundaria de Danbury, Connecticut. Aunque tenía muchos amigos católicos, me crie en la ortodoxia griega, así que me interesaba bien poco todo lo que tuviera que ver con quién era o no era el papa. Pero era imposible no enterarse de los acontecimientos transcurridos en Roma en aquel momento. Fue una noticia muy importante, y podía entender por qué, ya que había casi mil millones de católicos en todo el mundo.

Además, nunca hubo un nuevo papa. Desde que tengo memoria, el papa siempre había sido el Papa Pablo VI. Esto se daba por sentado, y no pensé que podría cambiar, de la misma manera que la Reina de Inglaterra siempre fue la reina Isabel y, mientras escribo este libro, sigue siendo la misma. No muchas cosas trascienden los ciclos electorales, pero los papas y los monarcas ingleses son dos que sí lo hacen. Así que hasta aquel otoño, cuando las noticias nos inundaron con este cambio monumental, no creía que el cambio fuese posible. Recuerdo que una vez escuché hablar de un papa anterior al Papa Pablo. Su nombre era Juan, pero su papado terminó antes de que yo naciera y, en lo que a mí respecta, bien podría haber sido en la Edad Media. Así que para mí, solo había un papa en el mundo. Y de repente todo cambió.

El nuevo papa, Albino Luciani de Venecia, tomó el nombre del Papa Juan Pablo, y puesto que era el primer papa en dos mil años que tomaba el nombre de Juan Pablo, oficialmente era el Papa Juan Pablo I. Así se quedó. Pero tan pronto como las noticias sobre el nuevo papa disminuían, salieron nuevas noticias de que el papa recién nombrado había muerto. Esto fue el 28 de septiembre, solo treinta y tres días después de que se hubiera convertido en papa. Y así, un mes después de que un papa hubiera muerto y el Colegio Cardenalicio eligiera a un nuevo papa, una vez más, el nuevo papa habrá muerto, y tendría que elegirse a un segundo. Todo era, como mínimo, extraordinario. Una vez más, el mundo centró su atención en lo que ocurría en el Vaticano. De manera que empezabas a esperar que quienquiera que resultara elegido sería razonablemente joven y saludable.

Al final resultó que así fue. El hombre elegido por el Colegio de Cardenales se llamaba Karol Wojtyla y, sorprendentemente, solo tenía cincuenta y ocho años, casi un adolescente para los estándares históricos papales. Lo que es más, se decía que era especialmente joven y atlético para su edad. Y ah, sí, era de Polonia. Para casi todos, la idea de un papa no italiano era un poco sorprendente, casi tan sorprendente como si los cardenales hubieran elegido a un protestante. Habían pasado 456 años desde que el último papa no italiano comenzara su papado. Un holandés, Adriano VI, fue elegido en 1522. Sí, había pasado un tiempo. Para poner las cosas en perspectiva, el Papa Adriano fue contemporáneo aproximado de Cristóbal Colón.

Esta fue una noticia muy grande a muchos niveles. Y había más. Se decía que el nuevo papa hablaba doce idiomas, que había escrito obras de teatro y poesía, y que había estudiado filosofía. Era un ávido deportista, que amaba el fútbol y que hacía senderismo, levantaba pesas, nadaba y corría. ¿Había escuchado bien? ¿Un papa que levantaba pesas y corría? Incluso en la década de 1970, cuando parecía que todo el mundo corría, la idea de un papa haciendo una cosa así era casi impensable.

Por respeto a su efímero predecesor, Juan Pablo I, el nuevo papa escogió el nombre de Juan Pablo II, que en ocasiones llegó a ser abreviado como JP2. Incluso eso parecía joven y contemporáneo. Y cuanto más veía y escuchaba uno de él, más extraordinario le parecía. Había una simpatía, una alegría y un optimismo en aquel hombre que resultaba tremendamente refrescante. ¿Cómo es que su elección pudo de alguna manera conmover aun a los no católicos? ¿Qué había en él que parecía representar esperanza? Era sumamente serio acerca de Dios, pero no llegó a ser tan severo o «religioso» en el sentido negativo. Parecía divertido y lleno de vida.

Sí, la elección del nuevo papa fue una gran noticia en diversos aspectos, incluso para un adolescente no católico.

Pero a medida que pasaban los años me di cuenta de que este papa era algo más aparte de joven y no italiano. Era diferente en muchos aspectos. Antes del atentado contra su vida y de que la enfermedad de Parkinson disminuyese su actividad, era extraordinariamente activo y vigoroso, viajando por el mundo casi constantemente, visitando cerca de 129 países, sonriendo a las multitudes y llevando a un gran número de jóvenes a la fe.

Incluso fue valiente y heroico, viajando a Polonia, donde hizo frente públicamente a los comunistas y alentó el movimiento de Solidaridad, todavía en ciernes. Y no podemos olvidar que un asesino le disparó y casi murió, y más tarde se reunió con el hombre que trató de matarlo y lo perdonó. Todo era como de película.

Entonces, ¿quién fue este hombre de espectacular talento, de pronto ahora el sumo pontífice? ¿Quién fue este personaje heroico que una vez había actuado en obras de teatro, pero que jugaría un papel de liderazgo en el imperioso drama de la vida real de la historia moderna, la batalla entre la libertad y el comunismo?

De todos los grandes hombres de este libro, solo hay uno que ha sido llamado «el Grande». Juan Pablo el Grande. Vamos a ver quién era.

◆ ◆ ◆

E l hombre que se convirtió en el Papa Juan Pablo II nació como Karol Wojtyla el 18 de mayo de 1920 en Wadowice, Polonia. (El nombre de Karol es otra forma del Charles inglés.) El padre del niño, Karol Sr., era un empleado del ejército, y su madre, Emilia, era costurera a tiempo parcial y exprofesora. La familia vivía cerca de la iglesia local y, puesto que ambos padres eran católicos devotos, el pequeño Karol, o Lolek, como le apodaban, estaba allí todos los días.

Lolek era el más joven de los tres hijos del matrimonio. Edmund tenía catorce años, aunque la hermana de Lolek murió antes de que este naciera. La madre de Lolek estuvo bastante enferma durante su infancia, sufriendo de enfermedades del corazón y de los riñones, por lo que la mayor parte de la crianza de los hijos recayó sobre su padre, Karol Sr. En su libro *John Paul II: A Tribute in Words and Pictures* [Juan Pablo II: tributo en palabras y fotografías], Monseñor Virgilio Levi y Christine Allison escriben:

> Los Wojtyla eran como la mayoría de los católicos polacos; su casa contenía símbolos de su fe: crucifijos, una pintura de la Virgen María y agua bendita en un vaso junto a la puerta. Lolek llevaba el escapulario que recibió en la primera comunión diariamente... Pero la fe en el hogar de los Wojtyla era más profunda: estaba encarnada en el corazón humano. El padre de Karol vivió una vida de sencilla humildad cristiana. «Casi todos los recuerdos de la infancia están relacionados con mi padre», escribiría Lolek, años más tarde, ya como papa. «Su solo ejemplo era suficiente para inculcar disciplina y sentido del deber».

La imagen de su padre de rodillas en oración nunca abandonaría a Karol Wojtyla. Y el mundo también solía verlo precisamente en esta posición, ya fuese cuando besaba el suelo al aterrizar en un país extranjero o en el lugar más habitual de oración en San Pedro, en Roma.

Cuando Lolek contaba solo ocho años, su madre murió. Fue el comienzo de una serie de tragedias que caerían sobre el muchacho. Cuatro años más tarde, cuando Lolek tenía doce años, su querido hermano Edmund murió de escarlatina. A pesar de su diferencia de edad, Edmund y Lolek estaban muy unidos, y el joven Lolek fue devastado por la pérdida. Años más tarde escribió: «La muerte de mi madre me causó una profunda impresión... y la de mi hermano quizás aun más debido a las circunstancias dramáticas en que se produjo y porque yo era más maduro».[1] La muerte de su hermano lo obligó a crecer rápidamente, y sin lugar a dudas lo llevó más cerca de Dios. El tranquilo y devoto muchacho se volvió más fervoroso, empleando más tiempo en la iglesia y en la oración.

Lolek tenía una mente brillante y lo hizo muy bien en la escuela. Pero a pesar de su seria devoción a Dios y su implicación en los estudios, fue un adolescente de su época bastante típico. Por un lado, era atlético y un ansioso jugador de fútbol. Durante sus años de escuela secundaria fue un apasionado del teatro: actuaba e incluso dirigía y producía obras de teatro representadas en el Círculo Teatral de Wadowice.

Como mejor alumno de su clase de secundaria, Lolek pronunció un discurso en la ceremonia de graduación. El arzobispo de Cracovia, Adam Sapieha, estuvo presente aquel día como orador principal. El brillante discurso del joven adolescente impresionó tanto al clérigo visitante que aprovechó la oportunidad para preguntar a Karol si estaba considerando asistir a un seminario. Cuando el joven le respondió que no, el arzobispo quedó profundamente decepcionado.

Después de secundaria, Karol se matriculó en la universidad de Jagiellonia, en Cracovia. Fundada en 1364, era una de las universidades más antiguas del mundo, y allí Karol continuó sobresaliendo, estudiando filología y numerosos idiomas. También fue bibliotecario voluntario y participó activamente en el grupo de teatro, como actor y dramaturgo.

A pesar de todas sus actividades, Karol mantuvo su asistencia a la iglesia todos los días, así como sus devocionales. De esta manera era ciertamente atípico respecto a otros alumnos con los que pasó gran parte de su tiempo, y es difícil saber lo que opinaban de su amigo y compañero de clase profundamente cristiano. En su libro *Great Souls: Six Who Changed the Century* [Grandes almas: seis personas que cambiaron el mundo], David Aikman nos dice que «en una ocasión, como una broma de mal gusto, sus compañeros pusieron una nota sobre su escritorio que decía: "Karol Wojtyla, Aprendiz de Santo"».[2]

Durante aquellos años en Polonia, la cultura que rodeaba a Karol estaba en un estado de confusión. Por un lado, el antisemitismo, que ya había llegado a niveles monstruosos en Alemania bajo Hitler, se estaba abriendo paso también en Polonia. Pero la educación de Karol le pondría en grave oposición contra ello. Su ciudad natal, Wadowice, era un tercio judía y las comunidades católica y judía convivían amistosamente. La familia Wojtyla siempre había tenido muchos amigos judíos con los que se entretejían sus vidas. Un íntimo amigo judío de Karol era Jerzy Kluger. De hecho, Kluger y Karol fueron amigos toda la vida. Cuando muchos años después Kluger se estableció en Roma, a una edad adulta, su familia trató a su viejo amigo, que entonces vivía en Roma como el Papa Juan Pablo II, como a uno de los suyos.

A pesar del creciente antisemitismo en Cracovia, el joven Karol defendía a los judíos siempre que podía. Sin embargo, como la mayoría de los polacos, de hecho, como la mayoría de los europeos, no se dio cuenta de la gravedad de la situación cada vez peor, incluso cuando los amigos judíos se vieron obligados a abandonar el país.

A pesar de la crisis, este período representa un momento tranquilo y sobre todo estudioso en la vida de Karol Wojtyla. Sin embargo, esa calma se hizo añicos de manera dramática el 1 de septiembre de 1939, el día que los nazis atacaron Polonia. Durante aquel terrible mes, la Luftwaffe de Hitler convirtió el cielo en un infierno mientras las tropas de las SS asesinaron despiadadamente a soldados polacos y a civiles por igual. En noviembre, el país llamado Polonia había dejado de existir oficialmente y, gracias al pacto Hitler-Stalin, fue ocupado tanto por los nazis como por los soviéticos. Sobre lo que le pasó al pueblo polaco durante esta era se ha escrito mucho, y es uno de los períodos más tristes de la historia de cualquier nación. Millones de polacos serían asesinados en los meses y años venideros. Entre los arrestados y deportados cuando los nazis tomaron el poder había 186 profesores de la universidad de Jagiellonia, que pronto cerró sus puertas.

Tratando por todos los medios de hacer frente a sus circunstancias, Karol encontró trabajo, primero como repartidor y luego como trabajador de una cantera, para mantenerse él y mantener a su padre, que vivía con él en Cracovia. Posteriormente fue trasladado a la planta química de Solvay. A lo largo de aquellos años, Karol mantuvo la mente y el alma alimentadas a través de la lectura, con discusiones religiosas y debates con compañeros de trabajo, participando en actividades teatrales clandestinas y orando. En su magistral biografía, *Witness to Hope*, George Weigel escribe:

> Los compañeros de trabajo... recuerdan a Karol Wojtyla orando de rodillas en la planta de Borek Falecki, sin miedo al ridículo y al parecer capaz de ausentarse del ruido a su alrededor para concentrarse en su conversación con Dios. En su camino a casa... con frecuencia se detenía en la parroquia de Podgorze, dirigida por los sacerdotes redentoristas, para orar o asistir a la misa de la mañana después de terminar el turno de noche. «De aquí —recordó treinta años después—, obtuve las fuerzas para resistir en los tiempos difíciles de los años de la ocupación».[3]

Karol fue enormemente ayudado y guiado durante aquellos años por un hombre humilde llamado Jan Leopold Tyranowski, a quien Karol conoció en su iglesia parroquial. Tyranowski era sastre, no clérigo, pero era un laico profundamente espiritual que participaba en un programa de discipulado llamado el Rosario Viviente, creado para ayudar a los jóvenes polacos a permanecer dedicados a su fe durante los años de guerra. Reuniéndose con los jóvenes, tanto en grupos como individualmente, Tyranowski fue un director espiritual que tuvo un impacto significativo en sus vidas.

Karol siempre recordaría las enseñanzas de Tyranowski sobre el sufrimiento y cómo este nos podía acercar más a Dios. Después de convertirse en papa, recordó al sastre humilde como «uno de esos santos desconocidos, ocultos como una luz maravillosa en la parte inferior de la vida, a una profundidad donde generalmente reina la noche». En él, el joven Karol había visto «la belleza del alma abierta por la gracia».[4]

Los años de ocupación y el trabajo manual que aquello conllevó le enseñaron algo más. «Le condujeron —dice Weigel— a un mundo que nunca había conocido antes, el mundo del obrero industrial».[5] En aquel mundo aprendió nuevas lecciones acerca de la dignidad del trabajo y de los que lo realizaban, lecciones que le serían de utilidad en los próximos años.

Mientras tanto, uno de los mayores golpes estaba a punto de caer sobre el joven Karol. Una noche llegó a casa con la comida y las medicinas de su padre para descubrir que el hombre, de sesenta y dos años, había muerto. El hijo quedó desolado y se pasó toda la noche orando junto al cuerpo de su padre. A pesar de que un amigo había venido a quedarse con él, dijo más tarde de aquella noche: «Nunca me había sentido tan solo».[6] Su madre, su hermano y ahora su padre se habían ido; a la edad de veinte años se sentía solo en el mundo.

Pero, en parte como resultado de estos sufrimientos, una nueva vida comenzó a llamarle. A lo largo de sus veinte años, varios profesores y amigos le sugirieron que su destino podría estar en el sacerdocio, aunque hasta aquel momento nunca había tomado la idea en serio. Ahora empezó a ver que los acontecimientos de su vida lo llevaban irremediablemente en esa dirección, y Karol Wojtyla comenzó a formarse una idea que ocuparía el centro de su vida para las siguientes décadas. Era que la mano de Dios estaba siempre trabajando, y no había tal cosa como la coincidencia, desde luego no en su propia vida. Cada incidente, cada persona que había conocido, todos los talentos que le habían sido dados le estaban ayudando a lo largo del camino que Dios había planeado para él.

Hay que decir que ser un sacerdote en Polonia en aquel tiempo requería una dosis adicional de compromiso. De hecho, era poco menos que una decisión a vida o muerte. El seminario al que Karol comenzaría a asistir tenía que ser mantenido en secreto ante los ocupantes nazis. Cualquier rumor de que alguien se involucrara con este, mucho menos de que asistiera a él, podía enviarle a un campo de concentración o condenarlo a muerte por un pelotón de fusilamiento.

Entre mantener al día su trabajo en la fábrica de productos químicos y su participación teatral, Karol también encontró tiempo para estudiar y asistir a conferencias secretas, ya que los profesores de este seminario clandestino no se atrevían a dar clases reales. A cargo de la formación de Karol estuvo el arzobispo Sapieha, el hombre que había visto su potencial como sacerdote varios años antes.

A pesar de las cuidadosas precauciones tomadas por los seminaristas, la vida de Karol estuvo en peligro dos veces antes del final de la guerra. Un incidente ocurrió por pura casualidad: cuando volvía caminando del trabajo, un día de febrero de 1944, fue golpeado por un camión alemán que excedía su velocidad y le derribó, golpeándose en la cabeza. Tanto una mujer polaca como un oficial alemán se detuvieron para ayudarlo y fue trasladado de urgencia al hospital. Karol sufrió una conmoción cerebral y tuvo que permanecer en el hospital un par de semanas, pero se recuperó por completo, y logró encontrar y darle las gracias a la mujer polaca que le había ayudado.

En agosto de aquel mismo año, se enfrentó a un tipo muy diferente de amenaza. Los ocupantes nazis fueron simultáneamente rechazados por los invasores rusos y enfrentados a los levantamientos polacos. La respuesta nazi a cualquier forma de resistencia local siempre había sido aplastante y brutal, y esta no sería diferente. Llevaron a cabo un registro general de seguridad en Cracovia, reuniendo y llevándose a todos los jóvenes y niños que pudieron encontrar hacia un destino solo imaginable. A medida que se acercaban cada vez más al apartamento, en un sótano que Karol compartía con sus amigos, el joven se postró en el suelo de su habitación y oró.

Los nazis vinieron más y más cerca... y entonces pasaron de largo. Si no vieron la puerta del apartamento o si simplemente se olvidaron de ella, no es posible decirlo, pero el joven seminarista y sus amigos quedaron a salvo.

Después de esta liberación milagrosa, Karol y los otros seis estudiantes del seminario se trasladaron a la residencia episcopal del arzobispo por seguridad. Permanecerían allí hasta el final de la retirada alemana de la ciudad, en 1945.

Cuando la universidad de Jagiellonia fue abierta otra vez, Karol se convirtió en profesor asistente de teología mientras completaba sus estudios para el sacerdocio. Una clase en particular, un estudio de la teología moral del derecho a la vida, tendría un efecto profundo en la filosofía personal de Karol en los próximos años.

◆ ◆ ◆

El 1 de noviembre de 1946 (día de Todos los Santos), Karol Wojtyla fue ordenado. Comenzó la siguiente etapa de su vida, una etapa en la que sin darse cuenta se prepararía para un papel más importante de lo que podría haberse atrevido a imaginar.

Una vez más, Sapieha jugó un papel clave. Había sido ascendido de arzobispo a cardenal a principios de 1946, y envió al joven sacerdote a Roma para trabajar en su doctorado en teología sagrada en la Universidad Pontificia de Santo Tomás de Aquino.

En lo que acabó por resultar un patrón recurrente en su vida, Karol tendría la oportunidad de probar varios estilos de vida a la vez. En la universidad, trabajó duro en su tesis sobre San Juan de la Cruz. En su vida diaria, en Roma, se encontró con un nivel de prosperidad económica sin precedentes en Polonia, aún recuperándose de la guerra y comenzando a experimentar toda la fuerza de la tiranía soviética. Y en sus vacaciones de verano, viajó a Francia y Bélgica con el fin de estudiar el nuevo movimiento de sacerdotes obreros, un movimiento que inspiró al joven estudiante a pronunciar: «La creatividad intelectual católica no transformará la sociedad por sí sola».[7]

En Europa occidental, Karol se dio cuenta por primera vez de que la riqueza material a menudo va de la mano de la pobreza espiritual. En comparación con Polonia y los países tras lo que vendría a llamarse el Telón de Acero, las naciones occidentales eran prósperas, inundadas de bienes materiales. Sin embargo, muchas de sus iglesias estaban vacías. Consciente, una vez en casa, de la crisis económica y espiritual que le rodeaba, desarrolló al mismo tiempo su oposición al comunismo y sus críticas al capitalismo sin trabas.

Cuando regresó a Polonia, en 1948, Karol se convirtió en sacerdote de parroquia, primero en una parroquia rural y luego en una más urbana. Continuó enseñando y estudiando, obtuvo un segundo doctorado, esta vez en filosofía, y continuó escribiendo obras de teatro y poesía, aunque bajo seudónimo. También desarrolló un ministerio para la juventud, marcado por su fuerte empatía y la comprensión de sus necesidades y luchas. David Aikman escribe:

> Karol comenzó a realizar excursiones de senderismo para jóvenes por las montañas y lagos de la región, hablando con ellos al detalle acerca de los desafíos que enfrentaban en sus vidas. Los comunistas no permitían a los sacerdotes llevar a cabo reuniones de la iglesia fuera de sus parroquias, por lo que Karol se desplazaba con *mufti* [vestimenta de civil], con sus jóvenes, hombres y mujeres, que le escuchaban hablar con una franqueza inusual en presencia de un sacerdote sobre las tentaciones sexuales y sobre las luchas del ser espiritual en una sociedad materialista y altamente controlada. Ellos hablaban, bromeaban, cantaban hasta bien entrada la noche alrededor de una fogata, y Karol conducía la misa todas las mañanas.
>
> También llevaba a sus alumnos al teatro, jugaba al ajedrez con ellos y les hizo llevar a sus padres a las funciones organizadas por la iglesia.[8]

En 1960, a la edad de cuarenta años, Karol publicó su primer libro, *Amor y responsabilidad*, que había nacido a partir de su trabajo con los jóvenes, especialmente con parejas comprometidas y recién casados. En él se abordan algunas de las cuestiones más polémicas de la época. Las posiciones de la iglesia católica sobre el matrimonio, la sexualidad y la vida familiar estaban bajo ataque directo del gobierno comunista, y Karol, en su trabajo pastoral, se ocupaba de las consecuencias. El gobierno comunista de Polonia incluso animaba a los jóvenes a tener relaciones sexuales antes del matrimonio, para lograr específicamente que rompieran con la iglesia.

Karol argumentó en su libro que el amor sexual, con el fin de ser todo lo que estaba destinado a ser, debe expresarse en el contexto de la responsabilidad para con Dios y con otra persona. La ética sexual de la iglesia, como lo enmarcaba, era el camino para encontrar la verdadera libertad sexual, ya que nos ayudaba a aprender cómo amar genuinamente a otros en lugar de limitarnos a usarlos para nuestro propio placer. En este libro vemos una expresión temprana de la ética sexual que promovería tan insistente y consistentemente durante su papado.

Sin embargo, expresó esta ética en términos positivos y no negativos. En lugar de recitar una lista de pros y contras, habló de un bien superior, del verdadero amor y la verdadera libertad. Weigel señala aquí un aspecto a menudo pasado por alto en la teología de Wojtyla:

> En lugar de afirmar que la procreación de los hijos o la comunión de los cónyuges era el «fin principal» del matrimonio, la ética sexual de Wojtyla enseñaba que el amor era la norma del matrimonio, un amor en el que tanto las dimensiones de la procreación como la unión de la sexualidad humana alcanzaban su completo valor moral.[9]

Sus años como párroco fueron algunos de los años más importantes y formativos de su vida, y cruciales para el desarrollo de su teología. Pero dejó esa vida atrás cuando sus tareas de enseñanza aumentaron y comenzó a trabajar en su segunda tesis doctoral. Fue entonces cuando aquel sacerdote trabajador, educador y escritor comenzó a destacar frente a personas influyentes dentro de la jerarquía eclesiástica. En 1958, con solo treinta y ocho años, Karol Wojtyla había sido nombrado obispo sufragáneo (subordinado) de Cracovia. Este nombramiento fue el comienzo de un ascenso meteórico en las filas de la iglesia católica... un ascenso que llevaría a un sacerdote en gran medida apolítico a un conflicto imprevisto con las autoridades del gobierno comunista.

Para hacer frente a este conflicto, Wojtyla tuvo que utilizar todas sus habilidades diplomáticas. Aprendió a defender los derechos de la iglesia y promover su presencia en la sociedad polaca a la vez que evitaba un desafío directo a las autoridades políticas. Su enfoque ayudó a explicar por qué ellos no lo consideraron como una amenaza significativa, incluso mientras continuaba aumentando su fama.

Durante este período (1962–1965), se llevó a cabo el histórico y famoso consejo de iglesia que pasaría a ser conocido como Concilio Vaticano II, y Karol Wojtyla comenzó a ser ampliamente conocido por la iglesia en general. Algunos hechos de los que fue un firme defensor en aquel concilio incluyen la promoción de la libertad religiosa para todos, no solo para la iglesia católica, y la absolución del pueblo judío en su conjunto por la crucifixión de Cristo. Sostuvo que «la libertad religiosa... tocaba el corazón del diálogo entre la iglesia y el mundo, porque la libertad religiosa tiene que ver con qué piensa la Iglesia acerca de la condición humana».[10] A pesar de su advertencia contra el posible uso indebido de la libertad, sin embargo, creía que esta tenía un valor crucial y fundamental, un valor que la iglesia debe defender constantemente para todos los seres humanos.

Mientras todo esto sucedía, Wojtyla fue nombrado arzobispo de Cracovia en 1964, y solo tres años después, el Papa Pablo VI le ordenó cardenal. Fue un ascenso realmente rápido y notable para un sacerdote que nunca había participado más de lo que podía en política religiosa o secular; sin embargo, cuando surgió la necesidad, lo hizo con astucia y habilidad.

Comenzó a crecer una amistad entre él y el Papa Pablo, quien cada vez más buscó el consejo del cardenal polaco de brillante y profundo pensamiento. Algunas de las ideas de Wojtyla sobre la anticoncepción artificial, es decir, sus ideas sobre la dignidad y el valor de la persona humana como un ser creado y amado por Dios, se convertirían en *Humanae Vitae*, la encíclica que reitera la oposición de la iglesia de Pablo VI frente a la anticoncepción. Entre los líderes de la iglesia, el vigor intelectual y la fuerza espiritual de Wojtyla eran un arma poderosa y enérgica.

◆ ◆ ◆

Como dije en la introducción de este capítulo, en agosto y septiembre de 1978 todo cambió. El amigo íntimo del cardenal Wojtyla, el hombre para quien se había convertido en su confidente y consejero, había muerto. Pero, ¿quién lo reemplazaría? No había casi ninguna posibilidad de que este cardenal polaco, tan cerca como había estado del Papa Pablo, fuese elegido para el papado. Como cardenal polaco, era todavía un ciudadano de segunda clase en el cónclave para elegir al próximo papa. El poder real estaba en manos de los cardenales italianos, que previsiblemente elegirían a uno de los suyos como el Papa Juan Pablo I. Como tenía sesenta y cinco años, nadie pensaba que el nuevo papa estaba a tan solo treinta y tres días de su muerte. Pero muy poco después de que el papado más corto en la historia llegara a su sorprendente y abrupto cierre, los cardenales tuvieron que convocarse una vez más.

David Aikman plantea el escenario:

Esta vez, el ambiente era tenso no solo por la crisis de un breve reinado papal, sino porque ya no había ningún consenso sobre otro candidato. Las opciones parecían tan abiertas que, por primera vez, los prelados reunidos consideraron seriamente la posibilidad de un papa extranjero.[11]

A medida que el cónclave avanzaba, el único candidato extranjero que comenzaron a considerar seriamente no fue otro que Karol Wojtyla. La diversidad de sus puntos de vista atrajo una coalición igualmente diversa de partidarios. Y tuvo que ser entonces, después de la muerte inesperada del Papa Juan Pablo I, cuando la idea del vigor atlético y la fuerza juvenil entró en la lista de requisitos a tener en cuenta en un candidato viable.

Finalmente, fue elegido.

Durante el proceso, Karol había sido visto poniéndose rojo y hundiendo la cabeza entre sus manos. Dice George Weigel: «Jerzy Turowicz escribió más tarde que, en el momento de su elección, Karol Wojtyla estaba tan solo como un hombre puede estar. Ser elegido papa significaba "una clara ruptura con su vida anterior, sin retorno posible"».[12] Pero cuando se le preguntó formalmente por su respuesta, no dudó.

«Es la voluntad de Dios —dijo Karol—. Acepto».

Había llegado el momento de la presentación del nuevo papa al mundo.

Esta vez, cuando se anunció el nombre de su nuevo líder, la respuesta de los fieles reunidos en la Plaza de San Pedro fue un poco confusa. Por lo general hay un júbilo desenfrenado. Los gritos de alegría se mezclan con el anuncio triunfal de «¡Habemus Papam!» (la expresión latina para «¡Tenemos Papa!»). Las banderas se agitan y se lanzan los sombreros hacia el cielo. Pero aquel día, las doscientas mil personas que se habían reunido, de nuevo, quedaron más desconcertadas que cualquier otra cosa. ¿Era porque lo que normalmente constituía un acontecimiento raro había sucedido solo unas semanas antes? ¿O era simplemente porque nadie había oído hablar de Karol Wojtyla? ¿Quién era aquel hombre? ¿Y podía ser cierto que no era italiano?

Parte de la razón de la confusión entre los fieles aquel día venía de que Karol Wojtyla era un desconocido fuera del liderazgo de la iglesia. Aquellos líderes lo respetaban profundamente por sus enormes dotes intelectuales y pastorales, pero en el resto del mundo no se había oído hablar de él. Por supuesto, todo aquello estaba a punto de cambiar de manera dramática. Pero por el momento, era un hecho.

El estado de ánimo de la multitud comenzó a cambiar cuando el nuevo papa se dirigió a ellos directamente. Aquello era contrario a sus predecesores, pero en los próximos años haría muchas cosas opuestas a las de sus predecesores. Habló con humildad y confianza contagiosas. Y a pesar de ser polaco, incluso habló en italiano. Con una sonrisa, comenzó: «¡Alabado sea Jesucristo!». Y luego continuó:

> Queridos hermanos y hermanas, estamos todavía afligidos después de la muerte de nuestro amadísimo Juan Pablo I. Y ahora los más eminentes cardenales han llamado a un nuevo obispo de Roma desde una tierra lejana, lejos y tan cerca a través de la comunión de la fe y de la tradición cristiana.

En un momento dado se detuvo para señalar: «No sé si me expreso en vuestro —nuestro— idioma italiano lo suficientemente bien. Si me equivoco, corríjanme».[13]

Su apertura, vulnerabilidad y humor dibujaron risas y aplausos entre la multitud. En el momento en que el discurso improvisado llegó a su fin, había ocurrido una cosa notable: la multitud que poco antes estaba sorprendida y confundida ahora estaba de todo corazón de parte de Juan Pablo II. Los observadores en la plaza de San Pedro, y los observadores de todo el mundo, estaban con él.

Parte de la grandeza de este hombre era su extraordinaria capacidad de comunicarse con humildad, humor y claridad. No puede haber otra palabra para ello: era encantador. Al igual que un gran político, pero sin artimañas, logró conectar con su público de una manera que le encantó. Lo hizo muchas veces en años posteriores, pero aquel día en la plaza de San Pedro fue la primera vez. Y después de haber ofrecido su discurso inaugural, hizo algo más que hacen los políticos, pero que los papas no hacían: se mezcló entre la multitud. Aikman escribe:

Blandiendo su báculo sobre las multitudes en señal de bendición, como si fuera una espada de dos filos, besó bebés, abrazó a fieles en sillas de ruedas y actuó como si se hubiera preparado toda la vida para el papel protagonista en uno de los mayores dramas históricos del siglo XX.[14]

Fue un comienzo tremendamente prometedor. Pero, ¿quién podría continuar siempre en esta línea? Con todo, un comienzo prometedor no era suficiente. Tenía que seguir como había comenzado. En la coronación papal unos días más tarde, dio todas las señales de hacer precisamente aquello. Sus inspiradoras palabras resonaron por encima de la multitud:

> No tengan miedo de acoger a Cristo y aceptar su poder. Ayuden al papa y a todos los que quieren servir a Cristo, con el poder de Cristo para servir al ser humano y a toda la humanidad.
> No tengan miedo. Abran las puertas a Cristo. A su potestad salvadora abran las fronteras de los estados, los sistemas económicos y políticos, los vastos campos de la cultura, la civilización y el desarrollo.
> No tengan miedo. Cristo sabe «lo que hay en el hombre». Solo él lo sabe.[15]

Las palabras del nuevo papa reflejaban toda una vida de dedicación, confianza, humildad y servicio; las cualidades que le habían equipado para ser uno de los más grandes líderes del siglo XX.

Pero si el hombre era extraordinario, también lo eran los tiempos en los que fue nombrado para servir, y tremendamente difícil la tarea reservada para él. Desde el Concilio Vaticano II, que tuvo lugar en la década anterior, la iglesia católica había estado en un momento de transición. Wojtyla, entonces arzobispo de Cracovia, participó en dicho concilio, diseñado en gran parte para ayudar a la iglesia a adaptarse a las necesidades y exigencias del mundo moderno, y abogó por muchas de sus reformas. Fue en gran medida debido a esto que muchos tendieron a pensar en él como un líder de la iglesia progresista en lugar de tradicionalista.

La gente suele cometer el mismo error sobre el hombre que se convirtió en el Papa Juan Pablo II. Su voluntad de aceptar el cambio allí donde creía que era necesario y trabajar más allá de las líneas del partido, junto con su personalidad cautivadora, llevó a muchos a pensar que sus convicciones internas podían ser tan flexibles como su actitud exterior. Los que creyeron esto pronto se desilusionaron.

El giro interesante es que incluso los desilusionados que hubieran preferido un papa más progresista, dedicaron a Juan Pablo II un misterioso respeto, casi renuente. Esto tal vez se debe a la variedad de experiencias de su vida, combinadas para producir un hombre que fue a la vez abierto en sus opiniones y estricto en su ortodoxia. Pero, ¿cómo puede ser esto? Una amplitud de miras generosa y una ortodoxia teológica seria no eran dos características que a menudo se viesen juntas. Era una mezcla desconcertante que atraía y repelía por igual a muchos observadores.

David Aikman cita a una periodista y «católica liberal», Jennifer Bradley, como ejemplo típico de muchos que no estaban muy seguros de qué hacer con este hombre. Escribiendo en el *New Republic*, ella dijo que inicialmente «no se emocionó con el papa», pero después de asistir a una misa al aire libre celebrada por él en 1995, su percepción cambió: «Ahora mi escepticismo tendrá que compartir espacio con el asombro y, curiosamente, la gratitud».[16]

Lo sentían como una contradicción inherente, sin darse cuenta de que las opiniones de Juan Pablo II en su conjunto, incluidas las que aprobaban y las que no les gustaban, procedían de la misma fuente: la ferviente y antigua creencia del papa de que hemos sido creados a imagen de Dios, que somos sus hijos amados y que todos los derechos, libertades y responsabilidades nos vienen de él. Esa creencia subyacente lo empapaba todo, desde su posición sobre la sexualidad, la anticoncepción y el aborto, hasta su actual lucha contra el comunismo.

Todo estaba allí, en los escritos y las enseñanzas de su vida, y sin embargo, por alguna razón, pocos de sus adversarios ideológicos parecían entenderlo o comprenderlo plenamente.

◆ ◆ ◆

Mientras se acostumbraba a su nuevo papel, el enfoque de Juan Pablo II siguió estando donde siempre había estado: con, según palabras de Jesús, «el menor de ellos», los débiles y los necesitados. «Cuando se mezclaba con las multitudes —según Levi y Allison— era una pesadilla para la seguridad, estrechando manos, bendiciendo bebés, abrazando a los ancianos y enfermos. Si quería visitar a un amigo, simplemente lo hacía».[17] En su investidura como papa, se aseguró de que hubiese espacio reservado en la primera fila para que los enfermos pudieran asistir y participar.

El papa también se acercó a la gente de otras tradiciones y religiones, especialmente a los protestantes y los judíos, en un intento de reconciliar las diferencias ancestrales y los conflictos siempre que fuera posible. Entre los cristianos, su deseo era el de promover la causa del ecumenismo, como él creía firmemente que era la voluntad de Dios; entre los judíos, quería ayudar a sanar las heridas que habían sido causadas por la iglesia. Dondequiera que él pensaba que era necesario, y esto incluye áreas que van desde la Inquisición hasta el Holocausto, ofreció disculpas por la conducta pasada de la iglesia.

Un testimonio contundente de las consecuencias de lo que estaba haciendo el papa vino del escritor y superviviente del Holocausto, Elie Wiesel. Después de que el papa visitara el Muro de las Lamentaciones y pusiera su petición de perdón a los judíos en una grieta en la pared, Wiesel dijo a un periódico: «Cuando era niño, siempre tenía miedo de pasar al lado de una iglesia. Ahora todo eso ha cambiado».[18]

Como siempre, el papa siguió llegando a los jóvenes, y ellos respondieron con entusiasmo y cariño... cautivados por su amable buen humor, su apertura, su compasión y, sobre todo, por su fe inquebrantable.

Levi y Allison señalan:

El papado de Juan Pablo II seguiría de la misma manera que comenzó: con sorpresa. Sorprendería al personal papal, que francamente, no podía seguir su ritmo. Sorprendería a los liberales endureciendo la disciplina sobre el clero de la Iglesia. Sorprendería a los conservadores con su sincero pacifismo y ecumenismo. Sorprendería a los romanos al ser más práctico que cualquier obispo italiano de los últimos tiempos.[19]

El 13 de mayo de 1981 le reservaba otra sorpresa. Cuando el papa entraba en la plaza de San Pedro en Roma, un asesino turco llamado Mehmet Ali Agca sacó una pistola semiautomática de 9 mm y disparó al pontífice de sesenta y un años de edad cuatro veces, dos de esos disparos fueron en el abdomen. El papa perdió cerca de tres cuartas partes de su sangre y estuvo cerca de la muerte. Pero de alguna manera sobrevivió, pasando semanas en el hospital recuperándose. Aquel encuentro con la muerte aun dio una mayor prominencia a sus prioridades. Su amigo, el cardenal Stanislaw Dziwisz recuerda: «Dio gracias a Dios no solo por salvar su vida, sino también por permitir que se uniera a la comunidad de los enfermos que estaban sufriendo en el hospital».[20] Era una cosa extraña que agradecer, a menos que uno tome en serio las palabras de la Biblia acerca de dar gracias en todo, y tome en serio la idea de identificarse con los débiles como Cristo lo había hecho. Pero por supuesto lo hizo.

Así había sido siempre en su vida. Aquel hombre parecía conocer el verdadero secreto de la grandeza. No había buscado la grandeza ni había buscado el poder, pero ambos habían acudido a él mientras centraba su atención y energía, así como Cristo enseñó, en los que eran menos capaces de corresponder. Como papa, no siempre logró lo que se propuso llevar a cabo, pero hubo momentos en los que su mera presencia parecía inspirar el cambio. Por ejemplo, al reflexionar sobre un aspecto de la oposición del papa al comunismo y su efecto en su país natal, David Aikman señala:

Algunos han negado toda conexión entre el sentido de exultación originado en los polacos por la visita de Juan Pablo II en junio de 1979 y la irrupción del grupo libre Solidaridad en Gdansk en agosto del año siguiente. Ciertamente, habría habido problemas laborales en Polonia independientemente de quien fuera papa en aquel momento. Pero, ¿hubieran sido los resultados parecidos a lo que finalmente fueron si Juan Pablo no se hubiera preocupado cuidadosamente de los acontecimientos en su propio país durante la década de 1980? No parece probable.[21]

Una vez más, sin necesidad de adoptar un estilo de confrontación, el hombre a quien las autoridades comunistas polacas una vez consideraron como relativamente inofensivo, se convirtió en una de las figuras clave en la caída del comunismo en Europa. A pesar de que se enfrentó en ocasiones con los líderes de Estados Unidos sobre el uso de la fuerza militar, que lamentaba, a su manera trabajó en colaboración con ellos para derrotar al régimen soviético, defender los derechos humanos y ofrecer ayuda y consuelo a los enemigos del comunismo, como el líder de Solidaridad Lech Walesa, a la vez que evitó entrar en conflicto directo con los líderes comunistas.

◆ ◆ ◆

En su papel exigente y multifacético, la relativa juventud del papa y su exuberante salud le mantuvieron durante mucho tiempo. Se han contado historias de esquiadores desprevenidos que se sorprendieron al ver al cabeza de la iglesia católica disfrutando en las pistas. Pero a medida que el siglo XX llegaba a su fin, su salud comenzó poco a poco a fallar. Empezó a mostrar claros síntomas de la enfermedad de Parkinson.

Y así, el Papa Juan Pablo II comenzó a vivir la última gran paradoja de su vida: en el sufrimiento y la debilidad, él mostraría la fuerza de Dios. Como hombre conocido por su agilidad y vigor, se sentía incómodo al aparecer en público cuando su salud estaba obviamente fallando. Pero aquel quebrantamiento, creyeron muchos, le ayudó a identificarse con más fuerza con los sufrimientos de Cristo en la cruz y, por extensión, con los sufrimientos de la gente de todas partes.

También utilizó su enfermedad para llamar la atención sobre la necesidad de una cura para el Parkinson y hacer pública la distinción, ya que muy pocos estaban dispuestos a admitirlo en aquel momento, entre los métodos éticos y no éticos de investigación. De acuerdo a sus creencias sobre el carácter sagrado de toda vida humana, el papa tomó una postura inflexible contra el uso de células madre de embriones humanos en la investigación médica.

La prensa rara vez reconoció la extraordinaria valentía y abnegación de su postura. Muchos miembros de los medios de comunicación de Estados Unidos, por ejemplo, apoyaban fervientemente la investigación con células madre embrionarias y eran mucho más propensos a convertir en héroes a otros enfermos de Parkinson o de otras discapacidades, como Michael J. Fox y Christopher Reeve, que lucharon a favor de su avance. Irónicamente, al hacerlo, los medios de comunicación se perdieron la historia en verdad heroica del hombre que tomó una postura firme en contra de lo que parecía, en aquel momento, actuar en su propio interés. (Resulta que más tarde la evolución de la investigación puso en tela de juicio la eficacia del tratamiento con células madre embrionarias. Pero hace unos años, la narrativa popular afirmaba más o menos que el uso de estas células podría ser la cura para poner fin a todos los tratamientos.)

Un artículo sobre el tema, en el sitio web de la CNN, informó sobre una reunión de Juan Pablo con George W. Bush, en la que el papa instó al presidente a no financiar este tipo de investigación. El artículo cubría la postura del Vaticano sin concesiones sobre la cuestión, el dilema del presidente y otros temas relacionados. Y entonces, en el último párrafo:

> Los científicos creen que la investigación con células madre podría desbloquear curas para enfermedades como el Alzheimer, el Parkinson y la diabetes, así como lesiones de la médula espinal. El mismo papa sufre síntomas de la enfermedad de Parkinson.[22]

Sería difícil de superar este eufemismo.

Una vez más, el papa se identificaba con algunos de los miembros más débiles e indefensos de la sociedad: en este caso los no nacidos. Y a pesar de que recibió escasa atención, ninguna declaración en su nombre podría haber sido más poderosa que su negativa a sacrificar a estos indefensos para beneficiarse a sí mismo.

Una de las imágenes más memorables del Papa Juan Pablo II en estos últimos años de su vida, tal vez una de las imágenes más memorables jamás tomadas de él, fue realizada en 2005 durante el *Vía Crucis*, el Viernes Santo, recorriendo las Estaciones de la Cruz. Por primera vez aquel año, Juan Pablo II estaba demasiado enfermo para liderar el camino. Pero como George Weigel observa en su libro *The End and the Beginning: Pope John Paul II—The Victory of Freedom, the Last Years, the Legacy*, en efecto, aun así lo lideró, aunque de una manera diferente:

> Mientras el cardenal Ratzinger dirigía la solemne procesión por las ruinas de la antigüedad, Juan Pablo II rezaba el *Vía Crucis* mientras veía la ceremonia en el Coliseo en un televisor que había sido colocado en la capilla del apartamento papal. Una cámara de televisión en la puerta de la capilla mostraba la oración de Juan Pablo al mundo. Estaba sentado y sostenía en sus brazos un gran crucifijo, mientras rezaba las catorce estaciones con la congregación cerca del Foro Romano. Los espectadores en el Coliseo y la televisión solo podían ver la espalda de Juan Pablo, su rostro nunca se mostró. Contrariamente a las especulaciones de la prensa, sin embargo, no estaba escondiendo su dolor o los estragos tras semanas de enfermedad. Antes bien, estaba haciendo lo que siempre había hecho, que no era decir «Mírame», sino «mira a Cristo».[23]

Mientras que en anterioridad fue conocido como un hombre físicamente vigoroso y fuerte, ahora se le veía como un hombre obligado a confiar más plenamente que nunca en Cristo para todas las cosas, en lo físico y en lo espiritual. Y fue amado tanto más por ello.

No viviría mucho más; menos de una semana después de la vigilia en la capilla, tuvo un shock séptico después de una infección del tracto urinario. Enfermo de muerte, intentó bendecir a la multitud en la Pascua, en la Plaza de San Pedro, pero no pudo hablar y solo consiguió hacer la señal de la cruz sobre ellos tres veces antes de retirarse. El 2 de abril, mientras agonizaba, transmitió a los que le rodeaban que tenía un mensaje para los jóvenes que se reunían fuera, todavía fieles al líder que amaban: «He intentado ir a vosotros. Ahora os corresponde venir a mí. Muchas gracias».[24] Unas horas más tarde, falleció.

Como la doctora Jean Bethke Elshtain de la Universidad de Chicago recuerda en uno de los eventos Socrates in the City, en la ciudad de Nueva York (la transcripción está disponible en *Socrates in the City: Conversations on «Life, God, and Other Small Topics»*), el funeral del papa produjo «un torrente de humanidad que tomó a los medios de comunicación totalmente por sorpresa». Añadió:

> Para entonces, no debería haberlos tomado por sorpresa, ya que sucedía cada vez que hacía algo. Pero lo que me llamó la atención fueron los millones de jóvenes que se presentaron y se quedaron allí, durante días, en condiciones muy difíciles, para poder estar presentes.
>
> Algo les llamaba la atención. De alguna manera les hablaba, aun siendo un viejo decrépito con Parkinson y todo lo demás. Si pudiéramos pensar sobre esto —sería un ejercicio muy interesante teniendo en cuenta lo que envuelve y la esperanza que representa— podríamos ver algunas posibles chispas para un determinado tipo de renovación de nuestra humanidad más plenamente comprendida.

Esta renovación fue de hecho el legado del Papa Juan Pablo II. En sus puntos fuertes y débiles por igual, demostró una caridad y una compasión nacidas de su creencia de que todo ser humano es un hijo amado de Dios. George Weigel, católico, reconoce que el Papa Juan Pablo II a veces cometió errores graves en su juicio, pero que incluso estos se conectaban naturalmente a su «profunda aversión a humillar o hacer un espectáculo de otra persona; su intenso desagrado sobre el chisme; su tendencia ocasional a proyectar sus propias virtudes en los demás; y su determinación de encontrar algo bueno en las acciones o las palabras de otra persona».[25] Sin embargo, la fuerza de sus creencias, añade Weigel, era lo que le mantenía en su «entrega radical... solo posible a través de la gracia de Dios en Cristo».[26]

Desde un punto de vista protestante, David Aikman cita la declaración de Billy Graham acerca de que el Papa Juan Pablo II fue «la fuerte conciencia de todo el mundo cristiano», y a continuación Aikman completa:

> Yo no soy católico romano, y ciertamente comparto muchas de las reservas de los protestantes acerca de algunos aspectos de la doctrina católica y algunas formas de devoción católica. Sin embargo, es mi opinión que el Papa Juan Pablo II, con su gran profundidad espiritual, su vida de oración, su enorme universo intelectual, su compasión y simpatía por los oprimidos y, sobre todo, por su visión de cómo se supone que han de vivir colectivamente los cristianos, es el único gran líder cristiano del siglo XX.[27]

Hay mucho que decir acerca de este punto de vista. A través de las paradojas de su vida: el logro de la fuerza en la debilidad, el poder a través de la humildad, la generosidad y la amplitud de miras a través de la ortodoxia, el Papa Juan Pablo II ejemplifica la enseñanza radical y revolucionaria de Cristo de que todo el que pierda su vida la hallará. En su ejercicio prudente del poder y su identificación con los desamparados, él fue un líder cristiano de una estatura teológica y moral que pocas veces hemos visto en nuestras vidas.

SIETE

Charles W. Colson

1931–2012

S u funeral tuvo lugar en la Catedral Nacional de Washington un hermoso día de primavera, el 16 de mayo de 2012. Había caras conocidas por todas partes.

Los periodistas Brit Hume, Fred Barnes y Cal Thomas estaban allí. También los defensores de los derechos humanos Michael Horowitz, Joni Eareckson Tada y el excongresista Jim Ryun, quien en 1964 había sido el primer estudiante de secundaria en romper el récord de una milla en cuatro minutos. También vi al escritor Joe Loconte. El talentoso cantante de gospel Wintley Phipps también estaba allí y cantó «Amazing Grace».

El fiscal general del presidente Reagan, Ed Meese, estaba allí. El asesor especial del presidente Clinton, Lanny Davis, estaba allí. El director de discursos del presidente George W. Bush, Michael Gerson, estaba allí.

Todos estaban presentes para honrar al hombre que tanto había trabajado, en sus años de juventud, para el presidente Richard Nixon... el hombre más poderoso del mundo, aunque pasó la segunda mitad de su vida trabajando todavía más duro para el Rey de reyes.

Yo estaba allí para honrar a un hombre al que quería, cuya vida había sido una poderosa fuente de inspiración para mí, y a quien tuve el privilegio de conocer, trabajar con él y llamar amigo.

Me hubiera quedado estupefacto de haber sabido, cuando era un chaval de diez años leyendo los periódicos, en 1973, que algún día sería amigo del notable verdugo del Watergate, Charles W. Colson. Formaba parte de aquella tropa —H. R. Haldeman, John Erlichman y G. Gordon Liddy— cuyo ultraje a la verdad en su ciego desempeño del poder llevó a una gran nación al borde de la ruina.

Después de convertirme, en 1988, escuché de nuevo el nombre de Chuck Colson, esta vez identificándolo como el fundador de Prison Fellowship Ministries. Poco después, un amigo me habló de sus libros.

¡Aquellos libros! Su lectura fue una revelación. En primer lugar leí su autobiografía, *Nací de nuevo*, y luego leí *Amando a Dios* y *Kingdoms in Conflict* [Reinos en conflicto]. Sirvieron de gran enseñanza para alguien con hambre de aprender acerca de su nueva fe.

Años más tarde me enteré de que Chuck hablaba en la Facultad de Derecho de Yale, en New Haven, y prácticamente corrí hasta allí para escucharlo. Incluso le escribí una larga carta, presentándome y hablando con entusiasmo sobre lo mucho que su trabajo había significado para mí, y la puse en el interior de un libro para niños que yo había escrito (*Uncle Mugsy and the Terrible Twins of Christmas* [El tío Mugsy y los terribles gemelos de la Navidad]) y que dediqué a sus nietos. Cuando bajó del escenario, le estreché la mano y le di el libro y la carta. Apenas una semana después, recibí una carta en contestación. Me quedé asombrado. La carta hablaba acerca de lo mucho que mi misiva significaba para él, y añadió que la conservaba en sus archivos y que tal vez podríamos trabajar juntos algún día. Yo casi no podía creer lo que leía, pero lo achaqué a un probable sentimiento bien intencionado aunque poco realista.

Por supuesto, yo no conocía a Chuck Colson muy bien en aquel momento, pero un año más tarde recibí una llamada telefónica de su oficina. La persona que llamó dijo que necesitaban un escritor y editor para «BreakPoint», el comentario de radio diario que Chuck llevaba haciendo durante algunos años. ¿Estaba interesado en solicitar el trabajo? Me sorprendió que Chuck, que probablemente escribiría miles de cartas cada año, recordara nuestra correspondencia. Pero solicité y conseguí el trabajo, y de repente estaba trabajando con mi héroe, Chuck Colson. Trabajar para Chuck era profundamente gratificante, pero también era duro; podía ser un marine redimido, pero seguía siendo un marine. Después de dos años estaba lo suficientemente agotado como para decidirme por otro tipo de empleo, trabajando para VeggieTales. Bob el Tomate era un jefe mucho menos exigente y nunca había estado en la marina. Pero Chuck y yo seguimos en contacto.

Unos años más tarde tuve la oportunidad de conseguir que Chuck aceptara hablar en un foro que fundé en la ciudad de Nueva York llamado Socrates in the City. Habló para nosotros dos veces. La primera vez fue en el Union League Club, en Manhattan, en 2006. La sala estaba repleta con 350 personas, y cuando Chuck terminó, el público prorrumpió en poderosos aplausos. Como los aplausos continuaban, Chuck caminó por el pasillo central triunfante, estrechando manos a izquierda y derecha. Todo el mundo dijo que era como si acabara de dar el discurso del Estado de la Unión.

La segunda vez que Chuck vino a hablar a Socrates in the City fue en diciembre de 2010, para nuestra gala de Navidad. Una vez más, fue un evento tremendo.

Yo estaba allí el día que Chuck enfermó durante su último discurso en Virginia, el 30 de marzo de 2012. De hecho, presenté el que sería su discurso final. Hacia el final de este no podía continuar, y llamaron a un médico. Mientras estaba tendido en una camilla, a la espera de ser metido en la ambulancia, puse mi brazo sobre su hombro y me quedé allí, deseando que sintiera el consuelo de un toque humano. Entonces le dije, medio en broma, sin saber si era capaz de entenderlo: «¿Hay algo que quieras que le diga a la gente, Chuck?».

Pero lo entendió. «¡Solo que siento mucho haber arruinado la noche a todos!». Y esas fueron las últimas palabras que escucharía de aquel gran hombre y amigo. Cuánto le echo de menos. Pero tengo un verdadero consuelo al saber que lo volveré a ver.

Como todas las historias de este libro, es la historia de un hombre grande y motivador. Confío en que te inspire a la grandeza.

◆ ◆ ◆

Charles Wendell Colson nació por primera vez durante la Gran Depresión, el 16 de octubre de 1931, en el norte de Boston, hijo de Inez, «Dizzy», y Wendell Colson. Digo «nació por primera vez» porque Chuck nacería de nuevo muchos años después, aunque no nos adelantemos. El padre de Chuck trabajaba como contable en una planta procesadora de carne y, finalmente, tras asistir a la escuela nocturna, obtuvo el título de abogado.

Chuck era uno de esos niños que nacen con dones extraordinarios de instinto y de inteligencia. En su libro *La buena vida*, Chuck cuenta la historia de cómo, cuando era un niño de once años durante la Segunda Guerra Mundial, dirigió una exitosa campaña destinada a recaudar fondos para comprar un jeep para las fuerzas armadas estadounidenses.

Pero los padres de Chuck también eran ambiciosos, e hicieron muchos sacrificios para que su único hijo pudiera asistir a la prestigiosa escuela Browne and Nichols en Cambridge, Massachusetts. Era una de esas escuelas cuya *raison d'etre* parecía ser incluir a sus estudiantes en la Liga Ivy. En el caso de Chuck, tuvo éxito. De hecho, a Chuck se le ofrecieron dos becas universitarias completas: una en Harvard, y la otra una beca ROTC [Cuerpo de Capacitación de Oficiales de Reserva] de la marina, en Brown. En lo que sucedió a continuación, vemos un ejemplo temprano del orgullo de Chuck.

«Cuando era niño solía permanecer en la playa de guijarros mirando las aguas de color verde grisáceo del puerto de la ciudad, entonces dirigido por los brahmanes, el asentamiento de la colina Beacon que trazaba su ascendencia a través de generaciones de clases de Harvard que se remontaban al *Mayflower*», recordaba Chuck.

No pertenecíamos a las nuevas etnias —italianos o irlandeses católicos que acababan de tomar el poder político en los barrios de Boston—, ni tampoco éramos nativos. «Swamp Yankees», nos llamaban. La aceptación fue lo que se nos negaba y lo que más fervientemente buscábamos. Ahora, en aquel momento, la tenía: la admisión a la élite. Y en mi orgullo creía que tendría algo aun mejor: la oportunidad de rehusarlos.[1]

Chuck rechazó Harvard por la elección de asistir a Brown en su lugar. Se graduó con honores en 1953, y poco después se casó con Nancy Billings, de Boston. En los años siguientes la pareja se convirtió en padres de tres hijos: dos varones, Wendell y Christian, y una hija llamada Emily.

El mismo año en que se graduó y se casó, Chuck recibió su orden de reclutamiento en el Cuerpo de Marines, y sirvió en Corea justo después del final de la gran participación de Estados Unidos. Con su empuje y ambición típicos, Chuck ascendió rápidamente en las filas de la marina hasta convertirse en el capitán más joven en su larga y legendaria historia. Fue durante su tiempo con los infantes de marina que Chuck, que se había criado en la iglesia episcopaliana, tuvo sus primeras reflexiones serias sobre Dios.

Durante el verano de 1954, Chuck y su batallón fueron enviados a la costa de Guatemala, donde los comunistas estaban involucrados en un levantamiento. Los infantes de marina de Estados Unidos habían sido convocados para proteger las vidas de los estadounidenses que vivían allí.

De pie en la cubierta del USS *Mellette*, en una cálida y oscura noche, Chuck, un poco temeroso de lo que pudiera pasar en los próximos días, levantó la vista hacia los millones de estrellas que titilaban en el cielo negro. «Aquella noche, de repente, estuve tan seguro como nunca lo había estado de nada en mi vida, que detrás de la luz lejana de las estrellas estaba Dios», escribe Chuck en *Born Again* [*Nací de nuevo*]. «Estaba convencido de que él gobernaba el universo, que para él no había misterios, que de alguna manera lo mantenía todo milagrosamente en orden. A mi manera torpe, oré sabiendo que él estaba allí, solo preguntándome si tenía tiempo para escuchar».[2]

El régimen proestadounidense de Guatemala se ocupó de los comunistas por su cuenta y, no mucho después, Chuck renunció a su cargo y entró en la Facultad de Derecho de la George Washington University, asistía a clases por la noche y trabajaba durante el día. Se graduó, de nuevo con honores, en 1959. A lo largo de la década de 1950, Chuck también se había involucrado en la política. De hecho, volviendo a 1948, cuando solo tenía diecisiete años, se había ofrecido como voluntario en la campaña del gobernador de Massachusetts, Robert F. Bradford, y entonces aprendió las primeras lecciones sobre los trucos sucios en campaña, desde la filtración de noticias falsas hasta espiar a la oposición. Así que, cuando fue llamado para dirigir la campaña de reelección de 1960 del senador de Massachusetts, Leverett Saltonstall, emplearía todos los trucos sucios que había aprendido en el año 1948, inventando algunos propios. Saltonstall ganó.

Tras aquella victoria, Chuck y su amigo Charlie Morin abrieron su propio bufete de abogados, que obtuvo un gran éxito. Su vida personal fue mucho menos exitosa. Chuck escribe que su obsesión por la política, que su mujer no compartía, les estaba distanciando. La pareja finalmente se divorció y, en 1964, Chuck se casó con la mujer que sería su esposa durante los próximos cuarenta y ocho años: Patty Hughes.

◆ ◆ ◆

El ascenso inescrupuloso de Chuck a las alturas vertiginosas del poder y su espectacular caída son el material de su leyenda conocida. A pesar del fracaso de su matrimonio por culpa de la carrera, la subida de Chuck a la cima continuó sin cesar y sin corrección de rumbo.

Se involucró en la campaña presidencial de 1968, trabajando duro para la elección de Richard Nixon. Las largas horas y el trabajo duro dieron sus frutos: Nixon ganó. Pero él quedaría recompensado de un modo aun mayor: en 1969, Nixon nombró a Chuck como su consejero especial. Para Chuck Colson era el premio final. A la edad de treinta y ocho años, tenía la atención y la confianza del ser humano más poderoso del planeta.

La naturaleza entusiasta de Chuck, junto con su brillantez y un fuerte deseo de complacer al presidente, lo convirtieron rápidamente en el chico de Nixon, para todo en cada situación. Haría casi cualquier cosa por el presidente, y en poco tiempo Nixon le incitó a tomar atajos y hacer que las cosas sucedieran sin que importara el coste.

Quienes lo conocieron en aquel momento vieron que una cierta crueldad había superado a Chuck. En su propia mente, por supuesto, todo era por una buena causa. Él veía sus acciones en comparación con las acciones de otros, de modo que siempre era el otro el que empezaba la pelea. Siempre era el otro el que se había comportado con crueldad primero. ¿Qué otra cosa podía hacer, razonaba Chuck, salvo devolver el golpe?

Por supuesto, este tipo de razonamiento moral, o falta de razonamiento moral, conduciría pronto a un pantano de autoengaño. En el caso de Chuck Colson y muchos otros en el gobierno de Nixon, ese autoengaño condujo a la histórica crisis política conocida como Watergate.

El Watergate fue un escándalo tan turbulento en la historia de la política estadounidense que casi todos los escándalos políticos desde aquel llevan agregado el sufijo -*gate*. Y aunque todo dependía de un robo ridículo en el hotel Watergate, fue parte de algo mucho más grande. Aquel robo fue solo el síntoma de la fea atmósfera que se había asentado en la Casa Blanca de Nixon, y Chuck Colson estaba en el centro de esta.

En el otoño de 1972, Nixon fue reelegido con un triunfo aplastante, en gran parte debido a las brillantes y a veces turbias maniobras políticas de Chuck. Pero en el mundo oscuro, pragmático e ingrato de la Casa Blanca de Nixon, los valores como la lealtad no contaban mucho. A medida que el escándalo de Watergate se multiplicó, se hizo evidente para Nixon y sus ayudantes, Haldeman y Erlichman, que

Chuck, a pesar de todo lo que había hecho, era una carga política. Así que decidieron hacer de él un chivo expiatorio. No mucho tiempo después de la victoria de noviembre, el presidente dejó claro que Chuck se tenía que ir. A Chuck no le gustaba la idea, pero en el despiadado mundo de la política, aquel tipo de cosas sucedían. No había nada que pudiera hacer.

Y así, tomando posesión de su vida post-Casa Blanca, Chuck retomó su abogacía. Uno de los mayores clientes a los que esperaba llegar era la empresa Raytheon, ubicada en Massachusetts. A mediados de marzo de 1973, Chuck se encontraba en las oficinas de Tom Phillips, presidente de Raytheon.

Pero algo le había sucedido al exitoso titán de la industria durante la semana anterior: Phillips había aceptado a Cristo en una campaña de Billy Graham. Al final de su encuentro con Chuck, Phillips dijo: «Me gustaría contarte algún día la historia de cómo vine a Cristo. Había llegado al punto en el que no creía que mi vida valiera nada. Ahora que he dedicado mi vida a él, todo ha cambiado: la actitud, los valores, todo lo demás. Si quieres saber más, llámame».[3]

Chuck se sintió incómodo con aquella conversación, y no tenía la intención de continuarla. Pero Phillips tuvo la sensación de que Chuck estaba más interesado de lo que creía y esperaba tener noticias de él.

Mientras tanto, el escándalo Watergate fue creciendo. El 16 de julio de 1973, estalló la bomba cuando un asesor de nivel inferior de la Casa Blanca reveló que Nixon había grabado en secreto la mayoría de sus conversaciones en el despacho oval. Aquella noticia revitalizó a los que iban por Nixon, y en el revuelo que siguió, Chuck se encogió al pensar en algunas de las cosas que había dicho en la falsa intimidad del despacho... palabras que casi seguro estaban en esas cintas.

Los periodistas y las cámaras estaban ahora estacionados en el exterior de la casa de Chuck, y tres veces el FBI fue llamado para investigar amenazas de bomba. Era una locura. Chuck escapó de la tormenta que se avecinaba marchándose de viaje aquel agosto a la costa de Maine, parando en ruta para visitar a sus padres en Massachusetts. Mientras

estaba allí, decidió visitar a Tom Phillips en su casa de Weston que-
riendo saber más acerca de por qué Phillips había considerado su vida
vacía a pesar de haber logrado tal éxito en los negocios. Los crecientes
problemas del Watergate provocaron una introspección recién descu-
bierta en Chuck, por lo que ahora, aunque solo fuera para sí mismo,
comenzó a reconocer a regañadientes que él también sentía un vacío
en el interior, a pesar de sus notables logros.

En casa de Phillips, Chuck le preguntó qué le había sucedido para
cambiar tan dramáticamente.

«Iba a la oficina todos los días para hacer mi trabajo —contó
Phillips—, luchando todo el tiempo para que la empresa tuviera éxito,
pero había un gran vacío en mi vida. Empecé a leer las Escrituras en
busca de respuestas. Algo me hizo darme cuenta de que necesitaba
una relación personal con Dios».[4]

Chuck era escéptico con todo el asunto. Todo sonaba demasiado
simple y hasta cierto punto ridículo.

Pero a medida que la conversación se enfocaba en el Watergate, y
Chuck comenzaba a tratar de justificar sus acciones en todo el lío, dirigiendo la culpa a los enemigos de Nixon, Phillips le hizo retroceder.
Vio que era el orgullo lo que había llevado a Chuck y a los otros partidarios de Nixon a hacer lo que hicieron. Sacó un ejemplar en rústica
del famoso libro de C. S. Lewis *Mero cristianismo*, y allí, en el porche,
leyó en voz alta el capítulo 8: «El gran pecado. Orgullo».

Mientras Phillips leía acerca de cómo el orgullo nos corrompe,
Chuck se encogió, pero no porque le diera vergüenza. Fue porque
empezó a reconocerse a sí mismo en la descripción. Sabía que las
palabras de Lewis se aplicaban a él en particular. Era, en efecto, su
propio orgullo el que le había dañado y torcido su pensamiento, y el
que le había llevado a las circunstancias aterradoras en las que ahora
se encontraba. Mientras Chuck recordaba algunas de las maneras
orgullosas en que se había comportado a lo largo de su vida, y más
recientemente como asesor especial de Nixon, sintió la agonía de la
vergüenza.

Sin embargo, cuando Phillips dejó de leer y le pidió a Chuck una respuesta a lo que había oído, Chuck dejó claro que él no estaba preparado para aceptar a Cristo en su vida; el profundo escepticismo hacia la conversión religiosa se mantuvo. Phillips siguió adelante, leyendo en voz alta el salmo 37. «No te impacientes... Confía en Jehová, y haz el bien... Deléitate asimismo en Jehová, y él te concederá las peticiones de tu corazón. Encomienda a Jehová tu camino; y confía en él, y él hará».[5] Todo le sonaba poderosamente atractivo a Chuck en su momento de necesidad.

Entonces Phillips leyó el tercer capítulo del evangelio de Juan, donde Jesús le dice a Nicodemo que tenía que nacer de nuevo. Luego le preguntó a Chuck si podía orar por él. Chuck no se esperaba aquella pregunta y no sabía qué decir, pero estaba tan confuso que él no lo iba a rechazar. Permitió que Phillips procediera.

«Cuando Tom oró, algo comenzó a fluir en mí, una especie de energía —recuerda Chuck en *Born Again*—. Luego vino una oleada de emoción que casi me hizo llorar. Contuve las lágrimas. Sonaba como si Tom estuviera hablando directamente y personalmente con Dios, casi como si él estuviera sentado a nuestro lado».[6]

Phillips le dio a Chuck su copia de *Mero cristianismo* y otro material de lectura y dijo que un amigo suyo llamado Doug Coe podría contactar con él para continuar la conversación. Eso fue todo. Chuck se despidió de su amigo y se internó en la noche de agosto.

Entonces se abrieron las compuertas. Sentado solo en su coche, Chuck, el marine, el tipo duro que no hacía prisioneros, comenzó a sollozar. Lleno de emoción, se dio cuenta de que debía volver a la casa de Phillips y orar con su amigo. Pero entonces, cuando echó un vistazo a la casa, vio las luces apagadas. Ya era demasiado tarde.

Chuck condujo hacia su casa, pero se dio cuenta de que estaba llorando tan copiosamente que apenas podía ver el camino. Temeroso de que pudiera chocar con un coche que viniera de frente, se detuvo. Y allí, solo en medio de la noche, al lado de la carretera, Chuck Colson entregó su corazón a Dios.

«Dios, no sé cómo encontrarte —oró—, ¡pero lo voy a intentar! No soy quien debo ser ahora, pero de alguna manera quiero entregarme a ti».[7]

Mientras estaba sentado en el coche, Chuck pidió a Dios una y otra vez que lo recibiera. Era una oración humilde de un hombre al que el mundo reconocía de cualquier forma menos humilde. Como Chuck relata en *Born Again*:

> No había «aceptado» a Cristo... todavía no sabía quién era. Mi mente me decía que era importante descubrir eso en primer lugar, para estar seguro de que sabía lo que estaba haciendo... Pero aquella noche algo dentro de mí me instaba a entregarme... a qué o a quién no lo sabía. Me quedé allí en el coche, con los ojos húmedos, orando, pensando durante una media hora, tal vez más, solo en la oscuridad de la noche tranquila. Sin embargo, por primera vez en mi vida no estaba completamente solo.[8]

¿Cuántos conductores pasaron por aquella franja de la carretera por la noche y se preguntaron por qué aquel coche estaba aparcado a un lado del camino? ¿Quién podría haber imaginado que en su interior había un hombre famoso, una figura nacional, llorando y humillándose delante del Dios del universo? Lo que no sabían era que estaba teniendo lugar una negociación santa, una transacción que afectaría la vida de millones de personas durante las próximas décadas.

Chuck no le contó a nadie acerca de lo que pasó aquella noche, excepto a Patty. Su esposa había sido una católica practicante durante toda su vida, pero no estaba versada en la terminología del cristianismo evangélico. Así que cuando Chuck le preguntó si sabía lo que era una experiencia de conversión, su respuesta fue un breve no.

Chuck le dijo que él había experimentado una. Patty no sabría lo que era una experiencia de conversión, pero ella podía asegurar que lo que le había pasado a su marido era bueno.

Al igual que con todos los verdaderos misterios, el misterio de la conversión no puede ser diseccionado de manera eficaz. ¿La conversión tiene lugar en un único momento? ¿O es un proceso? ¿Qué sucede en una conversión? En el caso de Chuck Colson, como el de William Wilberforce y tantos otros, no hay forma de decirlo. Todo lo que Chuck sabía era que en algún momento le había pedido a Dios que entrara en su corazón de una manera sencilla, y el deseo de hacer aquello había salido de su quebrantamiento. Después de lo que pasó, tenía un fuerte deseo de aprender más. Dijo que sí a algo con todo su ser, pero todavía tenía un fuerte deseo de averiguar a qué había dicho que sí.

La semana siguiente, mientras él y Patty disfrutaban de su tiempo en la costa de Maine, Chuck se puso a trabajar. Se había traído *Mero cristianismo* y una serie de cuadernos de notas amarillas. A su manera, a veces cómicamente meticulosa y deliberada, Chuck tomó notas y siguió los argumentos como el brillante abogado que era. No estaba dispuesto a aceptar algo sin pensarlo bien.

Al principio, la idea de que tenía que aceptar no únicamente a Dios, sino también a Jesús, era confusa. ¿Cómo podía aceptar lógicamente a una figura histórica de hacía dos mil años, procedente de Palestina, como el Dios del universo? Parecía absurdo. Luego leyó el famoso pasaje en el libro de Lewis donde este expone las tres alternativas en términos muy claros, diciendo que Jesús era el Señor, un mentiroso o un lunático. La alternativa que no se abre para nosotros es pensar en Jesús solo como un poderoso maestro de la moral. Estaba claro y era desconcertante. Chuck sabía que en su encuentro con la mente de C. S. Lewis había conocido a su semejante. La lógica del hombre era irrefutable.

«Era mi elección, tan simple, austero y aterrador como eso —recordó Chuck más tarde—. No hay matices finos, ni gradaciones, ni compromisos. Nunca nadie me había introducido esta verdad de manera tan directa e inquietante».[9]

Chuck tenía miedo de que en su estado de desesperación pudiera dar un salto ilógico, por lo que continuó luchando con los argumentos.

Pero al sexto día, con Patty en aquella casa de Maine, supo que la decisión estaba tomada, y oró de una manera simple, pidiendo a Jesús que entrara en su vida.

◆ ◆ ◆

De regreso a Washington, Chuck reanudó el proceso de reconstruir su práctica legal posterior a la Casa Blanca. Pero el Watergate seguía molestando. Todos los días había una nueva humillación. Los medios se cebaron con Chuck, deleitándose con la caída del conocido como sicario de la Casa Blanca, que ante sus ojos y los de muchos otros, estaba finalmente recibiendo su merecido.

Como nuevo cristiano, Chuck no tenía ni idea de cómo su nueva fe se relacionaba con el infierno por el que estaba pasando.

«Estaba tan estresado como un hombre puede estar», recordó.

Todas las noches tomaría por lo menos tres o cuatro whiskies largos con soda, con la esperanza de ahogarlo todo. Me despertaba por la mañana tan cansado como cuando me iba a la cama la noche anterior. En medio de la noche me despertaba, a veces para pensar en la cárcel, pero más a menudo para enojarme por las cosas que decían de mí que no eran ciertas... Mi mayor dolor en aquel período era oír o ver algo escrito acerca de mí que era completamente equivocado. Así que intenté corregirlo testificando o escribiendo una carta, solo para descubrir que nadie me creería. Fue una tortura insoportable.[10]

Además de Patty, el consuelo más constante de Chuck en medio de aquella tormenta sin fin fue un pequeño grupo de hombres que le habían invitado a su congregación de comunidad cristiana, en Washington, DC. Eran parte de la Comunidad, un fervoroso grupo de cristianos de ambos partidos que se reunían regularmente para orar. El líder de aquel grupo era Doug Coe, que había dado inicio al Desayuno Nacional de Oración durante la administración de Eisenhower. Una vez Coe supo a través de Tom Phillips que Chuck había entregado su vida en manos de Dios, se ofreció a sí mismo a Chuck y lo condujo hacia el grupo de hombres que finalmente se convirtieron en sus amigos mas íntimos.

Uno de ellos era el fiero senador liberal por Iowa, Harold Hughes. Hughes era uno de los enemigos más conocidos de la Casa Blanca de Nixon, y Chuck no podía creer que un hombre así se interesara por él. Pero una vez que Chuck dijo a Hughes que había aceptado a Jesús, Hughes le fundió en un abrazo de oso y le dijo que todo estaba perdonado. «Te amo ahora como mi hermano en Cristo. Yo estaré contigo, te defenderé en cualquier lugar y confiaré en ti con todo lo que tengo», prometió Hughes.[11]

Chuck nunca había experimentado nada como esto. ¿Sería de verdad? Se sorprendió rápidamente al descubrir que así era. Hughes y los otros hombres de la Comunidad se convirtieron en sus aliados más cercanos en los dolorosos meses venideros. Se apartaron de su manera de enfatizar el bipartidismo, enseñándole a Chuck que una relación con Jesús no debe ser utilizada como herramienta política. Chuck sabía que su nueva fe desconcertaría a muchos, tanto en la derecha política, que habían sido sus aliados, como en la izquierda, que lo odiaban.

Aquel entendimiento estableció en Chuck el deseo de permanecer por encima de la refriega política siempre que fuera posible. Las cuatro décadas de defensa de los presos que se convertirían en el legado principal de su vida sería el principal ejemplo de este punto de vista.

A medida que pasaban los meses, empeoraban las presiones por la metástasis del escándalo Watergate. La agresiva defensa pública y sin límites que Chuck había hecho de Nixon en el último año volvería a morder de nuevo. Después del propio Nixon, era el Fiscal Especial, Leon Jaworski, el que más buscaba a Colson. La saña y la crueldad habían caracterizado el modo en que Chuck se había ocupado de sus enemigos políticos, y serían ahora el modo en que Jaworski le tratara a él. Estaba cosechando lo que había sembrado.

Chuck estaba en una terrible posición, y él lo sabía. El temor de ir a la cárcel era muy real para él. Había oído hablar de la grotesca realidad de la violación en las cárceles, y sabía que había una posibilidad muy palpable de otros tipos de violencia en su contra. Es un hecho indiscutible que a algunos presos, convencidos de que sus vidas eran un infierno a causa de los funcionarios del gobierno, nada les gustaría más que vengarse de una figura destacada de la Casa Blanca como Chuck Colson.

Al darse cuenta de que podía presionar a Colson, Jaworski le ofreció un acuerdo con el fiscal, pidiéndole a Chuck que se declarara culpable del cargo menor de conspiración para irrumpir en las oficinas del psiquiatra de Daniel Ellsberg. Chuck había participado en muchos asuntos turbios, pero justo aquel no era uno de ellos. No obstante, para salvar su pellejo y poder continuar ejerciendo como abogado y alimentando a su familia, tendría que mentir. Hubiera sido lo más prudente, y el abogado de Chuck dejó claro que rechazar aquel acuerdo sería pura locura. Él debía tomarlo y seguir adelante con su vida.

Pero como nuevo cristiano que era, Chuck se sentía profundamente incómodo con la idea de mentir, ni siquiera para salvar su pellejo. Ya no era un hombre de mero pragmatismo. Creía que tenía que honrar a Dios con todo lo que decía y hacía, con lo mejor de sus habilidades. Afirmar que había hecho algo que realmente no había hecho le parecía mal.

¿Qué pensaba su familia? Chuck lo consultó con ellos y su respuesta le reforzó en su determinación. Estaba decidido. Chuck dio la difícil noticia a su abogado, que explotó de furia. Pero Chuck se sentía seguro de que si honraba a Dios en aquel asunto, Dios lo honraría.

Chuck descubrió pronto que Dios no siempre nos honra en la forma que pensamos que debería. Chuck rechazó el acuerdo, y los fiscales lo acusaron rápidamente de delitos graves.

Así, el circo mediático que rodeaba al escándalo del Watergate continuó, con nuevas revelaciones surgiendo casi a diario. Un conjunto de grabaciones secretas de Nixon fueron entonces filtradas al público. ¿Podría ser peor? Ellos pintaron un cuadro de astucia, mentira y pura maldad dentro de la Casa Blanca, y fue doloroso para Chuck darse cuenta de que había sido parte de todo aquello.

Chuck no había sido un transeúnte casual. Sabía en su corazón que había contribuido a la amoral —y a menudo profundamente inmoral— atmósfera en la Casa Blanca. Sabía que, incluso si él no era culpable de lo que estaba siendo acusado, era en realidad culpable de otras maneras. A ojos de Dios, que era el único juicio importante, era terriblemente culpable.

Sin embargo, el lado agresivo de Colson no había muerto todavía. Estaba muy vivo y coleando, como descubrieron veinte millones de espectadores al hacer su famosa aparición en «60 Minutos», en la CBS. Aunque Chuck se había convertido en un cristiano devoto, también era el acusado en un caso importante, y tenía que encontrar la manera de conciliar estos dos elementos. ¿Cómo podía defenderse sabiendo de su culpabilidad en tantos otros asuntos?

Durante la entrevista, Chuck vio que él estaba tratando de tener ambos mundos, defendiéndose enérgicamente ante el tribunal de la opinión pública a la vez que trataba de ser un cristiano declarado. No funcionaría. Su lado combativo no podía convivir con su nueva vida en Cristo.

Chuck decidió que la única manera de seguir adelante no tenía sentido para nadie, excepto para un puñado de amigos cristianos. De hecho, haría que rechazar el acuerdo con el fiscal pareciera un juego de niños. Decidió confesar voluntariamente algo que él *había* hecho y confiar en Dios para el resultado. Puede que tuviera que ir a la cárcel, pero si lo hacía, sabía que Dios iba a estar con él. Para muchos, la idea parecía una locura. ¿Por qué haría alguien tal cosa?

Incluso Patty era escéptica, pero Chuck le aseguró que aquella era realmente la única manera de avanzar, la única manera de que las cosas mejoraran. Chuck lo pondría todo en manos de Dios. Sabía que podía confiar en Dios para todo el asunto y que de alguna manera iba a estar bien. Por supuesto, el abogado de Chuck no lo veía de esa manera.

De hecho, su reacción al escuchar aquella propuesta de acción es irreproducible. Pero Chuck no se echaría atrás.

Había decidido declararse culpable de «difundir información negativa a la prensa sobre Daniel Ellsberg mientras estuvo acusado».[12] Aquello era verdad, y aunque muchos no pensaban que constituía una obstrucción real a la justicia, Chuck imaginó que el juez lo aceptaría como tal, y probablemente se inclinaría a mostrar al menos un poco de misericordia.

Y así, Chuck Colson se declaró culpable de aquel acto. Pero el juez Gerhard Gesell no mostró ni un ápice de misericordia. No parecía importarle que Chuck lo hubiera hecho por voluntad propia. Se lanzó contra él de todos modos, impresionando a los testigos al imponer una pena de uno a tres años. Patty, que estaba en la sala del tribunal, quedó más horrorizada que nadie.

Después de la condena, Chuck tuvo que enfrentarse a los medios de comunicación en la escalinata del tribunal. Lo que él dijo no era lo que los miembros reunidos del Cuarto Poder esperaban. No era lo que nadie esperaba oír. De hecho, lo que dijo fue tan sorprendente como la dura sentencia. «Lo que pasó hoy en el tribunal —dijo Chuck—, fue la voluntad de la corte y la voluntad del Señor. He dedicado mi vida a Jesucristo y puedo trabajar para él en la cárcel, así como fuera». Lo que Chuck dijo era cierto, pero en aquel momento él no sabía que aquella extraordinaria afirmación resultaría profética.[13]

Por supuesto, la prensa hizo su agosto con la conversión de Chuck. El diario *Los Angeles Times* publicó una caricatura del famoso dibujante político Pat Oliphant con Chuck vestido como un monje medieval, pintando la palabra *Arrepentíos* en las puertas de la Casa Blanca. Otra caricatura lo mostraba caminando junto a un Nixon sorprendido mientras portaba un cartel que decía: «El fin está cerca».

Los medios de comunicación, cuyos miembros tienden a ser más seculares que otra cosa, no podían creerse lo que estaba sucediendo en torno a Chuck Colson. Él estaba siendo transformado, pero en su mundo, aquel tipo de cosas simplemente no sucedían. Las personas desagradables como Chuck Colson no cambiaban de la noche a la mañana y comenzaban a ser amables con los demás. Chuck tenía que estar haciendo una maniobra maquiavélica, diseñada para ganarse la simpatía de la fiscalía o al menos de la opinión pública.

Al igual que el apóstol Pablo había sido un celoso perseguidor de los cristianos y había sido literalmente cegado por la Luz y transformado en el cristiano más celoso de todos, Chuck Colson realmente era un hombre diferente. Sin embargo, algunos observadores no podían aceptarlo, y algunos jamás lo aceptarían. Incluso al final de su vida, después de casi cuarenta años de servicio a Dios y a los presos en las cárceles y más allá, algunas personas se negaron a creer que hubiese cambiado.

◆ ◆ ◆

El 8 de julio de 1974, Chuck entró en el sistema penitenciario de Estados Unidos, convirtiéndose en el prisionero número 23226. Después de un corto tiempo en el centro de detención Holabird, en Baltimore, fue trasladado a la prisión federal de Maxwell, en Alabama. Soportó las humillaciones e indignidades típicas de la vida en prisión, cambiando su traje de Brooks Brothers por un feo uniforme marrón y la ropa interior que había sido usada por presos anteriores. Había ratas y cucarachas por todas partes, así como tensión racial. Un día, un prisionero amigable le dijo a Chuck que había oído a alguien hablar de «matar a Colson», y dijo que no sonaba a fanfarronada.

Chuck estaba decidido a demostrar que no era alguien especial, o que él no pensaba en sí mismo como alguien especial, por lo que se ofreció voluntariamente para una serie de tareas de baja categoría, como fregar el suelo. Un día un hombre afroamericano le preguntó: «¿Cómo puede gustarte vivir con la escoria después de haber tenido a todos esos sirvientes en la Casa Blanca?».[14] Pero viendo que el hombre era joven, Chuck contestó que había estado haciendo cosas como aquellas años antes de que el joven hubiera nacido, y que había servido en la infantería de marina mientras el otro hombre aún estaba en pañales.

De alguna manera esto pareció funcionar. Se corrió la voz de que Colson era bueno.

Mientras Chuck trabajaba en la lavandería de la prisión, dejaba su Biblia a un lado con la esperanza de que alguien pudiera verla e iniciar una conversación al respecto. Nadie lo hizo. La atmósfera de la prisión estaba cerrada a todo lo que tenía que ver con Dios.

Pero ahora que estaba en la cárcel, Chuck estaba aun más interesado en aprender lo que la Biblia tenía que decir, y llevó a cabo un estudio serio de la Biblia. Un día leyó Hebreos 2.11: «Porque el que santifica y los que son santificados, de uno son todos; por lo cual no se avergüenza de llamarlos hermanos».

Algo acerca de este pasaje llegó a Chuck. Al leer aquellas palabras, de repente comprendió por qué estaba en la cárcel. Si Jesús, quien era Dios encarnado, no se avergonzaba de llamar a los seres humanos sus hermanos, tal vez el distinguido Chuck Colson, que había tenido una oficina al lado del presidente de Estados Unidos, fue puesto aquí para hacer lo mismo: vaciar su orgullo y llamar a sus compañeros de prisión sus hermanos y saber que realmente eran sus hermanos.

Para Chuck fue nada menos que una revelación divina, una epifanía. Vio que su condena y su sufrimiento formaban parte de un plan grandioso y sagrado. Dios le había humillado y llevado allí precisamente para que Chuck pudiera ayudar a aquellos hombres. Chuck sabía ahora que su vida no había sido destruida por ir a la cárcel, sino que la cárcel era parte de un plan mayor de Dios. Fue el comienzo de algo maravilloso y nuevo. Con eso, todo cambió.

De repente, Chuck se entusiasmó con la idea de provocar un impacto por Dios allí mismo en la cárcel. Lo primero que haría sería tratar de crear algo parecido a la hermandad que tenía en el exterior con los miembros de la Comunidad. No sería fácil. Incluso un preso que dijo a Chuck que había aceptado al Señor, no estaba interesado. Tenía miedo de los abusos que tendría que soportar si alguien lo veía involucrarse en un estudio de la Biblia. Simplemente no era lo que había que hacer. Era mejor mantener la cabeza agachada y no llamar la atención sobre uno mismo, aconsejó.

Hasta que un día Chuck conoció a un apasionado cristiano llamado Tex. Chuck oyó hablar de él a un compañero de prisión llamado Bob Ferguson, que tenía cinco hijos y necesitaba desesperadamente que la junta de libertad condicional le dejara salir. Las probabilidades estaban firmemente en contra de su liberación, pero era una situación tan desesperada que Tex dijo que deberían orar con Ferguson. Ellos necesitaban un auténtico milagro. Eso fue todo lo que Chuck necesitaba oír, y saltó ofreciéndose a unirse a ellos. La pareja encontró a Ferguson, y ambos oraron por él. El pequeño grupo de presos que los rodeaban quedaron impresionados por la oración de Chuck.

Y al día siguiente se produjo el milagro. Ferguson consiguió su libertad condicional. Casi al instante, cuatro o cinco hombres estuvieron interesados en unirse a la oración de Chuck y al grupo de estudio de la Biblia.

Chuck ahora también comenzó a ayudar a los presos de otras maneras. Un recluso que no sabía leer ni escribir pidió a Chuck que le ayudara a escribir una carta al juez que podría concederle la libertad condicional. Tales necesidades le rompían el corazón. Aunque le habían aconsejado no utilizar su experiencia legal para ayudar a otros internos, «no podía rechazar a aquellos que necesitaban ayuda», respondió Chuck. «Estos eran mis hermanos. El Señor había mostrado el camino y ahora lo estaba siguiendo».[15]

Con el tiempo, Chuck vio que Dios le había traído a Maxwell no solo para enseñarle que sus compañeros de prisión eran sus hermanos en Cristo, sino también para que pudiera identificarse con ellos y viera el mundo desde su perspectiva. Solo después de haber hecho esto podría ser capaz de ayudarles con eficacia. Chuck no sabía lo que le esperaba, pero sabía que quería cumplir el propósito de Dios para su vida, por lo que continuó haciendo lo que estaba haciendo. Estaba seguro de que el Señor revelaría su plan a su debido tiempo.

Un fin de semana, Chuck tuvo la visita de un viejo amigo, Fred

«Dusty» Rhodes, un cristiano comprometido desde hacía muchos años. El pequeño grupo que Chuck había reunido en Maxwell impresionó a Dusty, y quedó afectado por la visión de Chuck para el ministerio en la prisión. Fred estaba a punto de jubilarse como presidente de la Comisión de Tarifas Postales de Estados Unidos, y al escuchar a Chuck hablar, se conmovió profundamente. Creía que Dios lo estaba llamando para ayudar, incluso si eso significaba hacerlo a tiempo completo.

Chuck siguió estudiando su Biblia y leyendo vorazmente. Estaba especialmente impresionado por *Resistencia y sumisión: cartas y apuntes desde el cautiverio*, de Dietrich Bonhoeffer, que el pastor y teólogo alemán había escrito durante los dos años que estuvo encarcelado por los nazis. Este libro instaló en Chuck un afecto de por vida a Bonhoeffer y sus escritos. Se dio cuenta de que si Bonhoeffer no hubiera estado en la cárcel, nunca habría escrito aquellas cartas. Esto formaba parte de cómo Dios mostraba a Chuck que «a los que aman a Dios, todas las cosas les ayudan a bien, esto es, a los que conforme a su propósito son llamados» (Romanos 8.28). Incluida la prisión.

◆ ◆ ◆

Al comienzo de enero de 1975, Chuck estaba lleno de esperanza de que pronto podría ser puesto en libertad. Otros tres conspiradores del Watergate (John Dean, Jeb Magruder y Herb Kalmbach) estaban siendo liberados antes de tiempo según la orden del juez de distrito, John Sirica. Pero el cruel juez Gerhard Gesell, que tenía jurisdicción sobre Chuck, no se sentía inclinado a seguir el benevolente ejemplo de Sirica. Colson, decretó, permanecería entre rejas.

Después de las grandes esperanzas que él y Patty habían albergado por la pronta liberación de las otras tres personas del Watergate, la noticia fue un golpe brutal. La vida en la cárcel podía ser difícil, incluso para alguien lleno de la paz, el amor y el gozo de Jesucristo, y era una agonía enfrentar la realidad de que tendría que pasar otros dos años y cinco meses en la prisión.

Fue especialmente difícil para Chuck saber que su inocente esposa y sus hijos estaban sufriendo a causa de sus fechorías, obligados a vivir su vida sin él. Los días siguientes a la decisión de Gesell fueron los momentos más difíciles de todos para Chuck, y aún quedaban más malas noticias por venir. El 20 de enero de 1975, Chuck se enteró de que la Corte Suprema de Virginia votó a favor de inhabilitarle para ejercer la abogacía de nuevo. Y todavía había una colección más de malas noticias en camino.

Chuck recibió la noticia de que su hijo Chris había sido detenido por posesión de drogas. No poder estar allí para su hijo en un momento tan importante fue desgarrador. Pero aquella experiencia solo profundizó la empatía de Chuck por sus compañeros de prisión, muchos de los cuales estaban pasando por situaciones similares. Se consolaba al saber que después de ser puesto en libertad recordaría el dolor que estaba sufriendo ahora, y le llevaría a ayudar a las personas que enfrentaban pruebas similares.

El 29 de enero, cuando Chuck estaba tal vez en su momento más bajo, su amigo Harold Hughes vino a visitarle. Cuatro amigos de Chuck de la Comunidad habían sido visitantes regulares durante su encarcelamiento. Pero aquel día Hughes vio que su amigo había tocado fondo. Hughes exhortó a Chuck a practicar lo que ellos predicaban y volcara todos sus problemas en manos de Dios. Sonaba muy sencillo, pero hacerlo no era tarea fácil. Sin embargo, Chuck siguió el consejo de su amigo, y aquella noche en su celda oró, dando todo a Dios. «Señor», oró,

> si esto es de lo que se trata, entonces te doy las gracias. Te alabo por haberme dejado en la cárcel, por dejarles que me quiten la licencia para ejercer la abogacía... sí, incluso porque mi hijo está detenido. Te alabo por darme tu amor a través de estos hombres, por ser Dios, porque simplemente me dejas caminar con Jesús.[16]

De alguna manera, aquella oración lo cambió todo; Chuck podía sentirlo. En medio de sus dificultades experimentó un gozo que había estado ausente. Como Chuck recordó más tarde, «aquella fue una auténtica experiencia cumbre. Por encima y alrededor de mí, el mundo estaba lleno de amor y belleza. Por primera vez me sentí verdaderamente libre».[17]

Lo que Chuck no sabía entonces era que fuera de los muros de la prisión, su abogado estaba hablando con el juez Gesell otra vez, preguntando si por lo menos iba a darle a Chuck un permiso de diez días para estar con su hijo Chris, que necesitaba urgentemente a su padre. Gesell, que había sido un juez inflexible y desagradable y había demostrado que no era de los que cedían, de alguna manera quedó conmovido por todo lo que escuchó. Decidió dictar sentencia de una manera que nadie podría haber previsto. No le dio a Chuck un permiso de diez días. Decidió liberar a Chuck de forma permanente. En un momento, sin un indicio de que aquello pudiera ser una posibilidad, Chuck Colson era hombre libre. ¿Fue una coincidencia que justo después de que él realmente hubiera entregado todo a Dios y se hubiera sentido verdaderamente libre sucediera aquello, que fuera literalmente liberado? Chuck no lo creía.

No mucho tiempo después, Chuck llegó a casa bajo la misma mirada de los periodistas que cuando se fue. Estaba desorientado por su repentina liberación, y todo lo que pudo decir fue reducido al siguiente titular el día después en el *Washington Post*:

«Gesell libera a Colson. Colson da gracias al Señor».

El regreso de Chuck, con tantos amigos y familia allí para darle la bienvenida, fue cálido. Al retirarse a la cama aquella noche, estaba solo con sus pensamientos por primera vez en mucho tiempo. Tras conciliar por fin el sueño, tuvo una pesadilla de encontrarse de vuelta en Maxwell. Soñó que varios presos jugaban a las cartas, cuando uno de ellos, un recluso tatuado de dos metros llamado Archie, se enfrentaba amenazante a Chuck:

—Vas a salir de aquí pronto. ¿Qué vas a hacer por nosotros?

Chuck, sin mucha convicción, respondió que les ayudaría de alguna manera.

—Nunca les olvidaré, chicos, ni a este lugar apestoso —prometía.

Archie no se lo creía. Había escuchado promesas como esta antes.

—No hay nadie que se preocupe por nosotros. ¡Nadie!

—Yo lo haré —decía Chuck—. Lo recordaré.[18]

Archie gritó airadamente un improperio y subrayó la palabra con un gesto obsceno.

Pero el sueño de Chuck no era producto de su imaginación, era el recuerdo de una conversación de la vida real con un preso llamado Archie.

La pregunta era: ¿por qué lo había soñado? ¿Y qué iba a hacer con la promesa que le había hecho?

Su primera prioridad debía ser su familia. Cuatro días después de llegar a casa, Chuck y Patty volaban para visitar a Chris en Columbia, Carolina del Sur. En vez de hablarle con severidad a su hijo, como había planeado, Chuck lo envolvió con sus brazos y le dijo que todo iría bien. Durante la emotiva reunión, Chuck se dio cuenta de que una de las cosas más importantes que tendría que hacer ahora que estaba libre y ya no tenía responsabilidades con la Casa Blanca, era pasar más tiempo con sus hijos, a quienes él había descuidado durante su ascenso al poder.

Después de visitar a Chris, Chuck voló a la prisión de Maxwell para un reencuentro con viejos amigos. Que Chuck entrase por voluntad propia en la cárcel tan solo unos días después de que fuera puesto en libertad era una señal de lo que había por venir.

◆ ◆ ◆

Con todo lo que había pasado y seguía sucediendo, era necesario que Chuck y Patty hicieran una escapada, por lo que poco después de visitar Maxwell, decidieron viajar a España para unas vacaciones de verdad. Cuando regresaron a casa, Chuck todavía no tenía claro qué hacer a continuación.

No podía ejercer la abogacía en Virginia, pero había una buena posibilidad de poder hacerlo en Massachusetts. Recibió propuestas de negocios lucrativos y peticiones de conferencias, muchas de Doug Coe y de los hermanos de la Comunidad. Querían que Chuck hablara públicamente acerca de cómo llegó a la fe en Jesús. Pero Chuck todavía no estaba seguro de lo que debería estar haciendo.

Entonces, un día de abril de 1975, mientras se contemplaba en el espejo del baño, Chuck tuvo una visión de lo que Dios quería que hiciera con su vida.

«Mientras miraba mi reflejo, una serie sorprendente de imágenes cruzó por mi mente», dijo más tarde Chuck.

Vi a hombres moviéndose en una prisión gris. Clases. Discusiones. Oraciones. Las imágenes se fueron centrando más: la sonrisa de hombres y mujeres que salían de las cárceles, Biblias y grupos de estudio alrededor de las mesas. Estas imágenes mentales duraron solo unos segundos, y luego se fueron. Nunca había experimentado algo así antes ni después.[19]

Chuck no era el tipo de cristiano que hablara mucho, en aquel momento o en el futuro, acerca de experiencias místicas. Él era un hombre muy racional. Pero no podía negar que se había producido aquella visión. ¿Qué significaba?

Entonces Chuck oyó una voz casi audible, diciéndole: «Toma a los prisioneros, enséñales, devuélveles a las prisiones para construir comunidades cristianas. Extiende estas comunidades por todos los centros penitenciarios de Estados Unidos».[20] ¿Estaba loco, o era Dios hablándole?

Chuck llamó de inmediato a su amigo Harold Hughes. Seguramente Hughes sería capaz de darle algún sentido. Hughes condujo a la casa de Chuck y hablaron del tema. Ahora el normalmente cándido Hughes desempeñó el papel del sobrio realismo. No había manera de sacar a los presos de las cárceles, dijo.

Pero Chuck nunca había sido de los que dejaban que los hechos difíciles entorpecieran el camino. Se convenció de que había una manera de convertir aquel sueño en una realidad. Después de todo, si Dios le había dado esta idea, seguramente Dios encontraría una manera de lograrlo, ¿no?

En junio, Chuck y Harold se reunieron con el director de la Oficina Federal de Prisiones, Norman Carlson. Durante su conversación, Carlson mencionó que había estado de servicio en una prisión de California, cuando un prisionero había orado espontáneamente por él y por su esposa. ¿Por qué razón, preguntó Carlson a Chuck, el hombre oraría por la persona que lo mantenía entre rejas?

«Sr. Carlson —respondió Chuck—. El hombre oró por usted porque le ama».[21]

La respuesta causó claramente una impresión porque Carlson contó inesperadamente a Chuck y a Hughes que iba a dar la orden para llevar la visión de Chuck a las prisiones de Estados Unidos.

La Oficina de Prisiones aprobó una propuesta, presentada por Chuck y Hughes, para permitir que la Fundación de la Comunidad seleccionara a los reclusos de prisiones federales para asistir a un retiro de dos semanas en el área de Washington DC, donde los presos se dedicarían a estudiar la Biblia y a la formación para el liderazgo.

Los resultados fueron emocionantes. Los presos del primer grupo se ofrecieron a visitar la cárcel del Condado de Arlington y el reformatorio Lorton, ambos en Virginia, para hablar con los presos acerca de Dios y de su plan para sus vidas. Al terminar sus retiros, los internos regresaron a sus prisiones para comenzar comunidades en la prisión, discipulando a sus compañeros de cárcel y encontrando maneras de servir a Dios tras las rejas. Funcionó, y continuó haciéndolo. La audaz idea que Dios le había dado a Chuck Colson se había convertido en una realidad.

Al igual que con todo lo que Chuck se involucraba en hacer, lo llevó hasta el final. En tres años, Prison Fellowship Ministries, como se le denominó, pasó a contratar a un centenar de empleados en veintitrés estados. Casi siete mil voluntarios trabajaban con reclusos que habían terminado seminarios en la prisión, en seiscientas penitenciarías. Fue un logro notable, por lo que el ministerio de prisiones fue un tema de primera plana en muchas iglesias, muchas de las cuales habían olvidado que Jesús ordena a sus seguidores que visiten a los encarcelados. También dio comienzo Prison Fellowship International, primero en Gran Bretaña y, finalmente, en más de cien países.

◆ ◆ ◆

En 1976, Chuck escribió su primer libro, *Nací de nuevo*, que irrumpió en las listas de *best sellers*, y el término *nacido de nuevo* entró en el léxico popular como una descripción de alguien que tenía una experiencia transformadora con Dios. Chuck asumió pronto el compromiso de dedicarse a tiempo completo, para el resto de su vida, a servir a Dios en las prisiones de Estados Unidos. También comenzó a profundizar su conocimiento de la doctrina cristiana, conociendo a intelectuales y filósofos cristianos como Richard Mouw, Nicholas Wolterstorff, Stephen Monsma, R. C. Sproul, Dr. Carl Henry, Francis Schaeffer, Os Guinness y Richard Lovelace. Leyó los escritos de Lutero, Zwinglio y Calvino, Abraham Kuyper, Paul Johnson, y de los compañeros presos Alexander Solzhenitsyn y Dietrich Bonhoeffer. Chuck estaba convencido de que era absolutamente necesario para desarrollar una perspectiva cristiana: un marco integral sobre todos los aspectos de la vida, desde la ciencia hasta la literatura, del cine a la política.

Una pregunta que Chuck exploraba ahora era por qué la gente cometía crímenes en primer lugar. Algunos expertos culpaban a la pobreza mientras que otros culpaban a la raza. Pero Chuck, estudiando los escritos del sociólogo James Q. Wilson, supo la respuesta verdadera: el crimen es un problema moral que exige una solución moral. Recalcaría este tema una y otra vez. Al comentar un trágico tiroteo en una escuela en 1998, Chuck dijo:

¿Qué está pasando con nuestros hijos? Lo primero que debemos entender es que solo un punto de vista bíblico de la naturaleza humana puede dar sentido a estos asesinatos. La Biblia deja claras dos cosas acerca de la humanidad. En primer lugar, hemos sido creados a la *imago Dei*, la imagen de Dios, y el conocimiento del bien y del mal está implantado en el corazón humano. Pero también se nos advierte que vivimos en un mundo caído y que el corazón humano es perverso. Estos dos hechos requieren que cualquier sociedad civilizada priorice la formación moral de sus jóvenes... El gran criminólogo James Q. Wilson dice que todos los estudios han llevado a la misma conclusión: la delincuencia comienza cuando los niños no reciben una formación moral adecuada, cuando no desarrollan las restricciones internas sobre el comportamiento impulsivo.[22]

El profundo interés de Chuck en la cosmovisión y la necesidad de enseñar a los fieles dieron como resultado el programa de radio «BreakPoint», que creció rápidamente hasta unos ocho millones de oyentes diarios. Más tarde, con ganas de influir con más profundidad en la cultura, Chuck estableció el programa Centurions, que acepta a un centenar de cristianos serios cada año en un curso de educación a distancia de un año en el que los participantes aprenden acerca de las cosmovisiones del mundo: la cristiana y las que se oponen a ella, y desarrollan un proyecto en el que enseñan lo que han aprendido a sus vecinos.

Con el paso de los años, Chuck abrazó otras maneras de ministrar a los presos y a sus familias. Una ex ladrona de bancos llamado Mary Kay Beard le convenció para iniciar un ministerio con el nombre de Angel Tree: la gente común compra regalos de Navidad para los hijos de los internos de la prisión y los dan en nombre del progenitor encarcelado, que no tiene los medios para darles los regalos a sus niños personalmente.

En 1983 Chuck creó Justice Fellowship como una sección de la Prison Fellowship, dedicada a la reforma de la justicia penal. Luchó con éxito por una ley que hizo mucho para prevenir las violaciones en la prisión. Luchó por los derechos religiosos de los presos: derechos que fueron amenazados por una decisión del Tribunal Supremo en la década de 1990.

Escribió más libros: *How Now Shall We Live?* [¿Y ahora cómo viviremos?], *Amando a Dios, La buena vida, El cuerpo, La fe* y muchos otros.

En 1993, Chuck fue galardonado con el Premio Templeton, dotado con un millón de dólares, por el progreso de la religión. Donó el dinero del premio a Prison Fellowship.

Cada año, Chuck parecía estar cada vez más ocupado: columnas en revistas, charlas, radio, visitas a prisiones, viajes al extranjero para visitar algunos de los gulags más infames del mundo...

Chuck admiraba tanto a William Wilberforce que fundó el Premio Wilberforce, que se concede anualmente a un cristiano que se enfrenta a la injusticia social, a menudo relacionada con la esclavitud humana. Los ganadores incluyen al líder filipino Benigno S. Aquino Jr., al obispo Macram Max Gassis y a la baronesa Cox de Queensberry.

También provocó una intensa polémica cuando él y el Padre Richard John Neuhaus crearon un grupo de estudio de teología (y más tarde escribieron un documento) que titularon «Evangélicos y Católicos Juntos», cuyo objetivo era «minimizar la hostilidad y maximizar la cooperación entre estos dos pilares de polarización del mundo cristiano en el campo de la misión». ECJ también intentó reconciliar las diferencias teológicas entre los dos grupos.

En 1999, con la ayuda del entonces gobernador George W. Bush, Prison Fellowship se encargó de un ala de una prisión de Texas para la iniciativa Innerchange Freedom, un programa en el que los prisioneros se prestaban voluntarios para un duro plan de actividades, basado en la Biblia, que les prepararía para una exitosa reinserción en la sociedad al finalizar sus condenas.

Chuck luchó constantemente contra la cultura de la muerte, sobre todo cuando su amigo, el presidente George W. Bush, estuvo en la

Casa Blanca, animando al presidente, con bastante éxito, para conseguir apoyo en la lucha contra la trata de personas, poner fin a la guerra civil en Sudán, combatir la propagación mundial del SIDA y proteger a los cristianos perseguidos en Oriente Medio.

En el proceso, Chuck ayudó a cambiar la imagen del cristianismo en la mente de muchos observadores seculares, ganándose la admiración de los que habían despreciado con anterioridad lo que los cristianos representaban.

El mayor defecto de Chuck, como aquellos que lo conocieron harán constar, era que siempre estaba tratando de hacer demasiado. En los últimos dos o tres años de su vida, aquel tornado humano parecía ser consciente de que el tiempo se le acababa. Sus dos últimos grandes proyectos se iniciaron en 2009, cuando tenía setenta y siete años. El primero fue establecer el Chuck Colson Center for Christian Worldview, que promueve la enseñanza de la cosmovisión cristiana; y el segundo era ayudar a redactar la Declaración de Manhattan, que llama a la iglesia a defender la santidad de la vida humana, el matrimonio tradicional y la libertad de religión.

Las semanas previas a su muerte, a los ochenta años, Chuck estaba planeando otro gran proyecto, «tal vez el más grande de todos», escribe el ex jefe de redacción de «BreakPoint», James Tonkowich. «Un movimiento de cristianos para reformar la educación —pública, concertada, privada y cristiana— desde preescolar hasta la universidad. Esta era una gran empresa para alguien con la mitad de su edad, pero de nuevo, [Chuck] nunca lo vio de aquella manera».[23]

◆ ◆ ◆

Chuck fue realmente un Wilberforce de nuestro tiempo. Al igual que Wilberforce, llegó a la fe genuina a la edad adulta. Al igual que Wilberforce, quería ayudar a aquellos miembros de la sociedad que sufren, quería corregir errores y enseñar a la gente a pensar. Al igual que Wilberforce, se negó a darse por vencido, aunque se necesitaran décadas para resolver problemas sociales arraigados. El lema de Chuck podría haber sido tomado de Winston Churchill: «Nunca te rindas (nunca, nunca, nunca, nunca) en nada grande o pequeño, extenso o mínimo... nunca te rindas salvo en convicciones de honor y de buen sentido».[24] Él tampoco dejó que los demás nos rindiéramos.

Durante su ministerio, a Chuck le gustaba decir que no importa lo que pase, los cristianos deben estar en sus puestos, cumpliendo con su deber. Y ese mensaje: permanece en tu puesto, estaba en los broches que se les entregaron a los dolientes que acudieron al funeral en la Catedral Nacional de Washington, al que asistieron los grandes y los poderosos de la tierra, que estaban sentados al lado de aquellos que, como Chuck, fueron puestos entre rejas alguna vez. Gente a la que Chuck había amado y servido, con la que había cenado y orado.

El mensaje de Chuck de permanecer en nuestros puestos se hizo eco en su hija, Emily, quien dijo a los dolientes:

> Hoy es una celebración de la vida de mi padre, pero también se trata de nosotros, ustedes y yo. ¿Qué haremos bajo la sombra de un modelo de conducta tan extraordinaria?
>
> Hay trabajo por hacer. Les animo a continuar la obra que Dios ha comenzado a través de la vida de mi padre. Hagan lo correcto, busquen la verdad, defiendan a los débiles, vivan vidas valientes.[25]

Las últimas palabras de Chuck para nosotros, transmitidas a su familia, fueron un último testimonio del Dios al que servía. «Quiero que mis servicios funerarios sean alegres —escribió—. No quiero que la gente esté triste porque creo, con cada gramo de convicción en mi cuerpo, que la muerte no es más que un regreso a casa, y que estaremos en la presencia de Dios. Es la culminación de la vida. Es una celebración».[26]

¿Lo crees así? Pues es cierto.

Agradecimientos

Antes, cada vez que alguien me preguntaba quién me ayudaba en la investigación para mis libros, sobre todo con las biografías de Wilberforce y Bonhoeffer, solía reírme y decir lo mucho que me hubiese gustado que eso fuese posible, pero dejaba claro que nadie había ayudado, que había tomado cada nota de la investigación y había escrito cada tilde yo solo. Mi proceso era algo así como hacer malabares mientras conducía un monociclo. Uno lo hacía solo o no lo hacía de ningún modo. Este libro, sin embargo, cumple como mínimo felizmente con el lanzamiento en un volumen único del estándar en monociclo y malabares. Por primera vez, me siento feliz de haber tenido ayuda, sobre todo de mi amiga Anne Morse (fundamentalmente en los capítulos sobre Washington, Liddell y Robinson) y de nuestra colega en «BreakPoint», Gina Dalfonzo, que ayudó con el capítulo de Wojtyla. También debo reconocer aquí a otro colega de «BreakPoint», mi querido amigo Roberto Rivera, quien en 1998 me informó de la fe de Jackie Robinson (y de Branch Rickey) y me alertó sobre la biografía definitiva de Arnold Rampersad. Finalmente, quiero reconocer y agradecer a mi estimado amigo, Markus Spieker, cuyo aliento para escribir un libro a lo largo de estas líneas por fin ha dado sus frutos. Que siga haciéndolo.

— Eric Metaxas
Nueva York
Noviembre de 2012

Notas

CAPÍTULO 1: GEORGE WASHINGTON

1. Henry Wiencek, *An Imperfect God: George Washington, His Slaves, and the Creation of America* (Reimpresión, Nueva York: Farrar, Straus y Giroux, 2004), p. 46.
2. John Ferling, *The Ascent of George Washington* (Nueva York: Bloomsbury Press, 2010), p. 10.
3. Ibíd.
4. Ibíd., pp. 10–11.
5. Ibíd., p. 13.
6. Ibíd., p. 16.
7. Edward G. Lengel, *General George Washington: A Military Life* (Nueva York: Random House Trade Paperbacks, 2007), p. 35.
8. Ferling, *The Ascent of George Washington*, p. 21.
9. Ron Chernow, *Washington: A Life* (Nueva York: the Penguin Press, 2010), p. 42.
10. Ferling, *The Ascent of George Washington*, p. 21.
11. Ibíd., p. 22.
12. Ibíd., p. 24.
13. Chernow, *Washington: A Life*, p. 42.
14. Ibíd., p. 50.
15. Ferling, *The Ascent of George Washington*, p. 29.
16. Ibíd.
17. Chernow, *Washington: A Life*, p. 92.
18. Ferling, *The Ascent of George Washington*, p. 75.
19. David A. Adler, *George Washington: An Illustrated Biography* (Nueva York: Holiday House, 2004), p. 94.

20. *The Papers of George Washington*, visitada 26 noviembre 2012: http://gwpapers. virginia.edu/documents/revolution/letters/gfairfax2.html.
21. «Batalla en Bunker Hill»: http://es.wikipedia.org/wiki/Batalla_de_Bunker_Hill.
22. Chernow, *Washington: A Life*, p. 186.
23. Ibíd., p. 187.
24. Ibíd., p. 189.
25. Adler, *George Washington: An Illustrated Biography*, p. 149.
26. Chernow, *Washington: A Life*, p. 133.
27. Ibíd., p. 132.
28. Ibíd., p. 131.
29. Ibíd., p. 133.
30. Ibíd.
31. «Washington's Farewell Address, 1976», http://avalon.law.yale.edu/18th_century/washing.asp.
32. Adler, *George Washington: An Illustrated Biography*, p. 150.
33. Ibíd., p. 152.
34. Joseph J. Ellis, *His Excellency: George Washington* (Londres: Vintage, 2005), p. 139.
35. Ibíd., p. 141.
36. Ferling, *The Ascent of George Washington*, p. 232.
37. Ellis, *His Excellency: George Washington*, p. 142.
38. «George Washington Prevents the Revolt of his Officers», visitada 26 noviembre 2012: http://www.historyplace.com/speeches/washington.htm.
39. Ibíd.
40. Ibíd.
41. Ibíd.
42. Ibíd.
43. Ibíd.
44. Ibíd.
45. Chernow, *Washington: A Life*, pp. 435–436.
46. Ellis, *His Excellency: George Washington*, p. 141.
47. Ibíd., p. 139.
48. «The American Revolution, 1763–1783», visitada 26 noviembre 2012: http://www.loc.gov/teachers/classroommaterials/presentationsandactivities/presentations/timeline/amrev/contarmy/newyork.html.
49. Ellis, *His Excellency: George Washington*, pp. 274–275.
50. Ferling, *The Ascent of George Washington*, p. 306.
51. Ibíd.
52. «The American Revolution, 1763–1783», visitada 26 noviembre 2012: http://www.loc.gov/teachers/classroommaterials/presentationsandactivities/presentations/timeline/amrev/contarmy/newyork.html.
53. George Washington, *Washington on Washington* (Lexington, KY: University Press of Kentucky, 2003), p. 138.
54. Ellis, *His Excellency: George Washington*, p. 268.

55. Barnes Historical Series, *A Brief History of the United States* (Whitefish, MT: Kessinger Publishing, 2004), p. 101.
56. Ferling, *The Ascent of George Washington*, pp. 370–371.
57. Ellis, *His Excellency: George Washington*, p. 270.
58. Ibíd., pp. 270–271.
59. Adler, *George Washington: An Illustrated Biography*, p. 206.

CAPÍTULO 2: WILLIAM WILBERFORCE

1. Isaías 61.1; Lucas 4.18.
2. Robert Isaac Wilberforce y Samuel Wilberforce, *The Life of William Wilberforce*, vol. 4 (Londres: John Murray, 1838), p. 373.
3. *Joni Eareckson Tada 2012 Wilberforce Award Recipient*: http://www.breakpoint. org/wilberforce-weekend-2012/wilberforce-award.
4. Robert Isaac Wilberforce y Samuel Wilberforce, *The Life of William Wilberforce*, vol. 1 (Londres: John Murray, 1838), p. 7.
5. Ibíd.
6. Earl Philip Henry Stanhope, *Life of the Right Honourable William Pitt*, vol. 1, (Londres: John Murray, 1862), p. 283.
7. E. M. Forster, *Marianne Thornton: A Domestic Biography* (Londres: Hodder y Stoughton, 1956), p. 43.
8. Wilberforce y Wilberforce, *The Life of William Wilberforce*, vol. 1, p. 75.
9. Ibíd.
10. John S. Harford, *Recollections of William Wilberforce During Nearly Thirty Years* (Londres: Longman, Green, Longman, Roberts y Green, 1864), p. 216.
11. William Wilberforce, «Journal, Sunday, October 28, 1787», citado en Wilberforce y Wilberforce, *The Life of William Wilberforce*, vol. 1, p. 149.
12. Wilfrid Prest, *Albion Ascendant: English History, 1660–1815* (Oxford: Oxford UP, 1998).
13. John Wesley, «Letter to William Wilberforce, London, February 24, 1791», en Thomas Jackson, ed., *The Works of John Wesley*, 14 vols. (Franklin, TN: Providence House, 1994), CD-ROM, 13:153.
14. John Charles Pollock, *Wilberforce* (Londres: Constable, 1977), p. 64.
15. William Wilberforce, en «Debate on Mr. Wilberforce's Resolutions respecting the Slave Trade», en William Cobbett, *The Parliamentary History of England. From the Norman Conquest in 1066 to the year 1803*, vol. 28 (1789–91) (Londres: T. Curson Hansard, 1806–1820), cols 42–68.

CAPÍTULO 3: ERIC LIDDELL

1. *Eric Liddell: Champion of Conviction* (Dolby DVD, enero 2008).
2. Catherine Swift, *Eric Liddell* (Ada, MI: Bethany House Publishers, 1990), p. 78.
3. *Eric Liddell: Champion of Conviction*.
4. Ibíd.

5. Ministerios RBC, Nuestro Pan Diario, «Life-Changing Choices», http://mobi. rbc.org/odb/2012-08-04.html.

6. David Brooks, «The Jeremy Lin Problem», *New York Times*, 16 febrero 2012: http://www.nytimes.com/2012/02/17/opinion/brooks-the-jeremy-lin-problem. html.

7. Swift, *Eric Liddell*, p. 86.

8. David McCasland, *Eric Liddell: Pure Gold* (Grand Rapids, MI: Discovery House, 2001), p. 80.

9. C. S. Lewis Institute, Joel S. Woodruff, Ed.D., «Eric Liddell: Muscular Discipline and Olympic Champion», verano, 2012: http://www.cslewisinstitute.org/ webfm_send/1386.

10. McCasland, *Eric Liddell: Pure Gold*, p. 103.

11. Ibíd., p. 96.

12. http://en.wikipedia.org/wiki/Horatio_Fitch.

13. McCasland, *Eric Liddell: Pure Gold*, p. 98.

14. Ibíd., p. 101.

15. *Eric Liddell: Champion of Conviction*.

16. Hugh Hudson, *Carros de fuego* (Dolby DVD, enero 2004).

17. McCasland, *Eric Liddell: Pure Gold*, p. 210.

18. Ibíd., p. 223.

19. Ibíd.

20. Eric Liddell, *Disciplines of the Christian Life* (eChristian Books, Kindle Edition, enero 2011).

21. *Eric Liddell: Champion of Conviction*.

22. McCasland, *Eric Liddell: Pure Gold*, p. 268.

23. Ibíd., p. 269.

24. *Eric Liddell: Champion of Conviction*.

25. McCasland, *Eric Liddell: Pure Gold*, p. 279.

26. Ibíd., p. 280.

27. *Eric Liddell: Champion of Conviction*.

28. Ibíd.

29. Ibíd.

30. Ibíd.

31. *From the Ends of the Earth*, «Marinating in the Word», 17 junio 2012: http:// bencarswell.blogspot.com/2012/06/marinating-in-word.html.

32. BBC, «Golden Scots», 25 junio 2012: http://www.bbc.co.uk/sport/0/scotland /18534527.

33. McCasland, *Eric Liddell: Pure Gold*, p. 105.

34. James H. Taylor, III, Weihsien Paintings, http://www.weihsien-paintings.org/ NormanCliff/people/individuals/Eric01/PureGold/txt_foreword.htm.

CAPÍTULO 4: DIETRICH BONHOEFFER

1. Sabine Liebholz-Bonhoeffer, *The Bonhoeffers: Portrait of a Family* (Nueva York: St. Martin's, 1971), pp. 21–22.
2. Santiago 1.12.
3. «Inge Karding interviewed by Martin Doblmeier», *Bonhoeffer*, dirigida por Martin Doblmeier (First Run Features, 2003), DVD.
4. Esta declaración se ha «remontado a 1933, aunque nunca fue registrada por escrito», según Stephen R. Haynes, *The Bonhoeffer Legacy: Post-Holocaust Perspectives* (Mineápolis: Fortress Press, 2006), pp. 32–33.
5. «Outline for a Book», 8 agosto 1944, en John W. De Gruchy, ed., *Letters and Papers from Prison*, vol. 8, *Dietrich Bonhoeffer Works* (Mineápolis: Augsburg Fortress, 2010), p. 501.
6. La famosa declaración «Primero vinieron...» de Martin Niemöller fue registrada con distintas variantes durante sus muchas charlas posteriores a la guerra. La versión definitiva fue publicada por Franklin Littell, quien conoció a Niemöller. Franklin H. Littell, «First They Came for the Jews», *Christian Ethics Today*, 9a entrega, vol. 3, nº. 1 (febrero 1997), p. 29.
7. Wolf-Dieter Zimmermann y Ronald G. Smith, eds., *I Knew Dietrich Bonhoeffer*, traducción por Käthe G. Smith (Nueva York: Harper and Row, 1966), pp. 158–160.
8. Michael Robert Marrus, *The Nazi Holocaust. Part 8: Bystanders to the Holocaust*, vol. 1 (Munich: KG Saur Verlag, 1989), p. 1401, citando a Eberhard Bethge, *Dietrich Bonhoeffer: A Biography*, Victoria J. Barnett, ed. (Mineápolis: Fortress, 1967–2000).
9. Keith Clements, ed., *Londres: 1933–1935*, vol. 13, *Dietrich Bonhoeffer Work* (Nueva York: Fortress, 2007), p. 331.
10. John W. De Gruchy, ed., *Letters and Papers from Prison*, vol. 8, *Dietrich Bonhoeffer Works* (Mineápolis: Augsburg Fortress, 2010), pp. 370–372.
11. Dietrich Bonhoeffer, *The Cost of Discipleship* (Londres: SCM, 1959), p. 99 [*El precio de la gracia* [Salamanca: Sígueme, 1999]).

CAPÍTULO 5: JACKIE ROBINSON

1. Arnold Rampersad, *Jackie Robinson* (Nueva York: Ballantine Books, 1998), p. 24.
2. Ibíd., p. 51.
3. Ibíd., p. 96.
4. Scott Simon, *Jackie Robinson and the Integration of Baseball* (Hoboken, NJ: John Wiley & Sons, Inc., 2007), p. 19.
5. Rampersad, *Jackie Robinson*, p. 103.
6. Ibíd., p. 106.
7. Ibíd.
8. Ibíd., p. 107.
9. Ibíd., p. 122.
10. Simon, *Jackie Robinson and the Integration of Baseball*, p. 63.

11. Rampersad, *Jackie Robinson*, p. 125.
12. Ibíd., p. 126.
13. Ibíd., p. 127.
14. Ibíd., p. 129.
15. Murrey Polner, *Branch Rickey, A Biography* (Jefferson, NC: McFarland & Co., 2007), p. 176.
16. Jackie Robinson y Alfred Duckett, *I Never Had It Made: An Autobiography of Jackie Robinson* (Nueva York: Harper Perennial, 2003), p. 41.
17. Rampersad, *Jackie Robinson*, p. 167.
18. Robinson y Duckett, *I Never Had It Made*, p. 58.
19. Rampersad, *Jackie Robinson*, p. 173.
20. Simon, *Jackie Robinson and the Integration of Baseball*, p. 122.
21. Jonathan Eig, *Opening Day: The Story of Jackie Robinson's First Season* (Nueva York: Simon & Schuster, 2007), p. 224.
22. Sharon Robinson, *Jackie's Nine: Jackie Robinson's Values to Live By* (Nueva York: Scholastic, 2002), p. 89.
23. Rachel Robinson, *Jackie Robinson: An Intimate Portrait* (Nueva York: Abradale/ Abrams, 1998), p. 216.
24. ESPN's 100 Most Memorable Moments, «93: Baseball retires Jackie Robinson's No. 42», http://sports.espn.go.com/espn/espn25/story?page=moments/93.

CAPÍTULO 6: PAPA JUAN PABLO II

1. Monseñor Virgilio Levi y Christine Allison, *John Paul II: A Tribute in Words and Pictures* (Nueva York: William Morrow & Co., 1999).
2. David Aikman, *Great Souls: Six Who Changed the Century* (Lanham, MD: Lexington Books, 2003), p. 272.
3. George Weigel, *Witness to Hope* (Nueva York: HarperCollins, 2001), pp. 56–57. [*Biografía de Juan Pablo II : testigo de esperanza* (Barcelona: Plaza & Janés, 1999)].
4. Aikman, *Great Souls: Six Who Changed the Century*, p. 277.
5. Weigel, *Witness to Hope*, p. 57.
6. Ibíd., p. 68.
7. Aikman, *Great Souls: Six Who Changed the Century*, p. 283.
8. Ibíd., p. 285.
9. Weigel, *Witness to Hope*, p. 142.
10. Ibíd., p. 164.
11. Aikman, *Great Souls: Six Who Changed the Century*, p. 296.
12. Weigel, *Witness to Hope*, p. 254.
13. Gunther Simmermacher, «The Southern Cross», 15–21 octubre 2003: http://www.mail-archive.com/pope-john-paul-ii@yahoogroups.com/msg00008.html.
14. Aikman, *Great Souls: Six Who Changed a Century*, p. 253.
15. Ibíd., p. 262.
16. Ibíd., p. 255.
17. Levi y Allison, *John Paul II: A Tribute in Words and Pictures*, pp. 113–116.

18. Stanislaw Dziwisz, *A Life with Karol: My Forty-Year Friendship with the Man Who Became Pope* (Nueva York: Doubleday, 2008), p. 237. [*Una vida con Karol: conversación con Gian Franco Svidercoschi* (Madrid: La esfera de los libros, 2007)].

19. Levi y Allison, *John Paul II: A Tribute in Words and Pictures*, p. 116.

20. Dziwisz, *A Life with Karol*, p. 249.

21. Aikman, *Great Souls: Six Who Changed the Century*, pp. 301–302.

22. CNN World, «Vatican Reasserts Stem Cell Stand», CNN.com, 25 julio 2001.

23. George Weigel, *The End and the Beginning: Pope John Paul II The Victory of Freedom, the Last Years, the Legacy* (Nueva York: Image, 2011), pp. 370–371. [*Juan Pablo II. El final y el principio* (Barcelona: Planeta, 2011)].

24. Ibíd., p. 385.

25. Ibíd., p. 418.

26. Ibíd., p. 429.

27. Aikman, *Great Souls: Six Who Changed a Century*, p. 307.

CAPÍTULO 7: CHARLES W. COLSON

1. Charles W. Colson, *Born Again* (Ada, MI: Chosen Books, 1976), p. 24. [*Nací de nuevo* (Miami: Editorial Caribe, 1977)].

2. Ibíd., pp. 26–27.

3. Jonathan Aitken, *Charles W. Colson: A Life Redeemed* (Colorado Springs, CO: Waterbrook Press, 2005), p. 194.

4. Colson, *Born Again*, p. 109.

5. Salmos 37.1, 3–5 (NVI).

6. Colson, *Born Again*, pp. 115–116.

7. Ibíd., p. 117.

8. Ibíd.

9. Ibíd., p. 125.

10. Aitken, *Charles W. Colson: A Life Redeemed*, p. 220.

11. Colson, *Born Again*, p. 150.

12. Aitken, *Charles W. Colson: A Life Redeemed*, p. 241.

13. Ibíd., p. 248.

14. Ibíd., pp. 254–255.

15. Ibíd., p. 258.

16. Ibíd., p. 278.

17. Ibíd.

18. Ibíd., p. 271.

19. Ibíd., p. 274.

20. Ibíd., p. 276.

21. Ibíd.

22. Chuck Colson, «Kids Who Kill», BreakPoint.org, 30 marzo 1998.

23. Jim Tonkowich, «The Wideness of Worldview: Remembering Chuck Colson», 23 abril 2012, http://www.religiontoday.com/news/wideness-of-worldview-remembering-chuck-colson.html.

24. Winston Churchill, discurso en Harrow School, 29 octubre 1941, http://www.winstonchurchill.org/learn/speeches/speeches-of-winston-churchill/103-never-give-in.

25. Según recuerda el autor.

26. Ibíd.

Índice

Acerca del autor

Eric Metaxas es autor del *best seller* número 1 del *New York Times* y del «Libro del Año» de la ECPA *Bonhoeffer: pastor, mártir, profeta, espía;* del best seller *Amazing Grace: William Wilberforce and the Heroic Campaign to End Slavery* [Sublime gracia: William Wilberforce y la heroica campaña para la abolición de la esclavitud]; y de otros treinta libros más. En la actualidad es la voz de «BreakPoint», un programa de radio retransmitido a través de mil cuatrocientas emisoras de radio con una audiencia de ocho millones de oyentes. Metaxas fue el orador principal en el Desayuno de Oración Nacional de 2012, en Washington, DC, y fue galardonado con la Medalla de Canterbury, en 2011, por el Fondo Becket para la Libertad Religiosa. Metaxas ha escrito para VeggieTales, Chuck Colson y el *New York Times.* Actualmente vive en Nueva York con su esposa e hija.

Nos agradaría recibir noticias suyas.
Por favor, envíe sus comentarios sobre este libro
a la dirección que aparece a continuación.
Muchas gracias.

Vida@zondervan.com
www.editorialvida.com